C000156124

Jean Philippe Dutoit

Jules Chavannes

In the interest of creating a more extensive selection of rare historical book reprints, we have chosen to reproduce this title even though it may possibly have occasional imperfections such as missing and blurred pages, missing text, poor pictures, markings, dark backgrounds and other reproduction issues beyond our control. Because this work is culturally important, we have made it available as a part of our commitment to protecting, preserving and promoting the world's literature. Thank you for your understanding.

JEAN-PHILIPPE
DUTOIT

SA VIE, SON CARACTÈRE ET SES DOCTRINES

PAR

JULES CHAVANNES

LAUSANNE

GEORGES BRIDEL ÉDITEUR

1865

Droits réservés.

INTRODUCTION.

L'homme dont nous entreprenons de retracer
la vie, d'apprécier le caractère et d'exposer les
doctrines théosophiques et religieuses, est assurément digne d'occuper dans l'histoire ecclésiastique de notre patrie, une place honorable. Par
l'originalité de ses vues, tout comme par l'influence réelle et étendue qu'il a exercée, il méri-
terait d'être plus connu qu'il ne l'a été jusqu'à
ce jour. « Mystique et philosophe, vaste esprit
qui se développa librement dans la solitude, » tel
fut, au jugement de l'un de nos historiens natio-
naux, le ministre vaudois Jean-Philippe Dutoit-
Membrini [1]. « Il était, sans contredit, nous dit
un autre de nos historiens, bien au-dessus de la

---

[1] Ch. Monnard, *Histoire de la Confédération suisse*, tom. XV, pag. 22.

plupart de ses compatriotes, lesquels ne s'en dou-
tèrent pas, et se distingue des autres mystiques
par des qualités peu communes chez eux, qui de-
vraient lui avoir fait plus de réputation [1]. » Ajoutons encore le témoignage de M. Vinet, qui, dans
son cours d'*Homilétique* ou théorie de l'art de la
chaire, met Dutoit-Membrini au nombre des plus
excellents juges en fait de prédication, et le cite
plus d'une fois, de même que dans sa *Théologie
pastorale* [2].

Tenter de jeter quelque jour sur cette figure
intéressante, en recueillant les détails biographiques conservés par une affection dévouée et respectueuse, chercher à saisir dans le milieu même
où elle a vécu, cette individualité si caractéristique, en étudiant soit les productions où elle s'est
manifestée, soit les oppositions qu'elle a vues surgir, tel est le but que nous nous sommes proposé
dans les pages qui vont suivre.

[1] Juste Olivier, *Le Canton de Vaud, sa vie et son histoire*, pag. 1241.
[2] *Homilétique*, pag. 171, 268. *Théologie pastorale*, pag. 260 à 262.
Remarquons ici toutefois, qu'il y a loin de cette estime professée par
M. Vinet pour le jugement de M. Dutoit en matière d'homilétique, au
rôle de « maître vénéré » de notre éminent contemporain que M.
Matter a cru pouvoir attribuer au docteur mystique de Lausanne.
Quelle que soit l'élasticité actuelle de l'expression « mystique, » dans
la sphère de la théologie, ce ne serait que par un bien étrange abus de
langage, qu'on pourrait appeler Vinet un disciple de Dutoit. Voy. Matter, *Saint-Martin, le philosophe inconnu*, in-8, pag. 209.

On ne sera pas surpris que, tout en ne perdant
pas de vue l'objet spécial de notre étude, nous
ayons été conduits à étendre celle-ci et à la gé-
néraliser quelque peu, en cherchant à nous rendre compte des tendances religieuses que l'on a
pu remarquer dans nos contrées au commencement du siècle dernier, et qui, soit par voie de
développement naturel, soit par principe de réaction, ont pu exercer une influence appréciable
sur les progrès du mysticisme. On sait qu'en face
de l'orthodoxie souvent morte, qui s'appuyait sur
la signature du *Consensus* et sur le *serment d'association*, se trouvaient sous le poids des anathè-
mes prononcés par ces actes, un bon nombre de
personnes vraiment pieuses qui, sous les noms
vagues et que l'on cherchait à rendre odieux, de
piétistes et d'*anabaptistes*, étaient chargées, tant
sous le rapport de la doctrine, que sous celui des
mœurs, d'accusations graves qu'elles étaient loin
de mériter. De véritables persécutions furent exercées contre ces prétendus sectaires. Un peu plus
tard, les tentatives faites par Zinzendorf pour rattacher à la communauté morave toutes les âmes
réveillées, vinrent imprimer aux esprits une direction nouvelle dans la sphère des choses religieuses. Plus tard enfin, la philosophie incrédule

émit la prétention de détruire à la fois toutes ces
diverses tendances, en les remplaçant par le règne
de la pure raison. C'est au milieu de ce conflit
d'opinions religieuses et irréligieuses, de discussions théologiques, de frottements ecclésiastiques,
de luttes contre l'esprit de secte, que parut et se
développa dans notre pays, ce petit noyau de
mysticisme, de christianisme *intérieur*, selon l'expression préférée, dont M. Dutoit fut le premier
et le principal soutien.

Sans raconter à nouveau ces faits auxquels
nous venons de faire allusion, nous aurons plusieurs fois à les mentionner, pour en apprécier
l'influence sur l'esprit de M. Dutoit et sur le développement de sa doctrine. Ce sera le lien naturel qui rattachera notre étude dans son ensemble
et dans ses détails à l'histoire générale du pays,
et en particulier à celle des églises avec lesquelles notre docteur s'est trouvé en contact ou en
conflit.

En jugeant ce dernier, comme nous serons
appelés à le faire, nous nous efforcerons d'être
justes et équitables, et d'entrer dans son point de
vue, autant qu'il le faudra, pour ne pas nous
laisser influencer par les préjugés que soulève si
généralement le seul mot de mysticisme, et pour

n'être pas trop heurtés par telles ou telles expressions bizarres, sous lesquelles souvent il a plutôt
voilé que mis en lumière sa pensée.

Puissions-nous, ainsi que nos lecteurs, être
guidés par l'Esprit de discernement et de vérité,
afin de reconnaître ce qui est bon, et de nous
approprier ce qui a l'approbation du Seigneur !
Ne croyez pas à tout esprit, nous dit St. Jean,
*mais éprouvez les esprits, pour savoir s'ils vien-
nent de Dieu.* (1 Jean IV, 1.)

JEAN-PHILIPPE DUTOIT

PREMIÈRE PARTIE.

BIOGRAPHIE

CHAPITRE PREMIER.

Enfance, jeunesse, études.

1721 à 1750.

Jean-Philippe Dutoit naquit à Moudon le 27 septembre 1721, et passa toute sa première enfance dans une maison de campagne nommée *Versailles*, que possédaient ses parents à une demi-lieue au nord de l'antique cité. Sa famille était originaire de Chavannes, village situé au sud-est de Moudon, près de la frontière fribourgeoise. Les Dutoit jouissaient dans la localité, d'une réputation de droiture et de débonnaireté révélée par l'épithète sous laquelle ils étaient désignés : on les appelait *les bons hommes*. Réunissant à un jugement solide un grand fonds de piété, M. Dutoit le père ne négligea rien de ce qui était en son pouvoir pour élever son fils unique dans la crainte du Seigneur, en le formant à la vertu et en cultivant les heureuses dispositions naturelles dont il était doué. Aussi, grâce à sa fermeté affectueuse, les sentiments de piété qu'il sut lui inculquer, bénis d'en haut, germèrent de bonne heure dans cette jeune âme et réjouirent, par leurs fruits précoces, le cœur paternel.

On a conservé le souvenir de quelques traits révélant l'influence du Saint-Esprit sur l'enfant, objet de soins éclairés et d'une pieuse sollicitude. Un jour entre autres, seul dans la grange de la ferme, il se sentit tout à coup si fortement saisi du sentiment douloureux d'avoir offensé Dieu par ses péchés, qu'il se mit à fondre en larmes. Attiré par ses sanglots, son père lui en demanda la cause, et profondément réjoui de cette manifestation de la grâce divine, il l'embrassa en lui disant: « Aie bon courage, mon cher enfant, et console-toi ; Dieu est ton père, bien plus et bien mieux que je ne le suis moi-même. Il t'aime mille et mille fois plus que je ne puis t'aimer. Aime-le aussi de tout ton cœur, et tu jouiras de sa paix. » Il y avait dans ce jeune cœur un appel semblable à celui qu'entendit Samuel à Scilo, une préparation pour l'œuvre destinée à s'accomplir plus tard en lui avec plénitude.

M. Dutoit le père avait fait dans sa jeunesse de bonnes études, et eut même un moment la pensée d'embrasser l'état ecclésiastique, mais il fut détourné de cette carrière par diverses circonstances qui influèrent incontestablement sur le caractère de sa piété et sur le développement de ses sentiments religieux.

D'une part il avait eu l'occasion de déplorer le manque de véritable piété chez quelques ministres de l'E-
vangile qui, par leur exemple et leur vie mondaine, ne
prêchaient rien moins que ce dont ils faisaient profession du haut de la chaire. D'un autre côté, il eut personnellement à souffrir de l'odieuse prévention qu'excitait
au temps de sa jeunesse une vie sérieusement chrétienne,
prévention, sous l'empire de laquelle on persécutait ceux
auxquels on donnait l'épithète injurieuse de *piétistes*. Cité
à Berne comme tel, mis en jugement, il ne fut pourtant
condamné à aucune peine, les informations prises contre
lui n'y ayant point donné lieu. Ses juges, paraît-il, éprou-
vèrent même quelque embarras à son sujet, car, au lieu
de le faire sortir de prison purement et simplement en
proclamant son innocence, ils donnèrent l'ordre au geôlier de laisser la porte ouverte afin que le prévenu pût
s'évader. Celui-ci ne le fit toutefois que sur des signes
réitérés du geôlier qui l'y engageait ; puis le même jour
il se promena ouvertement dans la ville de Berne, pour
constater qu'on l'avait arrêté à tort. A cette époque, et
sans doute en raison même de ces circonstances, il quitta
la Suisse et alla vivre quelque temps à Francfort. De tout
cela résulta chez lui une sorte d'éloignement pour le
clergé qu'il conserva toute sa vie.

Ces faits nous ont paru devoir être consignés comme
déterminant à certains égards la couleur du milieu religieux dans lequel le jeune Jean-Philippe fut élevé dans
la maison paternelle. Les *Lettres missives* adressées en
1717 à Leurs Excellences de Berne et au chef de la Chambre de religion, par Nicolas-Samuel de Treytorrens, et

d'autres écrits de l'époque, peuvent donner une idée, soit
de l'état dans lequel était malheureusement une bonne
partie du clergé, soit des persécutions dirigées contre
les piétistes dans les premières années du XVIII° siècle.

De retour dans sa patrie, M. Dutoit servit honorablement sous les drapeaux bernois pendant la campagne de
1712, et combattit avec les troupes protestantes à Vil-
mergen. Puis, cinq ans après, il unit son sort à celui
d'une demoiselle Membrini, appartenant à une famille
d'origine italienne, naturalisée dans ce pays, où elle
avait acquis la bourgeoisie de Vevey [1]. C'est dans cette
dernière ville que M. Dutoit vint chercher son épouse.
On lit en effet dans le registre des mariages de l'Eglise
de Vevey l'inscription suivante ; « Du Toict Philippe,
fils du S¹ Pierre Du Toict, bourgeois de Mouldon, avec
D¹¹° Susanne Membrini, fille de feu le S¹ Membrini, bourgeois de Vevey; épousés par M. Secretan le 9 apvril
1717 à Vevey. » C'est, on le comprend, le nom de famille de sa mère, qu'on associa dans la suite au nom
patronymique de M. Dutoit, sans doute pour le distinguer des autres membres d'une famille nombreuse. Il
est à observer à cet égard qu'il n'a point pris lui-même
cette double intitulation *Dutoit-Membrini*, sous laquelle
il est généralement connu; il a constamment signé *Jean-
Philippe* Dutoit.

Mais revenons à ses premières années.

Dès qu'il fut en âge de commencer des études, son père,
conformément à un usage assez fréquent de son temps,

[1] Le sieur Membrini, prosélyte italien, avait obtenu, le 7 février
1687, du Conseil de cette ville, la permission d'y exercer la médecine.

le plaça chez un pasteur de campagne, M. Frossard, qui exerçait alors le ministère à Combremont, et fut chargé de lui enseigner le latin. Retiré à l'âge de dix ans des mains de ce premier maître, il entra au collége de Lausanne, où il poursuivit régulièrement avec succès le cours de ses études préparatoires. Puis, promu de bonne heure à l'Académie, il y travailla consciencieusement sous la direction des savants professeurs, de Crousaz, pour la philosophie, Dapples, pour le grec, Georges Polier, pour l'hébreu, Salchly et Ruchat, pour la théologie, jusqu'au moment où, ayant atteint l'âge requis, il put être consacré au saint ministère par l'imposition des mains en 1747. Il avait alors 25 ans accomplis. Ce fut, on peut le comprendre, d'après ce que nous avons dit plus haut, sans y être encouragé par son père, qu'il se voua à la carrière ecclésiastique. Mais il s'y sentit appelé, et il avait reçu de beaux dons pour l'exercice du ministère. Il perdit son père avant la fin de ses études, et sa mère en décembre 1748, un an après sa consécration.

Rien ne signala, paraît-il, d'une façon particulière les années qu'il passa à l'Académie, si ce n'est son zèle pour l'étude et sa grande application. Nous devons cependant mentionner un événement de son adolescence, dont les conséquences funestes pour sa santé se firent sentir jusqu'à la fin de sa vie. Une chute qu'il fit du haut d'un cerisier, à l'âge de 14 ans, eut pour résultat un déboîtement de la hanche droite, et celle-ci ne fut jamais bien remise. Envoyé pour ce mal aux bains de Loëche, il n'y trouva pas la guérison, et manqua périr au retour, dans les eaux du Rhône débordé entre Martigny et Saint-

Maurice, avec le serviteur chargé par son père de le ramener. En vain avait-on voulu engager les voyageurs à
attendre que les eaux eussent baissé; leur désir de ne
pas prolonger les inquiétudes qu'on pouvait avoir à leur
sujet, les fit braver un danger dont ils ne connaissaient
pas toute la gravité, et ce ne fut qu'à une protection
toute spéciale du Seigneur qu'ils durent d'échapper aux
eaux furieuses et d'arriver sains et saufs au terme de
leur course. Le souvenir de cette délivrance demeura
profondément gravé dans le cœur du jeune Dutoit comme une preuve de la bonté miséricordieuse de son Dieu,
et fut pour lui une expérience bénie et un sujet constant
d'actions de grâces. Jointe à d'autres faits postérieurs,
dans lesquels il eut aussi à reconnaître la main bienveillante de l'Eternel, cette expérience contribua sans doute
à disposer son âme à un sentiment habituel de la présence du Seigneur et de l'intervention constante de sa
providence.

Dans l'année qui précéda celle de sa consécration au
saint ministère, comme ses études étaient achevées, le
jeune candidat en théologie fit un voyage hors de Suisse,
et alla, entre autres lieux, à Strasbourg, où nous avons
lieu de croire qu'il fut chargé, mais bien peu de temps,
des fonctions de précepteur. Aucun détail, du reste, n'a
été conservé sur ce voyage, mentionné plus tard par
M. Dutoit comme le seul qu'il eût fait. Sa vie entière se
passa dans les deux villes de Moudon et de Lausanne, à
l'exception de quelques séjours de peu de durée en
d'autres lieux du pays.

CHAPITRE II.

Crise psychologique et religieuse.

Vers 1750, notre jeune théologien fut atteint d'une maladie longue et douloureuse qui le conduisit aux portes du tombeau, et pendant laquelle s'opéra dans son âme un tel changement de vues et d'impressions, un tel progrès dans l'intelligence des Ecritures, qu'il put marquer dès cette époque une ère toute nouvelle dans son développement spirituel. De ce moment date pour lui le passage de la nature à la grâce, d'une vie chrétienne extérieure moralement régulière à une vie toute spirituelle et intérieure. De là datent aussi ces tendances mystiques qui ont déterminé la couleur dominante de son christianisme pendant toute sa carrière, et ont fait de lui un chef d'école devant avoir, dans sa patrie et au loin, de nombreux disciples. On ne manqua pas, on peut le comprendre, de le suspecter de folie, d'attribuer ses fortes impressions religieuses à l'exaltation, et de rattacher plus tard le système qu'il développa dans ses écrits à un reste de dérangement d'esprit datant de cette époque.

La crise morale qui s'opéra en lui à ce moment fut
accompagnée d'une crise physique fort extraordinaire,
dans laquelle il vit la main miraculeuse du Seigneur, et
qu'il compta toujours dès lors au nombre des dispensations spéciales dont il se sentait l'objet. Après six mois
de l'état le plus grave, réduit à l'extrémité par l'effet
d'une fièvre putride arrivée à son paroxysme, ses chairs
étant devenues toutes noires et ses nerfs tout racornis,
il se sentit un jour poussé, comme par une force surnaturelle, à sortir de son lit et à se coucher sur le
carreau. Là, dans l'attente de sa dernière heure, qu'il
croyait arrivée, il eut comme une vision, il pensa voir
son père lui apparaître et l'entendre lui dire : « Tu res-
susciteras. » Fortifié par cette impression subite, il se
leva, sentit le besoin de prendre quelque nourriture, et
comme il se disposait à le faire, il crut encore entendre
ces paroles : « Tu vas manger la chair et boire le sang de
ton Sauveur. » Eprouvant à l'instant en son corps l'effet
de cette promesse, il se sentit comme renouvelé, et dans
l'espace de vingt-quatre heures il se fit en lui un changement si surprenant, que son médecin, le docteur Ni-
cati, praticien de Moudon, ne pouvait en croire ses yeux.

Quelles avaient été les études spéciales, les lectures
de prédilection, les relations d'amitié du jeune ecclésiastique, depuis le jour où il avait quitté les bancs de
l'Académie et les leçons de professeurs qui n'avaient pas
dû le pousser dans les voies du mysticisme? Quelles
avaient été les causes extérieures, appréciables de cette
direction dans laquelle son esprit s'élança dès cette épo-

que avec ardeur? C'est ce qu'il est difficile de dire aujourd'hui. Quoi qu'il en soit, le sentiment profond de sa
misère que nous avons vu se manifester déjà dans sa
tendre enfance, fut pour beaucoup dans cette crise intérieure, et le besoin de s'unir à Dieu d'une façon plus intime, et de se nourrir plus constamment et plus profondément du pain vivifiant de la sainte Parole, en furent
les bienheureux résultats. La Bible, dont il faisait usage
alors pour son édification privée, (c'était un exemplaire
de la version de Martin in-8°, imprimée à Bâle en 1744),
montrait par le grand nombre des passages soulignés et
annotés, en particulier dans le livre du prophète Esaïe,
avec quelle âme brûlante d'amour pour Dieu, avec quel
cœur épris des beautés de la gloire éternelle, il lisait et
méditait les saintes révélations du Seigneur. Un grand
nombre de dates de l'année 1752, avec l'indication des
mois et des jours, s'y trouvaient spécialement consignées
en regard d'autant de passages, en sorte qu'on pouvait
suivre en quelque manière jour par jour le développement de ses pensées et le cours de ses impressions quant
aux choses divines. Ce qui dominait en lui à ce moment-
là, c'était le sentiment de la reconnaissance et de l'adoration pour le Dieu miséricordieux qui l'inondait de ses
merveilleuses lumières.

La seule indication que nous rencontrions en fait
d'influence extérieure, ayant pu exercer quelque action
sur le cours de ses idées, est le nom d'un M. Vallobrès,
d'origine française, chrétien zélé, cherchant par tous
les moyens à sa portée, à réveiller les âmes endormies,
en les invitant à faire pénitence et à se tourner vers Dieu.

Cette similitude d'impressions et le besoin commun de glorifier le Seigneur, rapprochèrent ces deux hommes fidèles qui se lièrent intimément et demeurèrent tendrement attachés l'un à l'autre, jusqu'au moment où M. Vallobrès mourut entre les bras de son ami. Celui-ci habitait alors à Lausanne une maison de la montée de Saint-François. Peu de temps auparavant ils vivaient ensemble à Moudon.

Il est à regretter que nous n'ayons pas sur ce personnage quelques détails un peu circonstanciés. Deux ou trois mots que nous trouvons dans la correspondance de deux amis de M. Dutoit nous donnent lieu de croire qu'il y aurait eu de l'intérêt à savoir quelque chose de précis sur sa vie et sur ses opinions religieuses. Nous aurions vraisemblablement trouvé quelques lumières sur l'origine de certaines vues développées plus tard dans les écrits de notre docteur. Voici, par exemple, ce que l'un de ces amis écrivait à l'autre à la fin de décembre 1762, soit une dizaine d'années après la mort de M. Vallobrès : « J'ai été très réjoui de voir avec quelle vigueur vous avez pris la défense de Val au Brès, en même temps que celle de Jean de la Croix et de Marie de Vallée. (Il s'agissait de choses mystérieuses et extraordinaires, analogues aux signes mystérieux qui avaient apparu sur le cadavre du second, et aux tourments que les démons avaient fait subir à la dernière.) Je suis parfaitement d'accord avec vous que de pareilles choses arrivent aux saints. Mais la question pour moi est de savoir si ce M. Val au Brès était vraiment un homme pieux, car sans cela toutes ces choses extraordinaires ne sont d'au-

cun poids, et peuvent être contrefaites. Mais puisque
M. Dutoit le vante et le tient pour un homme pieux, je ne
veux pas mettre en doute son jugement. » Un peu plus
tard, le même correspondant écrit encore au sujet de ce
personnage, dont il s'occupait essentiellement au point
de vue de l'influence qu'il avait pu exercer sur M. Dutoit :
« Une pensée traverse mon esprit. M. Val au Brès n'aurait-il point été un de ces convulsionnaires dont on parlait il y a quelques années ? Ces gens-là sont jansénistes
et ont au fond le même esprit d'inspiration que les prophètes des Cévennes et les inspirés allemands. Mais
M. Dutoit, si bien éclairé, l'a connu et éprouvé, et je
me trompe sans doute. » Dans une troisième lettre du
1er mars 1763, il revient encore sur ce sujet, mais on voit
que dans l'intervalle il a reçu des détails provenant de
M. Dutoit, détails qui ont satisfait sa curiosité et l'ont mis
au clair sur ce qu'il désirait connaître : « L'histoire de
M. de Val au Brès, dit-il, est singulière. Je puis aisément
me figurer que les chers frères suisses ont dû beaucoup
avoir à supporter à son sujet. Quant à la bonne servante,
qui marche sans doute aussi dans l'intérieur, j'espère
que ce qu'elle a enduré aura servi au vrai bien de son
âme. »

Ce peu de mots ouvrent quelque jour sur la nature
des épreuves auxquelles avaient été exposés M. Vallobrès,
et par lui les personnes appelées à le soigner, particulièrement dans les derniers temps de sa vie. On peut
conjecturer avec quelque vraisemblance quel était le
caractère de ses vues religieuses, et en conclure qu'on
est peut-être fondé à lui attribuer, du moins en partie,

les opinions conçues par M. Dutoit sur certains rapports
mystérieux de l'âme avec le monde des esprits.

C'est vers ce même moment que les *Discours* de Mme
Guyon tombèrent entre les mains de M. Dutoit. Il les
trouva, dit-on, en feuilletant avec son ami Ballif les livres d'un marchand de foire. Mais il ne les comprit pas
tout d'abord. S'il les goûta dans la suite, s'il s'appropria
les vues de cette célèbre amie de Fénelon sur le pur
amour et la vie intérieure, ce n'est pas à leur influence
immédiate que doit être attribué le changement de direction qui s'opéra dans son esprit sous le rapport religieux et théologique. « Pour moi, écrivait-il plus tard à
un ami qu'il cherchait à aider de son expérience, je n'ai
eu aucun directeur dans ces commencements, ni même
d'âme intelligente à ma portée, et j'ai fait mille fautes
(dans la recherche de la vie intérieure), mais j'étais
beaucoup plus jeune que vous et je n'avais connaissance
d'aucun livre intérieur. »

Tout ceci se passait entre les années 1750 et 1754.
C'est également dans ce temps qu'il fut conduit par une
circonstance, dont nous ignorons les détails, à prendre
une résolution qui influa d'une manière sérieuse sur ses
perspectives d'avenir. Une jeune personne digne de lui
à tous égards, et qui, à vues humaines, aurait fait son
bonheur dans ce monde, lui avait inspiré un profond
attachement, et il s'était flatté de la voir devenir la com-
pagne de sa vie. Amené à reconnaître qu'il s'était mépris
sur la volonté de Dieu à ce sujet, et qu'il devait cesser

de songer à elle, il renonça en même temps à toute idée
de contracter jamais le lien du mariage.

On voit que pour tout ce qui concerne la première
partie de sa vie, et surtout pour les faits extérieurs,
nous sommes privés de renseignements fournis par lui-
même. Aucun journal, aucune notice biographique sortie
de sa plume, n'ont pû être conservés par ses amis. Nous
verrons plus loin qu'il avait à ce sujet un système formellement arrêté. Bornés aux souvenirs recueillis pieu-
sement par de fidèles disciples, plus préoccupés à bon
droit des enseignements de leur docteur et de sa vie intérieure, que de ce qui concernait ses rapports avec le
monde d'ici-bas, nous sommes privés des moyens d'entrer dans des détails plus circonstanciés sur tel ou tel
fait qu'il y eût eu quelque intérêt à mieux connaître. Ces
lacunes, toutefois, ne sont pas d'une haute importance,
quand il s'agit d'une vie aussi uniforme et aussi peu ac-
cidentée que l'a été celle du serviteur de Dieu, objet de
nos investigations.

CHAPITRE III.

Ministère à Lausanne.

1750 à 1754.

La principale occupation de M. Dutoit, dans les premières années de son ministère, outre le soin des pauvres et des affligés, auxquels il se plaisait à porter des secours et des consolations, était la prédication, pour laquelle il était remarquablement doué. Quoiqu'il n'occupât point de poste fixe à Lausanne, les chaires de la ville lui étaient fréquemment ouvertes, et les auditeurs affluaient pour l'entendre. Depuis le changement opéré dans son cœur par la grâce divine, une onction particulière était venue couronner ses talents naturels et donner à sa parole une action puissante sur les âmes. Comme il prêchait ordinairement de méditation, sa préparation consistait dans la lecture de la Parole de Dieu, le recueillement et la prière. Le plus souvent en effet, au lieu d'écrire son discours en entier, il se bornait à en tracer le plan sur une carte, puis se confiant à l'Es-

prit de Dieu qu'il avait invoqué avec ardeur, il se laissait
aller à son inspiration [1].

Nous rapporterons à ce propos un trait, reproduit
d'une façon presque identique dans la carrière pastorale
de plus d'un serviteur de Dieu, trait qui prouve que ce
n'était point par paresse ou par indifférence qu'il agissait ainsi. Bien loin de là, il se faisait un devoir de conscience de prêcher de cette manière, afin de ne pas
céder à la tentation de se rechercher lui-même par des
discours étudiés et des phrases artistement élaborées.
Une princesse allemande, en séjour à Lausanne, ayant
demandé s'il y avait quelque bon prédicateur dans la
ville, les dames de Cerjat, chez lesquelles elle était lo-
gée, lui répondirent qu'il y en avait un en particulier
que l'on goûtait fort, et qu'elle pourrait l'entendre le
dimanche suivant. Un des amis de M. Dutoit, le docteur
Dapples, qui avait pris part à cet entretien, désirant soit
pour l'honneur de Lausanne, soit pour celui même du
prédicateur, que les talents oratoires qu'on venait de
vanter parussent dans tout leur jour, se hâta d'aller pré-

---

[1] Voici la théorie qu'il exposait lui-même à ce sujet, en tête d'un
volume de sermons qu'elle ne l'empêcha point d'écrire avec tout le
soin dont il était capable : « Ceux qui ont la vraie onction, du talent
et la facilité de bien parler, feraient bien mieux de prêcher par méditation. La méditation donne un air de vie à ce qu'on dit. Dans un
discours appris, on voit du plus au moins l'écolier. Dans le premier,
on sent mieux le cœur ; quelques négligences dans la diction y aident
même ; on peut tirer parti de mille situations qui naissent subite-
ment, pousser une idée selon qu'on voit qu'elle fait impression, s'arrêter quand on ne remue pas, etc., au lieu qu'un prédicateur séche-
ment asservi à son papier, ne parlera guère qu'à l'auditoire, et ne
prêchera pas à l'auditeur. »

(*Sermons de Théophile*. Discours préliminaire, pag. 77.)

venir l'orateur, en le priant de préparer sa prochaine
prédication avec plus de soin encore qu'il ne le faisait
à l'ordinaire. M. Dutoit, cédant aux instances amicales
du docteur, se laissa persuader, et mit tous ses soins à
composer un discours propre à répondre à ce qu'on attendait de lui. Mais dès qu'il fut en chaire, en présence
de ces âmes immortelles, devant lesquelles il devait
s'oublier tout entier, pour ne glorifier que son Dieu, il
se sentit vivement repris dans sa conscience; une voix
intérieure lui fit éntendre ce cuisant reproche: « Pour
qui as-tu préparé ta prédication? De qui es-tu serviteur? Apparemment de cette dame étrangère, haut placée parmi les grands de ce monde! » Il lui fut impossible de prononcer le discours si soigneusement préparé.
Ouvrant la Bible, il prit pour texte les premières paroles
qui s'offrirent à sa vue, et prêcha d'une manière très
édifiante et très impressive. Son sermon, entièrement
improvisé, n'eut pas sans doute exactement les mérites
oratoires qu'aurait eus celui qu'il avait compté faire,
mais dans la disposition où il était, et avec la confiance
entière qu'il mettait dans l'assistance de son divin Maître, sa prédication eut des qualités d'un autre genre,
qui la rendaient bien plus appropriée à ce qui devait en
être le but exclusif.

M. Dutoit prêchait avec force et onction. Le souvenir
qu'il a laissé comme orateur, dans l'église de Lausanne,
prouve qu'il avait reçu de Dieu tous les dons nécessaires
pour s'acquitter avec approbation des nobles fonctions
de messager de la Parole de grâce. Une action aisée et
naturelle, due à l'aptitude qu'il avait pour l'improvisa-

tion, une diction nette, une voix forte et sonore, un extérieur agréable, contribuaient à attirer la foule qui se
pressait constamment autour de sa chaire. Deux défauts,
conséquences fréquentes d'une improvisation facile, lui
ont cependant été reprochés ; il faisait, trouvait-on, un
usage un peu trop abondant de synonymes qui, en dé-
layant l'expression de la pensée, rendaient parfois celle-
ci moins nette et moins impressive ; et il se laissait aller
assez généralement à prolonger un peu trop ses discours, ce que la température glacée des temples pendant l'hiver faisait remarquer aux esprits critiques. Malgré cela, on n'en continuait pas moins à venir entendre
le prédicateur.

Les fruits de sa prédication n'étaient pas seulement
cette affluence qui se pressait dans l'enceinte sacrée
chaque fois qu'on savait qu'il monterait en chaire. Elle
en produisait de plus sérieux. On a conservé un assez
grand nombre d'anecdotes qui témoignent soit du plaisir
qu'on éprouvait à l'entendre, et de l'attrait de son éloquence, soit de l'influence morale exercée par ses discours. Nous ne rapporterons que les deux traits suivants.

Appelé un jour à prêcher à Morges, il prit pour sujet
de son sermon l'amour des ennemis et le devoir de la
réconciliation. L'église était pleine, et l'auditoire fut
puissamment impressionné. L'un des assistants, brouillé
depuis longtemps avec un de ses voisins, ne put résister à l'influence bénie des paroles si pressantes qu'il
venait d'entendre. Fortement repris dans sa conscience,
il alla, au sortir du temple, et avant de rentrer chez lui,

dans la demeure de cet homme, contre lequel il avait des dispositions haineuses, et lui demanda avec instances son pardon et une prompte réconciliation. Celle-ci fut le résultat de cette démarche, que le sermon de M. Dutoit avait provoquée sous la bénédiction de l'Esprit du Seigneur.

Une autre fois, dans une année calamiteuse, où la population de Lausanne était affligée par une épidémie des plus graves, causant une grande mortalité, un sermon de notre prédicateur eut une portée sérieuse, révélant, outre le mérite du discours, le crédit dont la personne même de M. Dutoit jouissait et l'influence incontestable exercée par ses paroles. Le Conseil de la ville avait accordé à la troupe dramatique de Dijon et de Besançon, la permission de donner à Lausanne, pendant le carême, des représentations théatrales, et cela, sans aucun égard aux douloureuses circonstances du moment. L'un des membres du Conseil, ce même docteur Dapples qui, dans l'occasion mentionnée plus haut, avait demandé à M. Dutoit de faire un discours si soigné en faveur d'une grande dame, navré de la décision prise par la majorité de ses collègues, vint auprès de l'orateur le supplier de prêcher contre cette décision. En vain ce dernier lui objecta-t-il que son sermon était déjà préparé, et qu'il n'avait plus guère le temps de songer à en faire un autre. « C'est égal, répliqua le docteur, il faut absolument que vous prêchiez contre l'arrêté du Conseil. » Toutes les objections furent inutiles. M. Dapples ne voulut en admettre aucune. Vaincu par cette insistance si sérieuse, le prédicateur dit enfin : « Hé bien! à la garde de Dieu,

je le tenterai, puisque vous m'en faites un devoir d'une
manière si formelle ; mais ne croyez pas que le Conseil
veuille revenir de sa décision, pour le discours que je
pourrai faire. » — « Allez votre chemin, » répliqua son
interlocuteur, heureux d'avoir obtenu l'engagement
qu'il était venu solliciter. Le sermon fut prononcé, et
fut accueilli par une approbation si générale que le len-
demain le Conseil se vit contraint de s'assembler à l'extraordinaire pour révoquer la permission inopportuné-
ment accordée aux artistes dramatiques.

M. Dutoit, avons-nous dit, n'occupait pas de poste fixe
dans l'église de Lausanne. Il y eut pourtant un moment,
en 1754, où il fut officiellement revêtu de fonctions pas-
torales, mais ce moment fut bien court, comme on va
le voir. Le Conseil de la ville avait, à sa nomination,
deux offices de pasteurs chargés de ce qu'on appelait,
par une expression que l'usage avait dépouillée de son
apparence ironique, les *petits prêches*. Ces fonctionnaires
ecclésiastiques ou sous-diacres, adjoints aux pasteurs
en titre de l'église de Lausanne, prêchaient alternativement, le dimanche matin à sept heures dans le temple
de Saint-François, puis répétaient le même sermon à
deux heures à la cathédrale. Une vacance étant survenue
dans l'un de ces postes, M. Dutoit se présenta pour le
remplir, et le 24 mai, le Conseil lui conféra la place que
quittait M. Besson, en l'appelant également au poste de
catéchiste occupé par le même titulaire. Le voilà donc,
dès ce jour, revêtu de fonctions officielles, et entré dans
le cours régulier de l'avancement hiérarchique au sein

du clergé du pays. Mais pas plus de quinze jours après
sa double élection, le registre du Conseil en fait foi, il
renonça formellement aux fonctions qu'il avait ambi-
tionnées. « M. le ministre Dutoit, lisons-nous au dit registre à la date du 7 juin, étant venu remercier du poste
des petits prêches, que nous lui avions accordé le 24 du
mois passé, on pourvoira mardi prochain au dit poste. »
M. de Bruël qui s'était présenté concurremment avec
M. Dutoit, fut nommé à sa place et entra immédiatement
en fonctions.

Quels furent les motifs de ce changement subit de résolution, de cette apparence d'inconsistance dans les
vues de M. Dutoit quant à la carrière qu'il avait paru
vouloir suivre? C'est ce que nous ne sommes guère en
mesure de déterminer. Un an auparavant on avait pu le
croire bien résolu à se fixer à Lausanne, puisque le 6
février 1753, il avait demandé au Conseil des Soixante
la bourgeoisie de la ville, et cela, on peut le supposer,
dans la pensée d'obtenir plus aisément l'un des postes
ecclésiastiques à la nomination du Conseil.

Sa santé, déjà compromise, put-elle lui faire craindre
de n'être pas en état de remplir convenablement les
fonctions dont il venait d'être revêtu? Est-ce un sentiment de conscience qui le fit renoncer à une position
dont il trouva les obligations trop lourdes? Ou bien,
comme le suppose un de ses amis, est-ce à un scrupule
relatif à la confession helvétique, à laquelle il devait
jurer de nouveau de se conformer dans sa prédication,
qu'il faut attribuer sa brusque retraite? L'opposition

qui, plus tard, se manifesta contre lui d'une manière si violente, commençait-elle déjà alors à se révéler sourdement, de façon à lui faire un devoir de conscience de se retirer d'une carrière où il pouvait prévoir qu'elle se développerait avec éclat et peut-être avec quelque scandale pour l'église ? Une circonstance que nous allons rapporter et qui faillit amener un changement entier dans sa vie et dans son avenir terrestre, fut-elle pour quelque chose dans l'étonnante résolution qui nous occupe ? Ici nous le répétons, nous sommes réduits aux conjectures, et nous avons lieu de regretter que rien ne puisse nous éclairer sur un point aussi propre que celui-là, à jeter du jour sur le caractère, la tournure d'esprit, la conscience intime de l'homme que nous cherchons à étudier. Rapprochée de la manière dont il prit la résolution de demeurer dans le célibat, cette renonciation subite à la carrière active du ministère semble révéler un trait de caractère, un besoin d'obéir à une impulsion intérieure, peut-être une soumission aveugle à quelque indication mystérieuse, acceptée comme expression formelle de la volonté même de Dieu.

Cette même année 1754, M. Dutoit, toujours infatigable et dévoué, lorsqu'il s'agissait de procurer quelque soulagement aux pauvres, fut poussé par un de ses amis à s'adresser dans ce but à un riche Anglais habitant la campagne de Monrepos. Notre humble quêteur se présenta chez mylord Drogheda, sans penser qu'il fût nécessaire de faire une toilette soignée. Mal lui en prit, car l'étranger, le jugeant sur son accoutrement tout or-

dinaire, ne l'accueillit point comme on l'avait espéré. Plus
peiné pour ses pauvres que pour lui-même, il s'en alla
raconter sa mésaventure à la personne qui l'avait envoyé
auprès du seigneur anglais. « Mais, lui dit-on, vous êtes-
vous présenté chez mylord tel que vous voilà vêtu, avec
cet habit râpé? Allez, ne perdez pas courage, mettez un
autre habit et retournez à Monrepos. » Toujours humble
et simple de cœur, M. Dutoit suivit encore cet avis, et à
cette seconde visite, il fut accueilli de la manière la plus
honorable. A peine mylord Drogheda eut-il fait sa connaissance, qu'il l'apprécia vivement, au point qu'au bout
de peu de temps il lui demanda avec instances de vouloir bien consentir à être le précepteur de ses enfants.
Le solliciteur, devenu l'objet des prévenances les plus
affectueuses, accepta cette position, dans laquelle il pensait sans doute pouvoir faire beaucoup de bien, et s'ac-
quitta avec zèle de ses nouvelles fonctions auprès de ses
jeunes élèves. On comprend, comme nous en avons ha-
sardé la supposition que cet engagement qui devait déterminer l'emploi de son temps et peut-être son avenir
d'une façon toute différente, ait pu influer sur la renonciation de M. Dutoit à son poste ecclésiastique.

Le moment vint où mylord Drogheda dut quitter Lausanne [1]. Ce fut une heure de crise douloureuse pour le
précepteur qu'on sollicitait de suivre la famille en Angleterre. A la suite d'une lutte d'ardentes prières pour
connaître la volonté de Dieu à son égard, M. Dutoit ac-

---

[1] Le comte Drogheda figure au nombre des bienfaiteurs de la Bibliothèque académique, aujourd'hui Bibliothèque cantonale.

quit la conviction que cette volonté était qu'il restât dans sa patrie, et il n'hésita plus à repousser les offres brillantes qui lui étaient faites. Il laissa partir ceux qui étaient devenus ses amis. Mais il eut promptement lieu d'admirer les voies adorables de la sagesse divine, et les vues miséricordieuses du Seigneur envers lui. Pendant la traversée entre Calais et Douvres, une tempête furieuse vint assaillir le navire qui portait les voyageurs, et mylord Drogheda périt avec toute sa famille, au moment où il se croyait près de rentrer dans sa patrie. Si M. Dutoit eût cédé aux désirs de ses amis, il eût partagé leur sort. Cette vie, conservée encore une fois, d'une façon si visible par la Providence divine, il sentit le besoin de la consacrer tout de nouveau à Celui de qui il la tenait.

CHAPITRE IV.

Premières oppositions. Voltaire et son influence.

1756 à 1758.

On sait que vers le milieu du siècle, Voltaire, attiré sur les bords du Léman par la beauté des sites et par l'agréable société qu'il y rencontrait, fit dans notre pays de fréquents séjours. Il fixa même sa demeure à Lausanne, et y passa en particulier les hivers de 1756 à 1758 [1]. Ce fait doit être noté ici, car la présence de l'ennemi déclaré du christianisme dans le pays, la mondanité qu'il entretenait et l'influence pernicieuse de sa conversation et de ses écrits sur la société lausannoise, furent pour notre fidèle chrétien un sujet d'angoisses et d'amères douleurs. A mesure qu'il voyait les ravages causés par cette plume et cet esprit diaboliques, il sentaît dans son cœur navré le besoin de lutter contre le mal envahissant, et de réagir contre les funestes tendances dont l'effet désastreux se révélait plus ouverte-

---

[1] Après avoir habité Prangins de décembre 1754 à février 1755, il vint s'établir à Monrion sous Lausanne, et y passa l'hiver de décembre 1755 à mars 1756, puis encore les mois de janvier à mars 1757. En juin, il acheta une maison au Chêne, et vint s'y fixer en décembre 1757. Voyez sa *Correspondance générale*.

ment de jour en jour. Il profitait sans doute de la chaire
autant que la chose lui était possible, mais de fréquentes
indispositions restreignaient déjà considérablement pour
lui ce champ d'activité, et ce fut la difficulté qu'il éprouvait à prêcher, et la perspective que ce moyen de rendre
gloire à Dieu lui serait peu à peu enlevé d'une manière
absolue, qui l'engagèrent à écrire des sermons, et à se
donner, ainsi qu'il le disait lui-même, la consolation de
prêcher par écrit, ne le pouvant plus faire autrement.
Nous dirons plus loin quand il commença à les publier.

La fidélité à la cause de la vérité divine le poussa à
rappeler, avec une sainte hardiesse, au représentant de
Leurs Excellences, les ordonnances souveraines promul-
guées contre les écrivains séditieux, qui répandaient le
poison de l'impiété et de l'incrédulité dans le pays. Le
seigneur bailli, nonobstant le bien fondé irréfragable
des réclamations du serviteur de Dieu, puisque celui-ci
en appelait à des lois solennelles, qui n'étaient nullement abrogées, le seigneur bailli, disons-nous, témoigna
beaucoup de répugnance à faire parvenir à Berne de
telles réclamations, alléguant que M. de Voltaire était
un écrivain célèbre et un savant de premier ordre, pour
lequel on devait avoir des égards. Mais M. Dutoit n'accueillit point une telle fin de non recevoir. Il déclara
franchement que si le bailli refusait de donner cours à
sa requête, il se rendrait lui-même à Berne, pour réclamer l'exécution des lois contre les impies et les blas-
phémateurs qui sèment des doctrines pernicieuses. Peu
de temps après Voltaire quitta les terres de Leurs Excellences.

Nous ignorons jusqu'à quel point les démarches de M.
Dutoit exercèrent quelque influence sur la décision qui
motiva ce départ. Mais ce qu'il y a lieu de croire, c'est
qu'elles eurent pour lui-même des conséquences assez
graves, et ne furent pas sans relations avec le mauvais
vouloir, avec la sourde opposition, avec les tracasseries
de divers genres, avec les poursuites administratives,
nous pourrions même dire, avec les persécutions, dont
le ferme soutien de la vérité fut l'objet dans les années
qui suivirent. Sa fidélité évangélique fut loin d'être
goûtée par les partisans avoués ou secrets du philosophe.

Une autre cause concourut plus directement et plus
puissamment encore à soulever l'hostilité qui se déclara
bientôt ouvertement contre lui et dont les conséquences
furent si douloureuses pour son cœur. Ce furent les
succès mêmes de ses efforts pour la conversion des
âmes, auprès desquelles son ministère fut béni. Celles-
ci furent en grand nombre. Au milieu de la mondanité
qui régnait dans la haute société de Lausanne, il se
trouva des cœurs lassés d'une telle dissipation, et désireux de remplacer par la « source des eaux vives » ces
« citernes crevassées » dont ils avaient sondé le vide, et
qui ne leur offraient aucun réel soulagement. Par ses
talents, par sa piété, par l'attrait même d'une doctrine
sortant des voies ordinaires, M. Dutoit était propre à
exercer une influence décisive sur des besoins religieux
dont il savait amener la manifestation, et auxquels la
tournure philosophique de son esprit et de ses ouvrages
fournissait un aliment en harmonie avec les tendances
générales de l'époque. En luttant de tout son pouvoir

contre la fausse philosophie, contre la philosophie incrédule, c'était sous un point de vue philosophique qu'il
présentait les vérités révélées et qu'il prêchait la doctrine de la croix.

Au nombre des jeunes hommes de la société lausannoise, qui sentirent le besoin de se tourner vers les
choses de Dieu, et devinrent disciples de M. Dutoit, on
remarqua beaucoup les deux fils de M. de Gentil, le
marquis et le chevalier de Langalerie. Cette famille était
une de celles qui avaient brillé au premier rang dans le
cercle de Voltaire. Celui-ci écrivait en effet de Lausanne,
en rendant compte à ses amis des représentations théâ-
trales, auxquelles ils prenait part lui-même avec tant
d'entrain, entouré qu'il était d'acteurs très capables de
jouer ses tragédies, de faire noblement prendre leur
vol à ce qu'il se plaisait à appeler ses *oiseaux du Léman:*
« Que dirons-nous de la belle fille du marquis de Langalerie, belle comme le jour? Elle devient actrice. Son
mari se forme. Tout le monde joue avec chaleur, » etc[1].
Passer ainsi de la mondanité la plus effrénée à la dévo-

---

[1] La correspondance générale de Voltaire donne de nombreuses
preuves de la satisfaction que son théâtre de Lausanne lui faisait
éprouver. « Nous avons un bel Orosmane, un fils du général Constant,... un Nérestan excellent, un joli théâtre. » Le pasteur Vernes
de Genève était invité à venir entendre l'*Enfant prodigue* joué par
Mme la marquise de Gentil, Mme d'Aubonne et Mme d'Hermenches.
« On serait bien étonné si on voyait jouer Zaïre à Lausanne mieux
qu'on ne la joue à Paris: on serait plus surpris encore de voir deux-
cents spectateurs aussi bons juges qu'il y en ait en Europe. » —
« Vous aimeriez davantage Mme Dénis si vous l'aviez vue jouer avant-
hier dans une tragédie nouvelle, sur un très joli théâtre, avec de très
bons acteurs, dont j'étais le plus médiocre, » etc., etc. *Correspondance générale*, tom. IV et V. *passim.*

tion, quitter les cercles brillants et animés de l'amour
du plaisir, pour la retraite et les pratiques de piété, vouloir non-seulement porter le nom de chrétien, mais le
devenir d'une manière réelle, il y avait bien là de quoi
exciter la raillerie et l'irritation des gens du monde, et
soulever leur hostilité contre l'homme qu'on pouvait regarder comme l'instrument de pareilles conversions.
D'autres circonstaces de ce genre signalant l'influence
de M. Dutoit contribuèrent à animer les esprits mondains contre lui.

On ne put cependant élever aucune plainte sérieuse,
preuve en soit un mémoire adressé en 1769 par l'Académie de Lausanne à Leurs Excellences, mémoire sur lequel nous aurons bientôt à revenir, et qui était loin
d'être dicté par des préventions favorables à M. Dutoit.
On y lit en particulier : « Ceux qu'il a séduits ne se sont
distingués jusqu'à présent que par une vie plus retirée,
plus d'éloignement pour les plaisirs de la société, une
sorte de dédain pour le commerce des autres hommes
qu'ils traitent de profanes,... quelques-uns par des idées
sombres et mélancoliques. Il ne nous est pas revenu que
ni le chef, ni ses disciples, se soient rendus coupables
de libertinage et de faits scandaleux ; et les parents des
jeunes gens qui ont été gagnés, se plaignent plutôt des
vains scrupules dont on a chargé la conscience de leurs
enfants, et de l'austérité de leurs principes que du relâchement de leurs mœurs. » Qu'on pèse sérieusement
la valeur de ce témoignage, surtout dans ce qu'il a de
négatif, qu'on apprécie ce qui est dit de l'austérité des
principes inculqués aux jeunes disciples de M. Dutoit, et

l'on pourra être convaincu que, s'il y avait eu quelque
accusation grave dont on eût cru pouvoir légitimement
le charger, on n'aurait pas manqué de la faire ressortir
et de la signaler sans réticences. On trouve ici le même
genre d'opposition qu'une piété sincère et vivante a rencontrée en tous les temps.

Il n'est pas sans intérêt de remarquer qu'en face de
cette opposition et des jugements quelque peu mépri-
sants qu'on portait sur elles vers le milieu du siècle
dernier, les doctrines de la vie intérieure occupaient
assez les esprits dans le monde théologique de notre
pays, pour qu'à l'occasion du concours ouvert en 1761
pour la chaire de théologie dogmatique ou *élenctique* à
l'Académie de Lausanne, deux des thèses proposées
aux candidats aient porté sur le pur amour et sur le
mysticisme [1].

[1] Voyez A. Gindroz. *Histoire de l'instruction publique dans le Pays
de Vaud*, pag. 192.

CHAPITRE V.

**Maladies. Renonciation à la qualité d'imposition-
naire. Premières publications.**

1759.

En mentionnant le mémoire de l'Académie de Lausanne, nous avons anticipé de quelques années. Il faut,
avant d'en parler plus au long et d'exposer les circonstances qui lui ont donné naissance, que nous reprenions
pour la poursuivre au point de vue chronologique, la
biographie de M. Dutoit.

Des indispositions fréquentes qui altérèrent sérieusement sa santé, et diminuèrent ses forces, une oppression
devenue bientôt habituelle et une toux opiniâtre le con-
traignirent, encore dans la force de l'âge, à renoncer à
la prédication. Ce fut pour lui un douloureux sacrifice,
mais il s'y soumit en acceptant la volonté de Celui qui
jugeait à propos de le lui imposer. Comprenant que cet
état de sa santé n'était pas une chose passagère, il crut
devoir présenter à l'Académie sa résignation à la qualité
et au bénéfice d'*impositionnaire,* en demandant exemp-
tion de toutes charges pouvant en dériver. Cette qualité
d'impositionnaire ou de ministre consacré, agrégé au

clergé de la nation, mais non encore revêtu d'un office
pastoral, en lui donnant le droit de prétendre aux postes
ecclésiastiques du pays, pouvait l'astreindre à certaines
fonctions temporaires qu'il ne se sentait plus à même de
remplir. L'Académie accepta sa démission, et lui accorda
l'objet de sa requête le 20 décembre 1759. Il n'avait que
trente-huit ans.

Mais cette obligation de renoncer à la chaire et ce
changement dans ses perspectives d'avenir, n'eurent
point pour résultat de le faire vivre dans l'oisiveté. Il
sut se créer des occupations, au moyen desquelles il pouvait encore travailler à l'avancement du règne de Dieu.
L'étude habituelle de la Sainte Ecriture, qu'il parvint à
posséder d'une manière étonnante, celle des Pères de
l'Eglise, qui avait pour lui un grand attrait[1], la composition d'un grand nombre de sermons, discours, homélies, dissertations sur les sujets les plus profonds
comme les plus usuels, la réimpression de plusieurs
ouvrages sur la religion et la vie intérieure, ouvrages
qu'il enrichit de notes et de préfaces, la prière, la méditation, la contemplation de Dieu et de ses œuvres,
l'exercice assidu de la charité et de la bienfaisance, le
soin de beaucoup d'âmes qui réclamaient le secours de
ses lumières, une correspondance étendue avec des

[1] Il était parvenu à former une collection à peu près complète des
ouvrages des Pères, en deux-cents volumes in-folio. Il s'en défit toutefois
longtemps avant sa mort, en n'en gardant qu'un petit nombre, Saint-
Augustin et quelques autres. Cette précieuse collection fut acquise
par l'évêque de Fribourg, et fait sans doute encore aujourd'hui partie
de la bibliothèque épiscopale.

hommes distingués de l'étranger et de la Suisse, tels
que Haller, Lavater, Bonnet, le professeur Stapfer, ou
avec d'autres amis plus intimes ; ajoutons le délasse-
ment de la musique, qu'il s'accordait comme repos intellectuel, en jouant quelquefois du violon ; voilà ce qui
remplit sa vie pendant la période dont nous nous occupons maintenant.

Au nombre des ouvrages qu'il fit paraître à cette
époque, il en est deux qui étaient de lui. Le premier,
publié en 1760, est un discours sur un sujet de morale
des plus difficiles à traiter, et dont le but était de sup-
pléer, sous le point de vue moral et religieux, à ce qui
manquait au célèbre traité que le docteur Tissot venait
d'adresser en particulier aux éducateurs de la jeunesse [1].

Le second est un volume contenant huit sermons et
deux homélies, qu'il fit paraître en 1764 à Francfort sous
le titre de *Sermons de Théophile*. Il le publia à la sollici-
tation de plusieurs amis, désireux de faire jouir le public
de l'édification que leur avaient procurée les sermons
écrits de celui dont ils ne pouvaient plus entendre la
prédication orale. Il s'était proposé de publier d'autres
volumes de la même manière ; mais ce premier essai de
publication à l'étranger eut un si triste résultat qu'il
renonça à l'entreprise. Outre une multitude de fautes
d'impression qui défiguraient l'ouvrage, le ballot envoyé de Francfort à Lausanne subit en route de telles
avaries que l'édition fut à peu près perdue. Les sermons
destinés à paraître à la suite de ce premier tome ne

[1] Ch. Eynard. *Essai sur la vie de Tissot*, pag. 49.

virent le jour qu'après la mort de l'auteur, en 1800,
sous le titre de *Philosophie chrétienne*. Il en sera parlé
plus loin. Les deux homélies contenues dans le volume
de Francfort avaient pour sujet le lavoir de Béthesda,
Jean V, 2-9. L'auteur y donnait de ce morceau de l'Ecriture une explication mystique. Il les avait écrites en
1752 et prêchées à Lausanne, où elles avait soulevé, paraît-il, une assez vive opposition, car M. Dutoit disait
plus tard à ce sujet « qu'il n'y avait pas eu assez de
chiens dans le pays pour les mettre à ses trousses. »

Quand aux réimpressions auxquelles il donna ses soins,
la première fut celle des *Entretiens solitaires d'une âme
dévote avec son Dieu*, ouvrage du pieux Hollandais Guillaume comte de Kniphuysen Nieuoort. Il accompagna
cette édition d'une préface, et en corrigea même le
texte en divers endroits, en insistant sur l'absolue nécessité d'imiter Jésus-Christ, de porter sa croix, et de
renoncer à soi-même pour ressembler en toutes choses
au divin modèle. Il engagea un libraire de Lausanne à
réimprimer les *Sermons de Nardin*, qu'il considérait
comme les meilleurs entre les prédications protestantes,
tant à cause de l'esprit évangélique qu'on y respire d'un
bout à l'autre, que de la manière dont le pieux auteur
fait ressortir les sens spirituels et cachés de l'Ecriture.
Ces sermons dont il retoucha un peu le langage parurent
en 1766 en cinq volumes in-8°.

L'année suivante M. Dutoit fit paraître à Lyon sous le
vocable de Londres, une édition nouvelle accompagnée
d'une préface, des *Lettres chrétiennes et spirituelles sur
divers objets qui regardent la vie intérieure, ou l'esprit du*

vrai christianisme, ouvrage de la fameuse Mme Guyon, qui avait paru soi-disant à Cologne, mais en réalité à Amsterdam en 1717 et 1718 en quatre volumes. Notre auteur en ajouta un cinquième, contenant la correspondance secrète de Mme Guyon avec Fénelon, et en accompagnant de notes instructives relatives à la vie intérieure, cette correspondance jusqu'alors inédite. Il la fit précéder d'un avant-propos sous le titre d'*Anecdotes et Réflexions,* dans lequel il avait en vue de s'élever contre les abus de la raison par rapport aux matières de la grâce. Le titre complet de ce morceau est : « Anecdotes et Réflexions sur cette correspondance, où il est parlé des Jésuites, des Jansénistes, de Fénelon, de Bossuet, et de plusieurs autres, et où l'on dévoile beaucoup de faits très intéressants. » Cet intitulé pourrait donner lieu à une sorte de méprise, attendu qu'il n'y a pas ici d'anecdotes, au sens ordinaire du mot, et que l'intérêt des faits signalés n'est pas aussi vivant pour le lecteur, qu'il l'était sans doute pour l'écrivain.

Telles sont les publications auxquelles M. Dutoit donna ses soins antérieurement à l'année 1769. On verra plus loin pourquoi nous avons cru devoir mettre un point d'arrêt à cette époque.

Un fait intéressant à noter, et qui trouve sa place ici, est que la *Chambre des pauvres habitants* de la ville de Lausanne, institution qui, depuis près d'un siècle (1766) a soulagé bien des misères, remonte quant à son origine première à l'intérêt chrétien que M. Dutoit portait aux pauvres et aux malheureux. Etant un soir à prendre le

thé chez M. le banneret de Saussure [1], il exprima sa sollicitude pour les pauvres non bourgeois, habitant à Lausanne, qui, ne pouvant pas être assistés des deniers de
la bourse communale, n'avaient de ressources que celles
qu'ils trouvaient à la porte des maisons charitables, et
fit sentir combien il serait à propos qu'on instituât une
société de bienfaisance pour venir à leur secours. Cette
pensée charitable fut accueillie par le digne magistrat.

A l'instant on fit au public de Lausanne un appel qui
fut entendu, et l'on mit la main à l'œuvre. La Chambre
des pauvres habitants fut fondée, et M. Dutoit prit une
part active à cette administration, qui devait avoir pour
double résultat la suppression de la mendicité dans la
ville et un emploi plus judicieux et plus utile aux pauvres eux-mêmes des secours qui leur étaient destinés.
En jetant les yeux sur l'appel adressé au public et sur
les premiers comptes-rendus annuels, on pouvait reconnaître sa plume charitable et chrétienne.

[1] Benjamin de Saussure, banneret de Bourg, père de Victor Ves-
pasien de Saussure, dernier bourgmestre de Lausanne, appartenait
à la branche des de Saussure de *Vernand*. Son père, André, avait été
banneret de la Cité. Il était cousin au huitième degré de Louis César
de Saussure, de la branche de *Boussens*, qui, après avoir été diacre à
Berne, était pasteur à Lausanne au moment de la mort de Davel.

CHAPITRE VI.

Liaisons d'amitié. Séjour à Genève.

1761 à 1768.

A l'époque de la vie de M. Dutoit où nous sommes parvenus, se rattache pour lui l'origine de quelques douces liaisons d'amitié et de sympathie, qui ont répandu sur son existence beaucoup d'intérêt et de charme. Nous allons en dire quelques mots.

En 1760 ou 1761, un gentilhomme danois, le baron de Klinckowström, seigneur de Cluverswerder, conseiller d'Etat du margrave de Bayreuth, et chevalier de l'aigle prussienne, petit-fils par sa mère du célèbre publiciste et historien Puffendorf, vint à Lausanne, comme un si grand nombre d'étrangers le faisaient alors, pour consulter le docteur Tissot. Logé aux Mousquines chez Mme Polier [1], femme pieuse, que de vrais sentiments religieux mettaient en relations assez fréquentes avec

[1] Jeanne-Françoise née Gignilliat (de Vevey), veuve de Georges Polier, colonel au service de l'électeur de Hanovre, fut la mère de Mme de Cérenville, auteur de divers romans et ouvrages historiques, et de Mme la chanoinesse Polier, à laquelle on doit la *Mythologie des Indous*, le *Journal littéraire de Lausanne* et plusieurs autres écrits et traductions.

M. Dutoit, il fut tout naturellement conduit à faire la
connaissance de ce dernier, qui reconnut bientôt en lui
un homme aimable, instruit et de grand sens, paraissant
disposé à chercher la vérité d'une manière sérieuse.
Attiré par ce cœur sincère, M. Dutoit se sentit porté à
prier beaucoup pour lui, et à la suite de plusieurs entretiens intimes, il lui dit qu'il avait maintenant à « se
débattre avec Dieu. » Ce mot, en éclairant M. de Klinckowström sur ce qui se passait dans son âme, fit sur
lui une impression profonde, et il se demanda bientôt
avec angoisse, comme le geôlier de Philippes : « Que
faut-il que je fasse pour être sauvé? »

Dès ce moment, il s'établit entre lui et l'homme pieux,
instrument de sa conversion, une liaison affectueuse,
une conformité de sentiments, une union de cœur qui
leur furent très précieuses à l'un et à l'autre, et qui du-
rèrent ici-bas jusqu'à la mort du baron. Lorsque, après
quelque temps de séjour à Lausanne, M. de Klinckowström dut quitter cette ville, comme il exprimait vivement
son regret de s'éloigner de son digne et précieux ami et
son inquiétude à la pensée de se trouver désormais sans
guide, M. Dutoit lui dit : « Ma vocation en ce qui vous
concerne est accomplie, mais vous trouverez en Allemagne, j'en ai la certitude, une personne qui me rempla-
cera. »

On voit par les lettres que M. Dutoit lui adressait dans
les premiers temps de leur intimité qu'il se considérait
comme ne devant faire à son égard que l'œuvre d'un
Jean-Baptiste, en préparant seulement en lui le chemin
du Seigneur. «Avant mon voyage à Lausanne, écrivait

de son côté en 1766 M. de Klinckowström, quand je li-
sais les épîtres de St. Paul, j'entrevoyais déjà quelque
chose d'approchant de ces vérités, (les doctrines de la
vie intérieure) quoique confusément et sans pouvoir
m'en rendre compte à moi-même. Théophile ne pouvait
donc manquer de me gagner sur-le-champ, parce que je
ne vis d'abord dans sa doctrine que le développement
d'un germe que je portais en moi, et qu'une extrême
miséricorde de Dieu avait garanti des erreurs de la théologie ordinaire. »

Ce guide, cet ami que M. Dutoit annonçait au baron,
celui-ci le rencontra en effet quelque temps après dans
la personne de M. le comte Fréderich de Fleischbein,
propriétaire du château de Hayn, dans le comté de
Schwarzenau, en Prusse. La liaison qui s'établit entre
eux mit le comte en rapport avec M. Dutoit, et de là résulta bientôt une relation intime.

Disciple fervent de Mme Guyon, dont il traduisit les œuvres en allemand, M. de Fleischbein fut l'un des plus
grands *intérieurs* du dernier siècle. Il concourut avec
M. de Klinckowström à la publication d'un grand nombre d'ouvrages relatifs à la vie intérieure, et à leur diffusion, non-seulement en Allemagne, mais aussi en d'autres contrées. Ils se mirent en relation avec toutes les
personnes éminentes en piété d'Angleterre, des Pays-Bas,
du Danemark, de la Prusse, de l'Allemagne entière. Leur
ami de Lausanne fut mis par eux en communication
avec nombre de gens intéressants, et leur correspondance fut, tant qu'ils vécurent l'un et l'autre, une de ses
meilleures jouissances.

On peut juger par le passage suivant d'une lettre de
M. de Fleischbein du 2 décembre 1763, de la haute estime
qu'il avait pour M. Dutoit, déjà dans les premiers temps
de leur liaison : « Il a paru dernièrement en français un
livre intitulé *Sermons de Théophile*. L'auteur est un prédicateur réformé, grand mystique, fort avancé dans l'intérieur. Ces sermons sont d'une grande beauté, tou-
chants, remplis d'onction, très convenables pour ceux
qui entrent dans les voies du christianisme, afin de les
réveiller et de leur donner le goût et la connaissance
de l'intérieur. » De son côté M. Dutoit a constamment
exprimé le bonheur que lui faisait éprouver le commerce
de ces deux précieux amis dont l'un lui avait fait connaître l'autre ; il se plaisait en particulier à dire quelle
utilité il avait trouvée pour son âme, à se mettre sous la
direction spirituelle de M. de Fleischbein.

Cette douce liaison ne dura guère plus de douze ans,
car M. de Fleischbein mourut le 5 juin 1774, et M. de
Klinckowström à la fin de la même année. Elle procura
à M. Dutoit une relation étroite avec Mlle de Fabrice de
Zelle, dont les lettres indiquent le profond attachement
qu'elle avait pour lui, ainsi que pour la famille Ballif et
toute la petite société intérieure de Lausanne, à laquelle,
malgré la distance, elle se sentait unie par les liens les
plus affectueux. C'est elle qui, après la mort du comte
et du baron, entretint par sa correspondance les rapports entre les mystiques de la Suisse et ceux de l'Allemagne, et cela jusqu'à la fin de la vie de M. Dutoit, auquel elle ne survécut que quelques mois. Elle mourut en
septembre 1793.

Nous aurons plus d'une fois à nous occuper de l'influence considérable exercée sur M. Dutoit par M. de
Fleischbein en particulier, quant à la direction de ses
travaux mystiques. Il y eut, surtout en 1764, une crise
dont les détails, conservés dans les lettres de M. de
Fleischbein, offrent un vif intérêt. Sincèrement attaché
à son directeur de Lausanne, et plein de confiance en
ses lumières et d'admiration pour ses écrits, M. de Klinckowström, ne doutant pas de faire partager son enthousiasme à son nouvel ami, avait communiqué à celui-ci,
après les *Sermons de Théophile,* un cahier de *discours* sur
divers sujets mystiques, qui lui avait été envoyé par
M. Dutoit. L'effet fut tout autre que ce que l'esprit droit
et sincère de M. de Klinckowström, véritable Israëlite
sans fraude, avait imaginé. Au lieu de l'admiration dont
il s'attendait à recevoir les témoignages, il eut la plus
cruelle déception. Les vues théosophiques de M. Dutoit
furent entièrement désapprouvées par M. de Fleischbein
comme n'étant qu'un renouvellement des théories erronées des anciens gnostiques. Il les condamna au point
d'interdire à M. de Klinckowström la lecture de tout
écrit où elles seraient reproduites, et de conseiller fortement à M. Dutoit de brûler sans exception tout ce qu'il
pouvait avoir composé jusqu'à ce jour sur de semblables
matières et d'éviter soigneusement toute tendance pareille pour l'avenir. Il y eut en cette circonstance, de la
part de M. Dutoit, un renoncement qui, tout en marquant
sa déférence pour la suprématie de M. de Fleischbein,
le plaça d'une façon plus complète encore sous la direction spirituelle de ce nouvel ami. Nous aurons à re-

venir sur ce sujet que nous nous bornons à signaler ici
pour marquer en son lieu l'époque de cette crise intel-
lectuelle et morale chez l'homme que nous étudions.

Dans un voyage à Genève, M. Dutoit eut l'occasion de
faire la connaissance de MM. les frères Théodore et Jean-
Louis Grenus. Une relation sympathique, devenue bientôt intime, s'établit entre eux et lui, et eut une influence
considérable sur son sort ultérieur. Mᵐᵉ Théodore Grenus avait une sœur nommée Mᵐᵉ Schlumpf, qui, devenue
veuve, s'était retirée auprès d'elle avec sa fille. M. Dutoit
vit ces dames à Céligny, qu'elles habitaient en été, et se
lia bientôt avec elles. Les circonstances les rapprochèrent
de lui quelques années plus tard, de telle sorte qu'il fut
conduit à s'établir chez elles, et put finir ses jours dans
cette douce société. Nous devrons reprendre ces faits
avec quelques détails. Mais dès maintenant nous avons à
faire connaissance avec ces amis si particulièrement
chers à M. Dutoit.

MM. Grenus, que nous venons de nommer, étaient fils
de Gabriel Grenus, premier syndic. Le cadet, Jean-Louis,
qui avait épousé Mˡˡᵉ Calandrini, fut appelé au syndicat
le 1ᵉʳ janvier 1758 et se démit de cette charge honorable
en 1771. Il mourut en 1782. Théodore, son aîné de cinq
ans, né en 1706, fut aussi appelé à prendre part au gouvernement de la république. Il fit partie des Deux Cents
de 1738 à 1770. Ayant passé une partie de sa jeunesse
à Lyon dans le commerce, et quatre ans, en particulier,
dans la maison Huber, il s'était trouvé naturellement en
rapport avec Mˡˡᵉ Marie Huber, la célèbre philosophe,

qui avait exercé sur lui une certaine influence. Il reconnaissait dans la suite qu'il lui était grandement redevable,
en ce qu'elle avait cherché à rompre en lui une volonté
naturellement très roide, et à combattre une humeur
mélancolique qui trop souvent le dominait. Mais, par la
grâce de Dieu, les opinions théologiques de cette bienveillante directrice n'avaient nullement nui à sa foi [1]. Il
se sentit poussé vers le même temps à lire la *Vie* et plusieurs des ouvrages de Mme Guyon, mais sans que cette
lecture l'ait conduit alors à entrer dans la vie intérieure.
Au bout de quelques années, il épousa Mme Sara, née
Fittler, veuve de M. Gaillard, auquel il avait été associé
dans le commerce. Puis, craignant l'écueil des richesses,
il renonça aux affaires et revint à Genève, où il vécut
dès lors ayant alternativement son domicile à la ville et
dans le village de Céligny. L'influence de M. Dutoit le
ramena aux vues mystiques. Sa carrière fut jusqu'à la
fin une vie de piété sincère et d'active bienfaisance qui
lui attirait une considération générale bien méritée. La
lettre suivante que M. Necker de Germany lui écrivait de
Cologny le 19 juillet 1786, en est un précieux témoignage.

[1] Marie, fille de Jean-Jaques Huber, née à Genève en 1694, morte
à Lyon en 1753, compte au nombre des philosophes déistes du XVIIIe
siècle. Parmi ses ouvrages, qui eurent une grande vogue à leur apparition, l'on peut citer en particulier *Le monde fou préféré au monde
sage. Le système des anciens et des modernes*, dans lequel elle combat
le dogme de l'éternité des peines; puis des *Lettres sur la religion
essentielle à l'homme*, destinées à répondre aux attaques dont le livre
précédent fut l'objet tant de la part des catholiques que de celle des
protestants. Son esprit sérieux et austère se reflète dans ses écrits.
On lui doit aussi une *Réduction du Spectateur anglais*. Amsterdam,
1753, trois vol. in-12.

« J'ai eu bien du plaisir, monsieur, à lire les réflexions
que vous avez eu la bonté de m'adresser par Mᵐᵉ We-
guelin sur la bienfaisance et sur la satisfaction qu'il y a
à employer annuellement une bonne partie de ses reve-
nus au soulagement des infortunés. (On verra plus loin
à quels principes adoptés par M. Grenus, ces paroles
faisaient allusion). Je suis persuadé comme vous qu'on
ne peut faire un meilleur usage des biens dont on a été
gratifié par la Providence : j'aurais bien désiré aussi, si
j'avais possédé Bossey (château voisin de Céligny), que
vous eussiez bien voulu m'associer aux œuvres de charité que vous faites avec autant de lumières que de zèle,
et qui vous rendent l'objet des bénédictions des habitants
de Céligny et des lieux circonvoisins. J'aurais gagné infiniment à être témoin de cette satisfaction intérieure et
de cette paix de l'âme qui font votre bonheur, avantages
auprès desquels toutes les jouissances mondaines ne
sont que vanité... Mᵐᵉ de Germany n'a point perdu de
vue les modèles de charité et d'humanité qu'elle a eus
dans sa famille, et si elle était connue de vous particulièrement, j'ose croire qu'elle vous paraîtrait digne de
marcher sur leurs traces. Secondez, je vous prie, ses
excellentes dispositions en lui adressant de temps en
temps vos sages et utiles réflexions et en lui fournissant
des occasions de les mettre en pratique, et soyez persuadé des sentiments pleins de vénération avec lesquels, etc. »

On le voit ; donnant toujours lui-même abondamment
aux pauvres, M. Grenus exhortait fidèlement les autres
à en faire autant. Sa vie était en édification, et l'on ne

craignait pas de réclamer ses directions pieuses. Il mourut âgé de quatre-vingt-quatre ans le 2 janvier 1790, et
laissa 12000 florins aux pauvres.

Il est un trait de sa vie qui doit encore être signalé. Il
avait hérité en 1771 environ 20000 francs d'une parente
saint-galloise. Trois ans plus tard il consentit, par pa-
triotisme, à payer à la régence de Saint-Gall le 10 % de
cette valeur, afin que le concordat de 1713 sur la traite
foraine ne fût pas résilié par le gouvernement de Saint-
Gall, ce qui aurait été un détriment pour Genève.

Mme Grenus, d'origine saint-galloise, était fille de Jean-
Henri Fittler et d'Elizabeth Gonzenbach. Elle avait épousé
en premières noces M. Gaillard, négociant à Lyon, comme nous venons de le voir, et elle avait de ce premier
mariage un fils et deux filles. Un fils et une fille naqui-
rent de son union avec M. Grenus. Appelée la première
de toute la famille à entrer dans les voies intérieures,
elle se sentait particulièrement obligée envers le Seigneur d'être en exemple aux siens, et elle eut la joie de
voir les bénédictions de l'Esprit de Dieu se répandre
autour d'elle. En pleine communion de sentiments avec
son mari, elle se mit avec lui sous la direction de M. Dutoit, qui travailla immédiatement à les mettre en rapport
avec M. de Fleischbein, afin qu'ils eussent part à tous les
avantages spirituels qu'il attendait pour lui-même de
cette relation. Ses filles entrèrent également dans les
voies intérieures.

Voici comment M. Dutoit parlait de cette famille en
écrivant de Céligny même le 4 juillet 1766 à M. de Fleischbein : « Ces chers M. et Mme Grenus se recommandent

à vos prières, de même que Mlle Gonzebat. (C'était une tante de Mme Grenus.) Elle a soixante-quatorze ans, M. Grenus en a soixante, et madame cinquante-cinq. Cette chère Mme Grenus ira au mieux en foi savoureuse, douce, bonne, tranquille, timide et humble; absolument même route que le baron (M. de Klinckowström). Elle est plus avancée que je ne le croyais, et c'est, de tout ce qu'il y a dans ces quartiers, la personne avec laquelle je me sens le plus uni. Il me semble que rien n'interrompra jamais notre union, et qu'elle deviendra toujours plus intime. Elle m'avait envoyé, il y a trois mois, trois louis pour la caisse, et avant-hier elle m'en a remis encore trois autres. (Nous dirons plus bas ce qu'était cette caisse d'aumônes.) M. Grenus, voyant que je n'avais point de montre, m'a forcé d'en accepter une d'argent. (M. Dutoit en avait eu une d'or, mais il l'avait vendue quinze ans auparavant jugeant sans doute que c'était un luxe inutile.) Je prends la liberté de vous recommander ces chérissimes gens de la manière la plus particulière. Tout dans cette maison montre une maison bénie. »

A l'époque où M. et Mme Grenus furent mis en relation avec M. de Fleischbein, ils faisaient déjà leur lecture habituelle des ouvrages de Mme Guyon et se plaisaient à chanter en famille ses cantiques.

Le caractère et la disposition d'esprit de Mme Grenus, tels que les dépeint M. Dutoit, se retrouvent dans la première lettre qu'elle se sentit heureuse d'écrire au nouvel ami d'Allemagne. « Dieu me fasse la grâce, lui disait-elle, de mettre à profit le peu de temps qui me reste, pour suivre mon chemin, et qu'en particulier je sois

souple et docile à la direction et aux conseils de mon
cher directeur (M. Dutoit), persuadée que je suis qu'en
me conduisant de la sorte, Dieu, voyant ma sincérité et
mon abandon, lui donnera les lumières nécessaires pour
me bien diriger. »

La fille aînée de Mme Grenus, Mlle Elizabeth Gaillard,
s'était donnée à la vie intérieure d'une façon solennelle
à l'âge de vingt-quatre ans, à la grande joie de sa mère.
Elle mourut trois ans plus tard en 1769. Quant à la ca-
dette, Mlle Manon Grenus, elle épousa M. Bazin de Duil-
lier, qui concourut, après la mort de M. Dutoit, à la révision des sermons qui devaient être publiés.

Mme Clève ou Cléophéa Schlumpf était, comme nous
l'avons dit, sœur de Mme Grenus. Elle avait aussi vécu à
Lyon. Après la mort de son mari, elle revint en Suisse
avec sa fille Marie. Ces dames séjournèrent d'abord à
Genève et à Céligny, puis ensuite à Lausanne, où se termina leur carrière terrestre. Elles avaient chez elles une
vieille tante, Mlle Esther Gonzebat ou plutôt Gonzenbach,
qui était également une des disciples fidèles de M. Dutoit, et que nous venons de voir mentionnée dans sa
lettre [1].

MM^mes Grenus et Schlumpf avaient une autre sœur
mariée à M. Pierre Huber, l'un des frères de Mlle Marie
Huber, ce qui les avait mises en rapport avec elle, mais

[1] On lit au registre des décès de la ville de Lausanne : «Noble Esther Gonzebat de Hauptvill, demeurant à Lausanne, décédée aujour-
d'hui 30 novembre 1778, à l'âge de quatre-vingt-neuf ans, trois mois
et demy, a été ensevelie le 2 décembre au cimetière de St. François. »

probablement d'une manière moins intime que ce n'avait été le cas pour M. Grenus.

Il serait trop long de mentionner ici le grand nombre de personnes avec lesquelles M. Dutoit fut en relation plus ou moins intime, tant à Lausanne, qu'à Genève, à Berne et autres lieux du pays. On comprend que toutes celles dont les tendances religieuses étaient analogues aux siennes, cherchaient à se rapprocher de lui, à le consulter, à l'entendre et, lorsqu'elles le pouvaient, à se mettre plus ou moins sous sa direction spirituelle. Le nombre de celles qui le reconnurent ainsi pour leur guide dans les voies de la piété fut assez considérable. Nous aurons plus bas l'occasion d'en signaler nominativement quelques-unes.

Dans l'hiver de 1766 à 1767, la famille Grenus attira M. Dutoit à Genève, où elle désirait ardemment le voir se fixer. La présence du docteur lausannois dans une maison déjà suspecte au point de vue religieux, excita un grand émoi. On se récria sur ce qu'il venait séduire les âmes, et l'on alla jusqu'à répandre sur son compte les insinuations les moins charitables. La chose en vint au point que M. Dutoit se vit contraint d'écrire à Lausanne pour demander soit au Conseil de la ville, soit à l'Académie, des témoignages sur sa conduite et sur sa vie antérieure. Ces pièces lui furent expédiées à l'instant même, elles étaient l'une et l'autre pleinement approbatives.

En rappelant que M. Dutoit avait volontairement renoncé à la qualité d'impositionnaire, Messieurs de l'Aca-

démie ajoutaient, dans ce témoignage qu'ils « accor-
daient, disaient-ils, avec plaisir : » « Dès lors il a demeuré au milieu de nous, à diverses fois, sans que nous
ayons jamais rien appris qui soit contraire au caractère
d'un digne serviteur de Jésus-Christ. » Le Conseil de la
ville écrivait de son côté : « Nous déclarons que par la
sagesse de sa conduite et par la régularité de ses mœurs
en tout assorties au caractère dont il était revêtu, M. le
ministre Dutoit s'est concilié l'estime publique et a mé-
rité notre entière approbation. » Ces deux actes portent
la date du 27 mars 1767. Une lettre du même jour
adressée à Céligny à M. Dutoit par M. le bourgmestre
Polier de Saint-Germain [1], en lui exprimant une véritable peine des chagrins qu'on avait pu lui susciter, disait
que Messieurs du Conseil avaient été unanimes pour lui
accorder le témoignage qu'il avait sollicité. Le digne
président du Conseil terminait par le vœu que cette
pièce, ainsi que l'acte émané de l'Académie « secondés
d'une conduite prudente » produisissent l'effet qu'il était
en droit d'en attendre, en ajoutant : « Je serai charmé
en mon particulier d'avoir des occasions plus agréables
pour vous, de vous marquer les sentiments de considération distinguée, etc. » On voit, par les expressions
que nous avons relevées, que si M. le bourgmestre juge

[1] Antoine Polier de Saint-Germain (1705-1797) était fils de Georges
Polier, professeur d'hébreu, (deuxième professeur de ce nom) et arrière petit-fils de Jean-Pierre Polier, bourgmestre, auteur de la *Chute
de Babylon et de son roy* (Lausanne 1668) et d'autres ouvrages sur
les prophéties. Il était en ce moment même l'un des principaux ré-
dacteurs du journal intitulé *Aristide ou le citoyen*. Lausanne 1766 et
1767.

à propos d'insinuer la recommandation d'une conduite prudente, il ne sait rien qui soit propre à affaiblir l'estime et le respect que la personne de son correspondant lui a toujours inspirés.

Nous ignorons jusqu'à quel point ces actes officiels et la lettre bienveillante de M. de Saint-Germain ont pu répondre au but immédiat de M. Dutoit. Il est assez rare, en cas pareil, que des moyens de ce genre réussissent à ramener les esprits irrités et à détruire des préventions que la malveillance a su créer. L'ami de la famille Grenus, malgré tous les efforts qu'on fit autour de lui pour le justifier, dut rester sous le poids des accusations que l'on avait jetées à Genève contre sa personne et contre sa doctrine.

Celle-ci toutefois, et ce fut sûrement une douce consolation au milieu des peines que lui causa cette opposition haineuse, était vivement appréciée dans la maison qui l'avait accueilli. Nous en avons d'abondantes preuves, parmi lesquelles nous citerons en particulier le fait que ce fut sur les requêtes instantes de Mme Grenus que M. Dutoit se décida à donner une édition nouvelle des *Lettres spirituelles* de Mme Guyon. Par une allusion familière au langage mystique, et au sujet de laquelle elle se permit sans doute à elle-même un sourire, elle lui dit que *sa propriété* (recherche d'elle-même), demandait qu'on imprimât d'abord les *Lettres*, attendu qu'elle ne les possédait pas encore. En écrivant à M. de Fleischbein (27 octobre 1766), elle exprimait vivement sa reconnaissance envers Dieu de ce qu'il lui avait fait connaître les ouvrages de Mme Guyon, et tout à la fois son cher M. Dutoit pour les lui expliquer, ce qui lui paraissait une providence marquée.

Ce séjour à Genève, au milieu de l'opposition violente que sa présence souleva, donna lieu à M. Dutoit de faire des observations sérieuses sur la doctrine professée par un certain nombre de pasteurs de cette ville ; et ce sont ces observations, comme il le déclara plus tard, qui lui inspirèrent en partie les *Anecdotes et Réflexions* qu'il joignit au cinquième volume des *Lettres*. Peu s'en fallut que ses ennemis genevois n'aient eu le dessus dans leur lutte contre lui, car il sut plus tard qu'un sénateur bernois avait écrit à M. l'auditeur Naville, de Genève, que s'il s'était tiré d'affaire c'est parce qu'il avait été mal attaqué. On avait tenté là-dessus une aggression nouvelle, mais elle n'eut pas de suite, faute d'adversaires assez nombreux et assez prononcés dans le sein de l'Académie.

CHAPITRE VII.

Les amis d'Allemagne.

Les relations établies et activement soutenues entre MM. de Fleischbein et de Klinckowström d'une part, et M. Dutoit de l'autre, eurent sur celui-ci une telle influence, que nous devons nécessairement y revenir et entrer dans quelques détails ultérieurs au sujet de ces deux personnages. Le premier, en particulier, comme directeur spécial, a exercé une action positive sur le développement du mysticisme de celui qui s'est constitué son disciple, sur le travail intérieur de son âme, sur la marche de ses études et de ses spéculations. Nous ne comprendrons pas pleinement M. Dutoit si nous ne connaissons pas un peu mieux l'homme qui à tant d'égards lui inspira une confiance implicite.

Jean-Fréderich de Fleischbein, comte de Hayn, était né en 1700, dans une position brillante selon le monde. Elevé dans le luthéranisme, entouré d'une orthodoxie morte, il n'éprouva, pendant sa jeunesse, aucune impression religieuse vraiment sérieuse. A l'âge de 18 ans, cependant, au moment de se battre en duel à Lunéville, où il faisait alors ses études à l'académie lorraine, il

sentit au fond de son âme un besoin pressant de prier
Dieu et de lui demander la grâce d'être préservé du
malheur de devenir un meurtrier. Blessé grièvement
lui-même dans cette rencontre par son adversaire Cas-
tel Banco, il comprit le danger de sa situation, et ce
danger lui fit faire de solennelles réflexions. Ce ne fut
toutefois que dans sa trentième année, que, touché de
Dieu, il fut « converti foncièrement par la miséricorde
divine ; » ce sont ses propres expressions.

Ayant passé, avant cette heure bénie, par de longs et
douloureux moments de tristesse à l'occasion de ses péchés et du besoin qu'il sentait de renoncer au monde,
il eut à souffrir d'une part de l'aveuglement des membres
de sa famille et de ses amis, qui ne voyaient dans ce
qu'il éprouvait que de l'exaltation et des accès de mélancolie, et de l'autre, de l'erreur des ecclésiastiques de
sa communion, qui, au lieu d'apprécier à son juste prix
cette angoisse morale dont il était atteint par un effet de
la grâce régénératrice, et de le conduire à la pénitence,
lui faisaient une fausse application des doctrines saintes
de la justification et de l'imputation des mérites de Jésus-
Christ. « Par là, disait-il, et sous prétexte que l'on ne
saurait parvenir ici-bas à accomplir parfaitement la volonté de Dieu et la loi divine, ils se contentent de revêtir
superficiellement le vieil homme de l'habit de l'homme
nouveau, en sorte que le premier, sous cette magnifi-
cence extérieure, demeure en pleine vie. Ils s'efforcent
ainsi d'éteindre cette *tristesse selon Dieu* dont parle St.
Paul, qui est un effet des opérations de Dieu dans l'âme
et qui est inséparable des premiers combats de la con-

version, et se servent pour cet effet d'une très fausse
application de certains passages propres à consoler qu'ils
appellent des passages *décisifs*, et cela, pour endormir
les âmes dans une tiédeur damnable qui les rend bientôt au monde, qu'ils aiment plus qu'auparavant, et leur
mal devient après cela incurable. » Cette expérience
personnelle et les réflexions qu'elle lui inspira, jointes à
la lecture des auteurs mystiques, expliquent assez bien
les tendances catholiques si sensibles chez M. de Fleischbein, et l'adoption des doctrines de l'Eglise romaine,
y comprises la purification après la mort, l'intercession
pour les décédés, la médiation des saints, etc., doctrines qu'il « reconnaissait fondées sur tous les points, à
l'exception pourtant de l'abus, du pouvoir outré, de la
tyrannie et de la gêne de conscience que le clergé catholique s'arroge. »

Heureux d'avoir pu amener ses parents et ses sœurs
aux voies de la vie intérieure, M. de Fleischbein se sentit
pressé de consacrer spécialement ses propriétés et son
château de Hayn au *divin Enfant Jésus*, pour réunir en
son saint nom, dans ce lieu, plusieurs personnes parta-
geant les mêmes vues, et également animées du désir
de se consacrer au service du Seigneur.

La fondation de cette maison religieuse fut due à ce
même esprit claustral qui fit former en Allemagne au
XVIIme et au XVIIIme siècle un assez grand nombre de
retraites pareilles. On ne lira pas sans intérêt quelques
détails tirés d'une lettre de Tersteegen sur l'*Ermitage*
fondé par Poiret à Rheinsbourg près de Leyde. A l'époque où écrivait le pieux auteur, en décembre 1739, la

congrégation ne se composait plus que de trois frères.
« Ils vivent contents, travaillant eux-mêmes le jardin qui
fournit à leur cuisine. Ils ont une servante qui aime le
bien (la vie intérieure) et fait le ménage. Le frère Otto
Homfeld, qui est de Brême, est âgé de soixante-dix-sept
ans. Le frère Wettstein, natif de Bâle, est à peu près du
même âge. Il est frère du libraire si renommé d'Amsterdam qui a fait imprimer les ouvrages de Mme Guyon
et ceux de Poiret. Ce dit Wettstein a été familier dans la
maison de Mme Guyon et a connu personnellement Mme
Jane Leade. Le troisième frère est Israël Norraeus, sué-
dois de naissance. C'est après avoir été touché par les
écrits d'Antoinette Bourignon qu'il quitta sa patrie, dans
l'espoir de trouver M. Poiret [1] ; mais ce dernier venait

[1] Antoinette Bourignon, née à Lille en 1646, morte à Franeker en
Hollande en 1680, fut appelée, selon le jugement de Poiret, à « révéler le pauvre état de l'Eglise, à dénoncer les jugements de Dieu et
à commencer l'œuvre du renouvellement, à raison de quoi Dieu lui
avait donné un esprit de force et de courage extraordinaire pour déclarer le mal et le reprendre en tous. » Persécutée en divers lieux,
elle trouva en Poiret un disciple fidèle et un protecteur, qui publia
ses nombreux ouvrages à Amsterdam en dix-neuf volumes. Deux des
ouvrages de cette pieuse fille, publiés auparavant : *La lumière née dans
les ténèbres* et *Le tombeau de la fausse théologie* avaient exercé sur
Poiret une influence qui décida de la direction religieuse de sa vie.
Elle eut de nombreux disciples et fut chez plusieurs le précurseur de
Mme Guyon.

Quant à Pierre Poiret, né à Metz en 1646, il fit ses études à Bâle, à
Hanovre, puis à Heidelberg, où il reçut l'imposition des mains en
1669. Devenu pasteur de l'Eglise française d'Annweiler, dans le duché
des Deux-Ponts en 1672, il dut quitter ce poste en 1676 à cause de la
guerre qui ravageait le Palatinat, et renonça à la carrière pastorale.
En 1688 il se retira à Rheinsbourg, où il fonda la maison patriarcale
dont nous avons parlé. Après avoir publié les œuvres d'Antoinette
Bourignon, il publia celles de Mme Guyon et ses propres ouvrages. Il
mourut en 1719.

de mourir. Le frère Homfeld est devenu par la vieillesse, mais plus encore par la grâce de Jésus, un petit enfant simple et doux. Je n'ai rien trouvé dans mon voyage de Hollande qui m'ait autant récréé que sa présence. Sa mémoire et ses forces corporelles sont fort affaiblies, mais il ne perd jamais sa paix. Et quand on lui parle de sa science, car il a été très savant, il répond avec un doux sourire : Je ne suis rien. Quel bonheur j'avais à lui dire : *Frater tuus sum!* Nous sommes frères ! »

Mais revenons à M. de Fleischbein. En 1732, il fit la connaissance de M. de Marsay et de sa femme Clara Elisabeth, née de Callenberg, mystiques jouissant d'une haute considération, et il leur confia, en 1735, le gouvernement de sa maison religieuse, en se mettant lui-même sous la direction spirituelle de son hôte.

Celui-ci, Charles Hector de Saint-George de Marsay, né en 1688 à Paris, où ses parents se tenaient cachés à la suite de la révocation de l'édit de Nantes, était d'abord entré au service de l'électeur de Hanovre. La lecture des œuvres d'Antoinette Bourignon lui fit adopter les vues de cette célèbre mystique, et il renonça bientôt au métier des armes pour se consacrer entièrement à la piété. Il a laissé un assez bon nombre d'ouvrages, tels que des *Discours spirituels sur divers sujets de la vie intérieure*, un *Abrégé de l'essence de la vraie religion chrétienne* et des *Explications mystiques et littérales de divers livres de l'Ecriture* sous le titre général de *Témoignage d'un enfant de la vérité et droiture des voies de l'Esprit.* Ils parurent à Berlebourg de 1738 à 1740, pendant le

séjour de l'auteur à Hayn. Ayant perdu sa femme en
1742, M. de Marsay quitta la direction de la maison fondée par M. de Fleischbein, puis finit ses jours en 1755
à Ambleben chez Mme de Bötticher née de Carlot, fille
de l'une de ses sœurs. Une modification paraît s'être
opérée dans ses vues religieuses pendant les dernières
années de sa vie. Aux yeux des uns, l'exaltation de ses
idées mystiques ayant fini par se calmer, il ne lui en est
resté qu'une piété profonde ; pour d'autres (tels que
M. Dutoit), « M. de Marsay a dégénéré, pour n'avoir pas
voulu subir les dernières morts ; » pour d'autres encore
(M. Petillet) « sa voie qui avait été en général celle des
lumières, fut changée dans les derniers temps en un état
de petitesse et d'enfance. Reprenant les voies des com-
mençants pour se simplifier et s'anéantir, il porta d'aussi
profondes ténèbres que sa voie précédente avait été lumineuse. »

En parcourant la correspondance active que soutint
M. de Marsay avec ses excellents et pieux amis, MM.
Duval, de Genève, et Monod, de Morges, on est conduit
à se rattacher à la première alternative. Ses lettres respirent la piété la plus sincère, la foi la plus humble, la
doctrine la plus scripturaire, et n'offrent plus ces bizar-
reries et ces traces d'exaltation que l'on a pu remarquer
dans les époques antérieures de sa vie. Son langage religieux s'est dégagé des expressions et des formes qui
caractérisent en particulier celui de M. de Fleischbein.
Cette modification dans ses vues, ou du moins dans la
manière de les énoncer, explique sans doute en partie
pourquoi l'union intime qui existait entre lui et son an-

cien disciple cessa entièrement deux ans avant sa mort,
après avoir subi déjà précédemment diverses phases,
comme on le voit dans les lettres confidentielles écrites
par l'un et par l'autre à leurs amis respectifs.

M. de Fleischbein s'était marié le 30 avril 1737 avec
Mlle Pétronelle d'Eschweiler, originaire d'Aix-la-Cha-
pelle, plus âgée que lui d'une quinzaine d'années ; mais
leur union ne dura que pendant trois ans. Il perdit en
1740 cette épouse pieuse, qu'on avait jugée assez avancée dans les voies de la vie intérieure, pour tenir sur
les fonts de baptême, à Blois, le premier enfant de
Mylord Forbes, au nom de Mme Guyon, qui, bien que
morte, fut envisagée comme présente à la cérémonie.

La sainte maison de Hayn s'étant dissoute, M. de
Fleischbein transporta son domicile à Pyrmont, où il
passa le reste de ses jours avec sa sœur, Mme Sophie
Elisabeth, veuve de Prüschenck de Lindenhof, qui partageait pleinement ses vues religieuses. Là il devint le
centre auquel aboutissait naturellement l'union des mystiques d'Allemagne, et en particulier de ceux qui se rattachaient à Mme Guyon. Il y était en 1762, lorsque M. de
Klinckowström, ayant quitté Lausanne, fut conduit par
son zèle pour la propagation de la vie intérieure, à lui
offrir sa collaboration dans l'œuvre qu'il avait entreprise de traduire et de publier en allemand les œuvres
de Mme Guyon. M. de Fleischbein était précisément en
prières pour demander à Dieu de lui faire trouver l'aide
dont il avait besoin, lorsque lui arriva la lettre de M. de
Klinckowström. Cette coïncidence leur parut à l'un et à
l'autre une direction providentielle et comme un sceau

de bénédiction mis par le Seigneur sur leur projet. De ce jour commença entre eux une liaison intime, qui alla en se resserrant jusqu'à la fin de leur carrière terrestre.

Pyrmont qui, en vertu de ses eaux salutaires, était chaque année le rendez-vous d'une multitude de gens venus de tous les pays, offrait à M. de Fleischbein une position très favorable pour son prosélytisme. Sa correspondance prouve le zèle avec lequel sa sœur et lui cherchaient à se mettre en rapport avec les personnes de tout état, riches ou pauvres, qui leur paraissaient disposées à entrer dans les voies intérieures. Assistant les uns, sollicitant les autres de secourir ceux qui étaient dans le besoin, ils entretenaient entre tous leurs amis les liens d'une communion fraternelle, dont ils jouissaient d'être les intermédiaires.

Mais c'est surtout entre MM. de Fleischbein et de Klinckowström et Mlle Lucie de Fabrice, demeurant à Zelle, que s'établit une correspondance habituelle des plus intimes. Un volumineux recueil de lettres adressées par le premier à cette dernière, de 1767 à 1774, fait pénétrer dans cette liaison affectueuse, douce et bénie pour chacun des membres de ce trio d'âmes si parfaitement unies dans le Seigneur. Traduites en français par les soins de Mlle de Fabrice elle-même pour l'édification des amis de Lausanne, elles sont parvenues à ceux-ci comme un précieux trésor d'affection et de lumières; et ils ont été heureux de se retrouver ainsi en communication avec le frère vénéré qui, pendant plusieurs années, avait été leur directeur supérieur, puisqu'il l'était de M. Dutoit lui-même.

Un recueil bien plus considérable des lettres adressées par M. de Fleischbein au baron, dès le commencement de leur liaison en 1762 jusqu'à la mort du premier,
dévoile d'une manière plus intime encore tout ce qui
concernait l'union des amis, dans leurs diverses congrégations ou *mégnies*, pour nous servir de l'expression
qu'ils employaient eux-mêmes, et permet de suivre le
développement de leurs vues particulières, en consignant des renseignements que l'on chercherait vaine-
ment ailleurs. Ecrites en allemand, ces lettres renfer-
maient un assez bon nombre de passages en français,
relatifs aux communications les plus intimes, ou à la
transcription des nouvelles reçues de Suisse. Elles contenaient souvent de petits feuillets détachés, en guise de
post-scriptum, portant en tête cette suscription : *A lire
seul*, ou *Sujet secret*, et destinés à être ou immédiatement détruits ou du moins soigneusement mis à part.
Conservées religieusement par M. de Klinckowström,
ces lettres furent sauvées à la mort de celui-ci, ainsi
que beaucoup de pièces provenant de M. de Fleischbein,
par les soins et le dévouement à la cause mystique de
Mlle de Fabrice. Cette dernière était heureuse de pouvoir écrire à ce sujet, en 1775, à MM. Dutoit et Ballif,
qu'elle avait « tout lieu de croire que les héritiers de feu
cher Philémon (c'est sous ce nom que les amis désignaient entre eux le baron) n'avaient rien retenu des
papiers qu'il importait tant de retirer de leurs mains. »

La douce intimité constatée par cette correspondance
assidue fut brisée par le décès de M. de Fleischbein qui,

ainsi que nous l'avons déjà indiqué, mourut le 5 juin 1774. Par son testament, il avait désigné M. de Klinckowström comme son légataire pour la portion de son bien, 2500 écus d'empire, qu'il destinait aux amis de la vie intérieure. Mlle Charlotte-Lucie-Frédérique de Fabrice était chargée de partager avec le baron l'administration qui lui était confiée, et de le remplacer en cas de décès. Communication devait être donnée à M. Dutoit de tout ce qui serait fait, en lui demandant son avis sur l'exécution du legs, constituant pour plusieurs *intérieurs* nécessiteux de petites rentes viagères. On voit par cette dernière disposition quelle était la haute confiance que M. Dutoit inspirait à M. de Fleischbein. Celui-ci prévoyait manifestement que le pieux ami de Lausanne serait appelé à le remplacer comme directeur général des âmes intérieures.

Lorsque M. de Klinckowström mourut à son tour quelques mois seulement après son précieux guide, ce fut naturellement vers Lausanne que se dirigèrent les regards de Mlle de Fabrice et des autres *unis*. Ils sentirent comme par instinct que c'était là qu'ils avaient désormais à chercher leur centre sur la terre. Plusieurs raisons les y portaient. D'abord le crédit personnel dont M. Dutoit jouissait depuis longtemps dans tout le monde mystique, puis ensuite les progrès mêmes qu'avait faits sous son influence dans notre patrie la doctrine intérieure, progrès hors de proportion avec ce qu'on avait pu voir dans les diverses contrées de l'Allemagne. Il y avait à leurs yeux comme une bénédiction particulière répandue sur Lausanne.

M. de Fleischbein avait suivi depuis longtemps avec un vif intérêt le développement de l'œuvre mystique sous la direction de M. Dutoit. Il écrivait en 1765 : « J'ai reçu, il y a quelque temps, une lettre vraiment cordiale du cher Théophile. Il est d'une grande utilité actuellement aussi à Genève et dans les environs de cette ville, et fait mention d'environ treize ou quatorze âmes qui sont dans l'intérieur ou qui veulent y entrer, sans compter celles qu'il n'a pu découvrir encore. » Dix-huit mois plus tard il écrit : « Les nouvelles de la Suisse sont très bonnes ; de temps en temps il y a des âmes qui sont gagnées, et d'autres avancent dans l'intérieur avec grand courage. L'œuvre de Dieu semble y avoir un meilleur succès que dans ce pays-ci. » Au mois d'avril 1768 il peut dire : « Il y a une grande œuvre de Dieu en Suisse, mais avec maintes épreuves et souffrances pour les conducteurs spirituels. L'autre jour je comptais dans ce pays soixante âmes intérieures à moi connues de nom, parmi lesquelles plusieurs sont très avancées. Théophile (M. Dutoit) et Timothée (M. Ballif) sont leurs deux admirables conducteurs, armés de Dieu de grands dons, de même qu'un troisième, qui travaille avec eux dans la vigne du Seigneur. Les enfants sont singulièrement dociles et entrent dans le renoncement, s'exerçant en la continuelle présence de Dieu, et à l'oraison intérieure, ainsi que leurs directeurs le leur ordonnent, ce qui les fait avancer beaucoup dans l'intérieur. » En octobre de la même année, il écrivait encore avec la même joie : « En Suisse les âmes intérieures vont très bien ; dans chaque lettre il est fait mention de quelques nouveaux amis qui sont

gagnés, quelquefois de six, huit, jusqu'à dix, tantôt dans
un lieu, tantôt dans un autre. L'œuvre de Dieu y est visiblement grande, aussi Satan commence à exciter des
persécutions. Mais Dieu protégera bien sa vigne plantée
par sa droite, et la maintiendra. Amen. » Quatre ans
plus tard il écrivait de même : « Dieu fait une grande
œuvre en Thessalie (Suisse) et j'espère qu'il l'y conser-
vera pour sa gloire. Les chères âmes de la Chablière
sont dans mes prières de la façon la plus intime. Les
admirables amis que nos chers Thessaliens! ils me font
rougir de confusion. Dieu veuille les combler de biens
et de bénédictions éternelles! J'ai fait trois réponses
consécutives à l'admirable M. Antoine (autre nom sous
lequel on désignait M. Dutoit). »

On voit, par ces citations de lettres écrites à différentes époques, avec quel zèle et quelle affection M. de
Fleischbein s'occupait de M. Dutoit et de ce qui se passait à Lausanne. La chose était d'autant plus naturelle
que, comme nous venons de l'indiquer, le développement du mysticisme en Allemagne était loin de lui offrir
une aussi réjouissante perspective, preuve en soit ce
douloureux aveu exprimé par lui dans une lettre du 25
mai 1773 : « Un prophète n'est sans honneur que dans
son pays et dans sa maison, a dit notre Sauveur. *Calef*
(c'est lui-même qui se désigne ainsi) a éprouvé cela,
non-seulement dans le lieu de sa naissance (Hayn), mais
encore avec grande douleur ici (Pyrmont); pendant un
séjour de vingt années, pas une seule âme, ni dans cet
endroit, ni dans les environs, à l'exception de quelques
personnes de la maison et de quelques étrangers qui se

sont établis dans ce pays, n'a pu être amenée par les labeurs de Calef à un intérieur véritable. Dieu veuille que sa bénédiction se répande d'autant plus sur un grand nombre de *Fidénaïtes !* »

Les habitants de Zelle et des environs, désignés par cette dernière expression, ne répondaient guère mieux aux espérances et aux efforts pieux de M. de Klinckowström et de Mlle de Fabrice. Là non plus, il n'y avait qu'un petit nombre d'âmes professant sous leur direction la vie intérieure. Aussi, après quelques années, Mlle de Fabrice écrivait-elle à M. Ballif, en lui envoyant une portion des rentes du legs de M. de Fleischbein : « Qu'est-ce que notre mégnie ? Lorsque cinq ou six personnes ne seront plus, tout sera dit, tandis que Dieu bénit et augmente si visiblement votre mégnie, que l'on renaît à l'espérance, quant à l'impression des divins écrits. » Il s'agissait, on le comprend, du projet nourri dès longtemps, de poursuivre à Lausanne l'impression commencée des Œuvres complètes de Mme Guyon.

C'était donc vers Lausanne que déjà, du vivant des deux amis d'Allemagne, se portaient les vœux de leurs adhérents. Combien l'espoir de ceux-ci n'y tendit-il pas plus encore, lorsque le Seigneur les leur eut retirés l'un et l'autre ! M. Dutoit devint immédiatement leur grand directeur. Citons, pour donner une idée de leurs sentiments à cet égard, une lettre écrite en 1775 à M. Ballif par Mlle de Fabrice. Elle servira en même temps à nous faire connaître cette amie dévouée des *intérieurs* de Lausanne. « Vous jugez bien de l'effet que la description

de l'état de notre chérissime M. Antoine a fait sur mon
cœur (c'était pour M. Dutoit une époque de cruelles
souffrances). Cette impression est si profonde et si douloureuse que je n'essaierai pas de la dépeindre. Dieu
seul en est témoin, et c'est dans ce grand Dieu que je
tâche de fonder et d'affermir une confiance qui n'est,
hélas ! souvent que trop chancelante. Ah ! cher et respectable ami, vous avez bien raison de dire : Il n'y a
que la puissance d'un Dieu qui.... Notre sainte mère l'a
dit avant vous et le dit avec vous. Ce que vous ajoutez
que *Célef* seul peut en quelque sorte remplacer *Opassum*
(on comprend que le premier de ces noms désigne M.
Dutoit et le second M. de Fleischbein) et qu'il sera,
après que Dieu aura délié les langes et le suaire, plus
propre que jamais à conduire et diriger le petit troupeau de cette nation, qui n'est qu'obéissance et amour,
tout cela, dis-je, a trouvé l'acquiescement le plus intime
de mon cœur, et toute votre lettre a été un régal pour
Lucie. Vous nous demandez nos pauvres prières pour
Célef et pour toute cette maison remplie de deuil : à qui
pourraient-elles être plus acquises qu'à cette chère mégnie et à son chef ? Mais quel prix peut-on y attacher ?
Quels effets s'en promettre ? Malgré notre indignité nous
ne discontinuerons pas nos soupirs à Jésus notre Dieu
pour vous tous. Ce mot d'adieux du cher Calef: « Même
en mourant, je ne vous abandonnerai pas, » me revient
souvent et me soulage au sujet de cette maison chérie,
où l'on ne voit à l'extérieur que peines, afflictions et
croix. Mais qu'est-ce que la foi n'y découvre pas, lorsque, par instants, nous sommes gratifiés de ces rayons

lumineux qui percent l'obscurité du nuage ? » Dans des
lettres subséquentes la fidèle correspondante disait encore : « Je loue Dieu des bénédictions qu'il répand sur
vous et sur notre admirable ami, et qui vérifient de plus
en plus ce que le grand Opassum nous a prédit. C'est
dans *votre union* qu'il a fondé la petite mégnie qu'il a
laissée. Il n'y a rien à faire *pour nous sans vous*. Tout ce
qui tient de près ou de loin à cette mégnie unique (celle
de Lausanne) a un droit incontestable à l'intérêt et aux
mouvements de mon cœur. »

Une sœur ou amie intime de Mlle de Fabrice et vivant
avec elle, partageait également l'affection de MM. de
Fleischbein et de Klinckowström. Les amis ne la désignaient que sous le nom de Marie. Ces deux dames for-
maient avec le baron le centre mystique de la petite
mégnie de Zelle. Les lettres des dernières années de la
vie de M. de Fleischbein sont remplies des plus doux
témoignages de son affection respectueuse pour ce *trèfle*
béni (*das gesegnete Kleeblatt*), sur lequel reposaient ses
plus chères espérances au sujet des progrès de la vie
intérieure. La dame Marie, la première, s'était occupée
de traductions pour les chers amis de Lausanne.

Quant au baron George-Louis de Klinckowström, il
nous serait aisé de faire voir aussi par ses écrits et par
ceux de ses amis, quels étaient son respect et son attachement pour M. Dutoit, et de quelle estime affectueuse
sa propre personne était entourée. M. de Fleischbein
prisait hautement son caractère droit et sincère, son
humilité, sa simplicité de cœur. Il ne se lassait pas d'en

parler dans sa correspondance. « L'admirable caractère
moral de notre digne M. Philémon se trouve encore infiniment ennobli et exalté par la grâce de l'intérieur, et
quant à sa simplicité chrétienne et enfantine, j'en connais peu qui l'égalent. Aussi est-il à espérer qu'il ira
très loin dans les voies intérieures. » « Il est le seul ami
et patron que j'aie au monde, et je puis presque en toute
chose lui découvrir tout ce que mon cœur contient de
plus intime. » Ses séjours momentanés à Pyrmont étaient
toujours vivement appréciés. « Je ne saurais vous donner une idée plus juste à l'égard du séjour de notre cher
M. Philémon auprès de nous, que par la comparaison
d'un enfant qui, après une absence de bien des années,
se retrouve dans le giron de sa mère, et jouit près d'elle
d'un contentement si délicieux, qu'on peut le goûter, le
sentir et l'expérimenter, mais non l'exprimer. Son état
intérieur et son avancement spirituel sont l'un et l'autre
admirables, et propres à servir d'exemple à d'autres.
Ce cher ami est une lumière qui brille et éclaire; si Dieu
le conserve en vie, je suis parfaitement convaincu qu'il
ira loin dans l'intérieur. » — « Je dois en vérité ce témoignage au cher M. Philémon, que je ne connais pas
une âme plus enfantine que la sienne, ni plus docile à
accepter mes avis dans les tentations qui lui survien-
nent. Dès que Dieu me les découvre et que je lui fais
part des avis qui me sont donnés pour lui, il les suit à
l'instant sans la moindre opposition, et avec toute l'exactitude et la ponctualité imaginables. C'est ce qui est arrivé non pas une, mais maintes fois. Dieu a vu avec
amour et récompensé cet esprit d'enfance, en sorte que

son avancement et sa connaissance intérieure apparaissent clairement aux yeux de tous ceux qui le connaissent. » — « Ce digne, respectable et fidèle ami, ce cher enfant de mon cœur, par son humilité, par sa simplicité chrétienne et enfantine a déjà fait de grands progrès dans les voies intérieures, et Dieu lui a donné une sagesse et un entendement qui m'étonnent véritablement et surprennent les miens ainsi que d'autres amis. »

Les lignes qui suivent, adressées en décembre 1769 à M. Dutoit par M. de Klinckowström, peuvent faire apprécier le jugement et le tact spirituel dont cet homme si humble était doué, en même temps que son affection fidèle pour l'ami de Lausanne. Celui-ci lui avait écrit dans une heure de détresse : « Les anges ne savent pas ce que je souffre. » Il répond là-dessus : « Ils le sauront, mon chérissime ami, et avec eux toute la sainte assemblée céleste, si vous vous tenez collé au cœur de notre cher ami de Fleischbein d'une manière conforme à votre état et degré, ce qui doit nécessairement faire un bien autre effet que mon chétif apprentissage. Il se peut que tout ce que j'ai dit de vos souffrances, mon excellent ami, soit très superflu et déplacé, mais comme une certaine naïveté me l'a fait écrire, il m'a paru qu'il ne convenait pas de l'effacer. Au sujet du jeune marquis et de sa conduite équivoque, il me semble qu'actuellement il ne pourrait rien arriver de plus heureux que cette espèce de désertion des jeunes *** (il s'agissait de quatre jeunes gens du cercle mondain de Lausanne), car si leurs relations avec la société intérieure avaient augmenté dans ces temps-ci, il est très probable

qu'après avoir enté sur un intérieur entièrement ajusté
à leur fantaisie, toute leur pétulance et leur présomp-
tion, et avoir attiré par là à tout le troupeau des persécutions terribles, le tout n'eût abouti finalement chez
eux qu'à une mysticité dévoyée, ce qui, pour de jeunes
gens, me paraît bien autrement dangereux que des re-
tours passagers à la mondanité; au lieu que dans la
suite, nous verrons peut-être le germe qui est en eux
trouver un moment tout autrement favorable pour pousser son jet. »

Il serait aisé d'entrer dans plus de détails sur ces amis
particuliers de M. Dutoit, et de tirer de leur correspondance bien d'autres renseignements intéressants sur
leurs rapports intimes et sur leurs opinions, mais ce
qui précède suffit pour notre but actuel, nous aurons
d'ailleurs l'occasion de revenir plus d'une fois sur chacun de ces personnages.

CHAPITRE VIII.

Rapports antérieurs des amis d'Allemagne avec les chrétiens de Suisse.

Nous ne pouvons résister à faire ici une digression, d'autant plus excusable, hâtons-nous de le dire, qu'elle se lie d'une manière intime à notre sujet, en rattachant ce que nous pouvons appeler l'école de M. Dutoit aux diverses tendances religieuses qui s'étaient manifestées dans notre patrie au commencement du siècle. Il est remarquable en effet que les hommes dont nous venons de parler, comme ayant exercé sur le mysticisme lausannois une influence prépondérante, aient subi eux-mêmes antérieurement celle des âmes pieuses qu'ils avaient été conduits à rencontrer chez nous. M. de Fleischbein, en particulier, avait fait un séjour à Lausanne, dans sa jeunesse, aussi connaissait-il plusieurs des personnes pieuses de nos contrées, et le mouvement religieux, persécuté sous le nom de *piétisme*, ne lui était pas étranger. Voici ce que nous lisons dans une lettre adressée par lui le 14 juin 1763 à M. de Klinckowström : « Vous avez bien voulu, mon chérissime patron, m'écrire qu'il y a en Suisse beaucoup d'âmes intérieures, et dans le nombre de très distinguées, et vous avez pris la peine de m'en désigner quelques-unes par leurs noms. Comme ma seule joie en ce monde est d'apprendre que le règne de Jésus-Christ s'étend, je vous prie instamment, toutes les fois que vous le pourrez, de me donner d'aussi bonnes nouvelles. Il y a quarante-quatre ans (c'était donc en 1719), que je suis allé à Lausanne ; plusieurs familles de cette ville et plusieurs familles de Berne me sont connues ; aussi aurai-je bien de la joie à apprendre que quelques-uns de leurs descendants marchent dans la voie intérieure. J'ai connu un jeune de May de Scheftland, lieutenant dans le régiment Jenner au service de France. Logé chez nous au commencement de 1758, il y est mort, j'en ai la conviction, dans un état de vraie conversion. Sa sœur m'a fait dès lors l'honneur de m'écrire ; sa lettre la révèle comme une personne moralement pieuse ; je fais des vœux sincères pour qu'elle arrive à l'intérieur. Les personnes de Berne que vous m'avez nommées jusqu'ici, sont Mme d'Estienne, deux demoiselles de Watteville, le pasteur Siegfried ; celles de Lausanne sont le pasteur Ballif et sa famille, le receveur des sels Blondel, et un jeune de Crousaz. Vous ne m'en avez pas cité d'autres. »

Dans une lettre de l'année précédente (du 28 octobre 1762), M. de Fleischbein écrivait pareillement à son ami : « Un Monsieur de Watteville que l'on nommait l'*abbé*, parce qu'il avait été consacré comme ministre dans l'église réformée, a passé quelques mois chez nous à Hayn dans l'été de 1738. Il était dans le désert de la foi obscure, et mourut au Seigneur quelques années après son

retour chez lui. C'était un excellent homme. Il voulut
voir Mme Guyon en 1717, mais elle venait de mourir lorsqu'il arriva à Paris. Mlle De Venoge, d'après ce que m'en
a dit M. de Marsay, et comme cela m'a été confirmé plus
tard, doit avoir été très avancée dans l'intérieur. Un si
grand nombre de saints enfants de Dieu doivent bien
avoir laissé après eux en Suisse une semence spirituelle.
Et cela m'est évident d'après ce que vous m'écrivez de
M. Dutoit et des autres enfants de Dieu de son pays. Je
demande à Dieu que les écrits de ce vénérable Dutoit
portent beaucoup de fruits. » Un peu plus loin, dans la
même lettre, il parle encore du respectable M. Monod,
chirurgien et maître des postes à Morges, qu'il désigne,
de même que M. Duval de Genève, comme une fidèle
âme intérieure, dont il a lu plusieurs lettres. Ce sont ces
deux hommes pieux et zélés pour la propagation de ce
qui, à leurs yeux, était la vérité salutaire, qui ont fourni
les fonds pour l'impression des ouvrages français de
M. de Marsay.

Arrêtons-nous un instant sur quelques-uns des noms
qui viennent d'être mentionnés.

Ce soi-disant abbé de Watteville, Mlle De Venoge et
M. Monod figurent au nombre des correspondants de
Mme Guyon dans le recueil de ses *Lettres spirituelles*.
C'est à M. de Watteville qu'est adressée la lettre 89e du
quatrième volume. « J'ai bien de la joie, mon cher frère
en Jésus-Christ, lui écrit la célèbre mystique, d'apprendre que l'on vous a dispensé de votre serment. » Il s'agissait de la renonciation faite par M. de Watteville à sa qualité de ministre de l'Evangile dans le canton de Berne,

renonciation qu'il avait cru devoir communiquer à sa vénérable correspondante [1]. La lettre 151e de ce même volume était adressée à Mlle De Venoge que Mme Guyon appelle sa « chère sœur et véritable amie. » En déplorant sa pauvreté spirituelle, son néant, sa foi nue, choses au sujet desquelles Mme Guyon la félicite et l'encourage, Mlle de Venoge avait demandé si les réformés reçoivent Jésus-Christ corporellement dans leur sacrement. Mme Guyon lui répond : « Je vous assure, ma très chère amie, que dans le chemin que vous tenez, vous n'y trouverez pas de presse, et que la foule ne vous y incommodera point ; car chacun tend à être quelque chose, et peu tendent à n'être rien, afin que Dieu soit tout en eux. Pour ce que vous me demandez, si le corps et le sang de Notre Seigneur sont dans le pain et le vin qu'on donne à la cène, je ne le crois pas ; mais ce serait une trop longue discussion de vous dire où il est véritablement. Contentez-vous, puisque le Seigneur vous en a retirée, du soin

[1] Plusieurs membres de la famille de Watteville ont marqué à divers titres parmi les gens pieux. On connaît ce baron Frédéric de Watteville qui, devenu ami intime de Zinzendorf à Halle, fut avec lui l'un des fondateurs de Herrnhut. Il s'était trouvé en 1720 à Bâle, de même que Nicolas de Watteville, pour voir le comte à son passage après son séjour à Paris. Deux autres membres de la famille furent encore en rapport intime avec Zinzendorf ; Jean et un second Frédéric, celui-ci fils de Nicolas, devinrent ses gendres. Le premier lui ferma les yeux. M. de Marsay fut accueilli fraternellement à Berne par un colonel de Watteville. C'est à un baron de Watteville, patron de l'église de Diesbach, que le pieux pasteur Lutz dut d'être appelé à ce poste. Deux demoiselles du même nom sont désignées, en 1768, par M. de Klinckowströn, comme étant au nombre des personnes *intérieures* de Berne. Tous avec des couleurs religieuses diverses, cherchaient, comme l'*abbé*, à servir le Seigneur et à le glorifier.

qu'il a de vous. Pour les sermons, allez-y quelquefois,
pour ne point faire de peine aux autres, et pour ne point
attirer la persécution.» On verra plus loin comment M.
Dutoit appliquait ces préceptes à sa propre conduite.

Quant à M. Monod, la lettre 106ᵉ qui lui a été adressée renferme les réponses à diverses questions de pratique, sur lesquelles le pieux chirurgien avait désiré de
connaître l'opinion de Mᵐᵉ Guyon. Voici, entre autres indications, ce que celle-ci lui disait: « Pour ce qui regarde de vous priver de tout culte extérieur, sous prétexte d'adoration en esprit et en vérité, c'est une méprise très forte. Jésus-Christ qui nous a enseigné le culte
de l'esprit, nous a donné lui-même des exemples de l'a-
doration extérieure. Nous voyons que les premiers chrétiens s'assemblaient tous ensemble pour prier et ils étaient
réunis de la sorte dans le cénacle, lorsque le Saint-Esprit descendit sur eux. » — « Quant aux inspirés de vos
quartiers, je n'ai garde d'en juger. Le sûr remède pour
ne tomber en aucune illusion est d'outrepasser tout ce
qui est extraordinaire, sans s'y arrêter, pour ne s'attacher qu'à Dieu, et aller à lui par une foi nue, qui met à
couvert de toute illusion. Tout ce qui est extraordinaire
et merveilleux est très sujet à tromperie ; le démon s'y
fourre souvent. » M. Monod avait énoncé quelques scrupules au sujet d'un squelette dont il faisait usage pour
ses études et pour sa pratique chirurgicale ; Mᵐᵉ Guyon
le rassure en lui disant: « Vous ne devez avoir aucune
peine sur le squelette dont vous me parlez. L'opinion
que les âmes ne jouissent point de Dieu, tant que les
corps sont privés de sépulture, est une opinion toute

païenne, et qui n'a aucun fondement. Si l'on enterre les corps dans le christianisme, c'est par un respect pour des corps que Jésus-Christ doit ressusciter à son jugement; mais ce n'est pas pour le besoin que ces âmes aient de cette sépulture. » M. Monod avait également consulté Mme Guyon sur la manière dont il devait pourvoir à l'éducation de ses enfants. « Il y a, répondit-elle, une providence sur les enfants comme sur le reste, à laquelle il faut tout remettre, après que l'on a fait ce qu'on a pu. Les colléges sont la route commune; et malgré la corruption qui y règne, Dieu s'y choisit des serviteurs dès l'enfance : cependant si vous croyiez être sûr que vos enfants s'y corrompissent, il ne faudrait pas les exposer à ce danger ; mais faire de votre mieux, les gardant chez vous, et vous abandonnant à Dieu pour le succès. »

Ces détails sur les rapports directs de Mme Guyon avec quelques personnes pieuses de notre pays, nous ont paru assez dignes d'intérêt pour être consignés ici.

M. Monod, sur lequel nous pouvons ajouter encore quelques renseignements, avait passé quant à certains points de doctrine et de pratique religieuse par des phases diverses. C'est ainsi qu'après avoir en 1723, appelé ses amis chrétiens à former un « nombreux compérage » pour le baptême de l'un de ses enfants, il se trouvait, deux ans plus tard, avec des tendances marquées vers le système des anabaptistes. On peut en juger par le passage suivant d'une lettre que lui adressa d'Yverdon le 7 avril 1725, le pasteur Lutz qui avait été au nombre des parrains du précédent enfant :

« Vous me surprenez extrêmement, mon très cher et
fidèle compère, de ce que vous ne voulez pas que votre
cher enfant soit baptisé. Pour moi je n'ai pas le moindre
scrupule de baptiser les enfants ; je les offre à mon Dieu
par Jésus-Christ du fond de mon cœur, et je sens dans
mon âme que Jésus reçoit ces précieuses offrandes pour
les bénir. J'implore la miséricorde du Père et la grâce
du Fils et la protection du Saint-Esprit sur eux sans y
trouver aucun reproche ; je les regarde comme une pé-
pinière pour le règne glorieux que Jésus viendra établir
sur la terre, et je ne doute nullement qu'ils ne reçoivent
un don de celui qui a caressé les enfants avec tant de
tendresse comme un germe d'une meilleure vie ; je sens
même le fond de mon âme échauffé d'amour après avoir
prié Jésus d'avoir pitié de ces pauvres petites créatures,
et les avoir ainsi remis et abondonnés aux soins de la
très sainte Trinité avec un désir ardent qu'ils soient à
Lui à jamais. Ah ! mon cher, faites-le dans cet esprit,
prenez des parents (parrains) qui attendent le royaume
de Dieu, allez avec eux porter ce précieux enfant entre
les bras du Dieu d'amour. Voyez, mon bien-aimé compère, vous scandaliserez le monde en lui faisant croire
que vous ne voulez pas accorder votre enfant à Dieu, ni
le consacrer à Jésus qui tend ses bras pour le recevoir,
en ne voulant pas profiter d'un moyen si simple, mais
si admirable, par lequel Dieu vous veut assurer qu'il
veut bien être votre Dieu et allié de votre famille, comme
dans la circoncision. Ecoutez ! si vous voulez bien édifier
le monde, consacrez le jour que vous le ferez baptiser
au jeûne et à la prière, passez tout ce jour aux pieds de

Jésus en sollicitant sa miséricorde pour l'enfant et la
famille ; vous verrez que vous trouverez une paix infinie au dedans de vous, et Dieu vous réjouira. C'est par
là que vous rédargnërez le mieux toute la terre de l'horrible négligence et mondanité par où on profane ce saint
sacrement et qu'on se prive des fruits qu'on en pourrait recueillir. Cela vous épargnera infinité de distractions et d'affaiblissement de cœur que les disputes causent. A Dieu, mon bien cher, Jésus vous conduise ! Je vous
embrasse avec madame ma très chère commère, étant

Votre LUCIUS [1]. »

[1] *Samuel* LUTZ ou LUCIUS, selon l'usage de l'époque de latiniser les
noms, né en 1674 et consacré au saint ministère à Berne, où il avait
fait ses études, fut de 1703 à 1726, pasteur de la paroisse allemande
d'Yverdon. Il y déploya un grand zèle pour la gloire du Seigneur, en
appelant les pécheurs à la conversion, et en leur annonçant le salut
par grâce. Les succès de son activité pastorale excitèrent bientôt contre lui une violente opposition, et il eut beaucoup de peine à obtenir
des autorités qu'elles voulussent entendre sa justification. Mais ce que
les hommes avaient pensé en mal, Dieu le tourna en bien. L'attention
fut attirée sur l'Evangile, et le ministère de Lutz fut béni pour un
grand nombre d'âmes qui, en partie étrangères dans Yverdon, allèrent
porter ailleurs la semence de la vérité, qu'elles avaient reçue de la
bouche de ce fidèle témoin. Son départ d'Yverdon, lorsqu'il dut quitter cette ville, pour devenir pasteur d'Amsoldingen, excita de vifs
regrets. Ceux-ci lui furent exprimés d'une manière touchante par les
magistrats, qui lui accordèrent une lettre de bourgeoisie en témoignage de leur respect et de leur attachement. Placé plus tard à Diesbach, c'est là que se termina sa carrière terrestre en 1750. Son influence s'étendit bien au delà des paroisses dont il fut le pasteur. Sa
correspondance et ses ouvrages portèrent au loin la bonne odeur de
Christ et la connaissance de son salut. Ses écrits en particulier, ont
longtemps servi à l'édification des âmes sérieuses. Il fut pour notre
patrie un instrument de réveil religieux entre les mains du Maître
qu'il servait avec un humble dévouement. On peut lire une notice
sur ce fidèle serviteur de Dieu, dans la *Feuille religieuse du canton
de Vaud,* année 1835.

En révélant la disposition où se trouvait à cette époque le respectable M. Monod, et en nous faisant connaître l'opinion si ferme du fidèle pasteur d'Yverdon quant au baptême des enfants, cette lettre offre cet intérêt particulier, qu'elle jette du jour sur la situation des âmes pieuses de notre pays dans la première moitié du siècle dernier, relativement à cette question toujours si controversée. Nous avons également en mains deux lettres adressées à M. Monod par deux de ses fidèles amies, Mlles Marthe Gonzebat et Jeanne Bonnet, de Genève, au moment où il venait de les demander comme marraines de son précédent enfant. Ces lettres rapprochées de celle de Lucius, montrent à quel point les opinions de M. Monod avaient changé dans l'espace de deux années.

Les efforts du pieux pasteur pour ramener son ami au pédobaptisme ne furent pas couronnés de succès. L'enfant mourut en bas-âge sans avoir été baptisé, et M. Monod persévéra dans ses vues nouvelles. Nous en trouvons la preuve dans l'inscription suivante qui se lit au registre des baptêmes de la ville de Morges : « Samuel Abraham fils de M. Jean François Monod, chirurgien, et d'honorée Judith Duchat, baptisé le 4 avril 1729, âgé d'environ 15 mois (à cause des santimens de ses père et mère), présenté généreusement et sans en être prié par le noble et magnifique seigneur Ballif de Buren et par Mme la Ballive née de Chandieu de l'Isle. » Ce qui signifie évidemment que le dit enfant a été baptisé contre le gré de ses parents, par l'intervention directe de l'autorité souveraine de Leurs Excellences. Pourquoi faut-il dire que de pareilles choses se voient encore en Suisse de nos jours ?

Les opinions de M. Monod se modifièrent cependant avec le temps. Lorsqu'il s'agit, non plus de ses propres enfants, mais de ceux de ses fils, il n'éprouva plus les mêmes scrupules au sujet de leur baptême, car ce fut lui qui présenta le 22 juillet 1747, tant en son nom qu'en celui de sa femme, leur petite fille Marie-Françoise, premier enfant de leur fils Emmanuel [1].

Pour ce qui concerne M. Etienne Duval, ou Duval l'aîné, de Chevri, mentionné plus haut, il est signalé par M. de Marsay dans son autobiographie, comme l'ayant fraternellement accueilli en 1717 à Paris, où il séjournait alors comme agent de la Banque de Berne. Il était en rapport avec les mystiques de l'Allemagne. Tersteegen, dans une de ses lettres, répond à une demande faite par lui au sujet des biens qu'on prétendait avoir été laissés à Poiret par Antoinette Bourignon. Il était en correspondance avec ce dernier. En relation intime avec M. Monod, c'était de concert avec lui qu'il soutenait un commerce de lettres avec M. de Marsay. Les deux amis se communiquaient réciproquement les nouvelles qu'ils recevaient de cet homme, pour lequel ils avaient l'un et l'autre une haute estime, et dont ils étaient tendrement aimés. Nous avons fait allusion dans le chapitre précédent, à cette édifiante correspondance.

---

[1] C'est de ce dernier qu'est également né, en 1753, le digne magistrat Henri Monod, que notre pays a vu pendant longtemps revêtu des fonctions administratives les plus importantes. Préfet national sous la république helvétique, membre du Petit-Conseil, membre à vie du Grand-Conseil, landammann, il a parcouru, de la manière la plus honorable, cette carrière dans laquelle il s'est constamment acquis le respect et l'estime de ses concitoyens.

Dans la première des lettres de M. de Fleischbein que
nous avons citée, le pieux comte s'exprime comme suit
sur M. de Treytorrens, le courageux défenseur des piétistes persécutés dans le canton de Berne : « Je ne l'ai
pas connu personnellement. Il fut amené par les ouvrages de Mlle Bourignon à un renoncement extérieur strict,
ce qui était bon pour lui, et pour le commencement de
sa carrière. C'est l'esprit de la loi, âpre, austère, sans
sympathie pour les faibles. Aussi viennent bientôt les
fautes auxquelles sont exposées les âmes qui sont dans
cet état. Il doit être entré plus tard dans l'intérieur, et
y avoir bien marché jusqu'au moment où tous ses amis
se sont brouillés avec lui, et où il a pris les fantaisies
de son imagination pour des révélations divines. Il doit
à la fin être mort dans les souffrances comme sur la
croix [1]. » Puis, revenant sur son ami bernois, il ajoute :

[1] Nicolas Samuel de Treytorrens, homme d'une piété sincère, ne
craignit pas d'élever la voix en faveur des sectaires persécutés par le
gouvernement bernois. Poussé par son zèle charitable, il parvint à les
voir et à les consoler dans leurs prisons, et s'enhardit même au point
de solliciter de Leurs Excellences une mission pour aller à ses propres frais visiter et délivrer les piétistes et les anabaptistes qu'elles
avaient envoyés aux galères de Gênes et de Naples. Repoussé, comme
on peut le comprendre, par l'autorité persécutrice, il fut lui-même
arrêté comme piétiste et condamné à un bannissement perpétuel. Les
Lettres missives qu'il adressa à LL. EE. de Berne et qu'il publia en
1717, sont un monument curieux de l'état moral et religieux de la
Suisse romande à cette époque, et des rigueurs exercées contre tous
ceux qui osaient s'écarter en quelque chose des doctrines et de la discipline ecclésiastique adoptées par le gouvernement. M de Treytorrens, contraint de quitter sa patrie, entra en relations avec nombre
de gens pieux qui partageaient ses vues. Il séjourna longtemps en
Allemagne. On voit par le jugement porté sur lui par M. de Fleischbein
qu'il était plutôt piétiste que mystique à la manière de Mme Guyon.

« Il en a été à peu près de même de notre cher et bienheureux de Watteville. Il nous a raconté lui-même dans
quel horrible état d'ignominie et de mépris il était tombé
par la faute de son imprudente femme, au point d'être
généralement honni et repoussé par tout le monde. Un
bernois du nom de Musel (M. de Marsay l'appelle Mäusli),
venu à Hayn il y a plus de vingt ans, m'en a parlé de la
même manière, et d'après la connaissance que j'avais
de son intérieur, lorsqu'il était chez nous, je ne doute
pas que l'œuvre n'ait été accomplie en lui à sa mort,
et qu'il ne soit maintenant parmi les esprits bienheureux. »

Quant à M. de Marsay, il avait été plus encore que M.
de Fleischbein en relation directe et étroite avec les âmes
pieuses de nos contrées, et il avait contribué à les lui
faire connaître. Lié avec l'abbé de Watteville, dans l'intimité duquel il avait vécu à Berne dans l'hiver de 1715
à 1716, et auquel il dut même la connaissance des écrits
de Mme Guyon, en relation d'amitié avec M. de Treytorrens, il avait été mis par eux en rapport avec toutes les
personnes dont les tendances religieuses étaient plus ou
moins en harmonie avec les siennes propres. C'est ainsi
qu'il comptait au nombre de ses amis, à Bâle, Mme la baronne de Planta et la famille Faddet; à Berne, Mme Zer-
leder, Mlle de Penthaz, le colonel de Watteville et sa
femme; à Neuchâtel, un cousin de M. de Treytorrens,
M. Sandoz dont la maison était le rendez-vous de toutes
les personnes pieuses; à Yverdon, beaucoup d'âmes con-
verties par le moyen des écrits de Mlle Bourignon et du

pasteur Lutz ; à Vevey, uue jeune veuve pieuse, Mme de
la Tour, dans la maison de campagne de laquelle il séjourna ainsi que sa femme à deux reprises, en recevant
les soins de la plus aimable et fraternelle hospitalité [1] ;
à Vevey encore, M. le conseiller et secrétaire Magny, qui,
fixé lui-même à Genève pour quelque temps, lui ouvrit
sa demeure pendant l'hiver de 1718. Ces diverses personnes sont signalées par M. de Marsay dans sa biographie comme ayant été pour lui et pour sa femme de précieux amis qu'il a toujours trouvés fidèles, dans les divers séjours que sa vie agitée lui a fait faire en Suisse.
Or ces noms sont de ceux qui ont marqué dans le mouvement religieux de l'époque. Accusés de piétisme, d'a-
nabaptisme, de séparatisme, plusieurs de ceux que nous
venons de mentionner ont dû paraître devant les consis-
toires, pour y rendre compte de leur foi. Tel a été entre
autres le cas pour le dernier que nous avons nommé, le
conseiller Magny de Vevey qui, accusé de répandre dans
la ville des réfutations de ce que prêchaient les ministres, lorsqu'ils attaquaient le piétisme du haut de la
chaire, dut se justifier devant la commission nommée
par Leurs Excellences. Nous avons sous les yeux un écrit
rédigé par lui à cette occasion. Qu'on nous permette
d'en transcrire quelques lignes propres à faire voir quel

[1] Rose Françoise Madelaine, née de Rovéréa, veuve de Jean-Baptiste de la Tour, reçut M. et Mme de Marsay à sa campagne du Basset,
une première fois en 1715, puis une seconde fois dans l'été de 1718.
Elle était tante d'alliance de Françoise de la Tour, fille d'un frère de
son mari, laquelle devint par son mariage avec M. de Loys, seigneur
de Warrens, la dame de Warrens amie et protectrice de Jean-Jaques
Rousseau.

était pour l'inculpé le véritable état de la question. « Je dis donc et déclare, comme je l'ai déjà déclaré, que je crois que ce qu'on nomme aujourd'hui le piétisme pour le général, est un renouvellement de la vertu de l'Esprit de Dieu sur son Eglise, qui a commencé d'ouvrir les yeux de ses élus, mieux qu'on ne faisait auparavant, pour leur faire connaître le faux état de notre christianisme; et qui les porte efficacement à se convertir de bon cœur à lui par la vraie foi qui est en Jésus-Christ, en combattant sincèrement et courageusement avec le monde, le péché et Satan. Et quant à moi en particulier je déclare que je n'ai point d'autre piétisme, et que je n'en veux avoir aucun autre, espérant de la grâce du Seigneur qu'il m'y fera persister jusqu'à mon dernier soupir. »

Les tracasseries, auxquelles il fut exposé à Vevey au sujet de ses sentiments religieux, ne furent sans doute pas sans influence sur la détermination que prit M. Magny d'aller s'établir à Genève qu'il habitait, comme nous venons de le voir, en 1718. Mais là il avait retrouvé des besoins religieux semblables aux siens, et des convictions chrétiennes analogues à celles qui faisaient la joie de son âme. Prenant part à des assemblées plus ou moins nombreuses en dehors des heures du culte public, dont il ne se séparait point, il fut plus d'une fois un sujet d'inquiétude pour le Consistoire, sur les registres duquel son nom figure à plusieurs reprises. Nous y lisons en particulier à la date du 21 avril que, d'après le rapport fait par le pasteur Vial, « une assemblée a eu lieu après le sermon; qu'il n'y avait que des femmes de bonnes mœurs, au nombre de vingt-neuf, qui réfléchissaient sur

les bonnes choses qui avaient été dites dans les sermons,
que ceux qu'on regarde comme chefs de ces gens com-
munient dans les temples, notamment le sieur Magny. »
Plus tard il est fait rapport encore sur une assemblée de
trente à quarante personnes, présidée le dimanche précédent par M. Lutz, ministre d'Yverdon. On ajoute que
M. Lutz loge chez le sieur Magny, et que le dit Magny
distribue des livres dangereux qui tendent au quiétisme[1].
Ces détails nous ont paru utiles à signaler pour constater les allures des soi-disant piétistes et la nature de
l'opposition qui leur était faite à Genève, où l'on répugnait plus qu'ailleurs aux mesures d'intolérance. On remarquera que nous avons ici le témoignage des adversaires du mouvement religieux auquel prenait part M.
Magny.

Il résulte assez clairement de tous les documents du
temps, contrairement aux malveillantes accusations de
leurs détracteurs, qu'aucune erreur de doctrine et qu'aucun relâchement dans la pratique ne pouvaient être reprochés à ces âmes, qui n'avaient en vue que leur progrès spirituel et l'avancement du règne de Dieu. C'était
là en effet le caractère essentiel de ce qu'on appelait chez
nous le piétisme. Une importance absolue donnée à la
piété individuelle, à la sincère conversion du cœur et à
la sanctification, l'appropriation personnelle du salut par
la foi et sa réalisation dans la vie intérieure, l'opposition
au formalisme, le besoin de rompre avec la mondanité,
voilà ce que l'on retrouve dans chacun de ces petits grou-

[1] Voyez de Goltz, *Genève religieuse*, pag. 64.

pes d'âmes réveillées, qui cherchaient entre elles une
édification que l'Eglise, dans les formes ordinaires de
son culte, ne leur fournissait pas au degré où elles en
éprouvaient le besoin.

Nous pourrions citer ici comme témoignage instruc-
tif, une lettre adressée en 1700, par l'un des pasteurs
français réfugiés à Vevey, M. de la Vergne, à M. le lieutenant baillival et seigneur châtelain de Joffrey, qui avait
désiré connaître son opinion sur ce qu'était ce mouvement religieux dont les autorités redoutaient l'exagération. « Si j'entreprenais, c'est ainsi qu'il commence, de
dire ici ce que c'est au vrai que le piétisme, je ferais
comme un aveugle qui coupe le bois et ne sait point où
il frappe. Car, à parler franchement, je n'en sais rien.
Je vous confesse pourtant que n'ayant pas voulu faire
comme quelques-unes, qui le condamnant sur la foi d'au-
trui, en ont dit tout hautement tant de mal sans le connaître, j'ai cru me devoir dépouiller de tout préjugé et
de toute prévention, en m'accordant de quelqu'un de
ceux que l'on y croit des plus attachés; dans la conversation duquel j'ai compris que le piétisme est un train
de vie de certaines gens entêtés de je ne sais quel saint
désir de ramener et de faire revivre, non pas un siècle
d'or au monde, comme celui de la fable des païens, mais
dans l'Eglise ce temps bienheureux, auquel les premiers
chrétiens, encore assez proches de la source de ces
grands exemples de foi et de charité que leur avaient
laissés les Apôtres comme imitateurs de Jésus-Christ,
les pratiquaient avec tant d'exactitude et tant de soin,
qu'étant joints à la communion de Jésus-Christ le Sau-

veur, ils étaient si bien unis entre eux de sentiment et
d'affection, qu'ils n'étaient tous qu'un cœur et qu'une
âme. »

Continuant sur ce ton, le digne pasteur, que sa qualité d'étranger rendait plus propre à faire sur le sujet
qui lui était proposé, une enquête impartiale, établit que
les piétistes, déplorant l'aveuglement général qui pousse
tant d'âmes vers les choses périssables, sentent le besoin
de s'attacher uniquement à Jésus-Christ par une ferme
et vive foi, afin qu'ayant surmonté le monde, ils puissent être inséparablement unis à la communion de leur
Sauveur. La justification par la foi aux mérites de la
mort de Christ, la régénération par le Saint-Esprit, la
sanctification par l'union avec Jésus, la charité, lien intime des fidèles, les bonnes œuvres, fruits et témoignage
de la foi, voilà quelles sont les doctrines des piétistes.
Oubliant en les exposant, son rôle d'informateur, le pieux
M. de la Vergne finit en s'identifiant complétement avec
ceux dont il a été chargé d'exposer les sentiments et d'é-
tudier les opinions religieuses. Il les défend contre les
accusations vulgaires d'anabaptisme, de résistance à
l'autorité, de séparatisme, de manière à faire voir qu'il
partage pleinement leurs convictions chrétiennes et que
leur cause lui tient à cœur. Cette apologie, venant d'une
telle source, est loin d'être sans importance pour nous
faire connaître ce qu'étaient en réalité les gens pieux de
nos contrées dans les premières années du siècle passé.

Or, pour en revenir à notre sujet, n'y a-t-il pas un
intérêt véritable à penser que ces chrétiens d'Allema-

gne, appelés à exercer une influence positive sur le développement religieux de tant d'âmes dans notre pays,
au temps de M. Dutoit, avaient reçu quelque chose des
prédécesseurs de celles-ci sur terre helvétique? Tout
n'était pas étranger dans ce qu'apportaient de l'Allemagne du nord, ces nouveaux amis, touchés d'une vraie
sympathie pour les mystiques de Genève, de Lausanne
ou de Neuchâtel. Les âmes nombreuses avec lesquelles
M. de Marsay s'était trouvé en rapport d'intimité chrétienne, n'avaient pas été sans influence sur son propre
développement et sur la direction de ses vues religieuses. En les faisant connaître à M. de Fleischbein, il avait
préparé, sans s'en douter, ce lien destiné à se renouer
un jour, cette réaction qui devait s'opérer, avec M. Dutoit pour principal intermédiaire. Et celui-ci, probablement sans s'en rendre mieux compte, était conduit à subir l'influence des vues qu'avait partagées son père, et
pour lesquelles ce dernier avait eu sa part des persécutions dirigées contre les piétistes.

CHAPITRE IX.

Le mystère dans les relations intimes.

L'on a vu dans les fragments de lettres rapportés ci-dessus, que les amis avaient assez généralement l'habitude de voiler leurs noms sous des désignations d'emprunt, et d'employer certaines expressions mystérieuses destinées à n'être comprises que d'eux seuls. Il y a là tout un côté qui mérite de nous occuper dans notre étude, et qui ne saurait être négligé sans que celle-ci ne demeurât incomplète. Nous n'avons pas seulement à nous efforcer de pénétrer le sens de tels mots familiers ou de telles tournures bizarres, en usage dans la correspondance de M. Dutoit et de ses adhérents, ou de substituer des noms réels à ceux qui se présentent habituellement sous leur plume ; il y a dans l'emploi de ce mystère quelque chose de plus profond qui tient au domaine psychologique.

Le mystère, en effet, a toujours occupé une large place dans la vie intime des sectes philosophiques ou religieuses. Indépendamment de l'obligation que les circonstances extérieures ou la persécution leur ont sou-

vent imposée de se cacher et de voiler leur existence, le
secret a toujours eu du charme pour ceux qui appartenaient à de telles sociétés. Le langage de convention
dont ils usaient était pour eux un lien tout particulièrement propre à resserrer leur intimité, et à donner à
celle-ci plus de prix. La chose se voit constamment,
dans les réunions d'un caractère léger, comme dans
celles dont le but est plus sérieux et plus grave; partout où l'intimité s'établit, le langage s'en ressent bientôt
et prend une couleur particulière. Que d'exemples n'en
voit-on pas dans le cercle de la famille? Et qui niera le
charme de ces expressions familières, triviales parfois,
absurdes même, sans aucun sens pour les étrangers,
nées de circonstances tout occasionnelles, souvent même
des plus futiles, et propres toutefois à émouvoir dé-
licieusement les cœurs au milieu desquels elles ont
pris naissance?

Comment s'étonner que la petite société des mystiques
ait été conduite à se considérer comme une famille, et
à user de ce privilége d'intimité que la famille réclamera
toujours, surtout dans les moments où menacée par
l'opposition de ses adversaires, elle était contrainte à
chercher sa sûreté dans le mystère et dans l'obscurité?
Il y eut en effet pour elle des époques de ce genre; il y
eut telles heures où il pouvait être dangereux d'être
signalé comme appartenant à la secte, objet de l'irritation du pouvoir. On peut juger par une lettre de M.
l'avoyer de Mulinen que nous allons bientôt rapporter,
de la manière dont les mystiques étaient envisagés à
Berne dans les premiers jours de 1769, et l'on peut

comprendre le motif de cette recommandation que leur
faisait alors M. de Fleischbein : « Cachez-vous, enfants
du Très-Haut. »

Ce grand directeur avait été conduit par de nombreuses expériences à tenir secrets les noms des personnes avec lesquelles il soutenait des relations religieuses, et cela surtout pour mettre ces personnes à
l'abri des recherches de certains séducteurs qui, soit
dans des vues intéressées, soit dans le but de leur nuire,
s'efforçaient de s'insinuer auprès des âmes pieuses.
« Vous pouvez compter, écrivait-il à Mlle de Fabrice, en
juin 1769, que je ne découvrirai point votre vrai nom.
Je sais par une longue expérience de quarante à cinquante ans, à quels embarras et même à quelles tentations et épreuves je vous exposerais en divulguant votre
nom. Cette discrétion est mon devoir, parce que je ne
cherche que ce qui appartient à Jésus-Christ, et ce qui
le glorifie dans les âmes. » — « J'ai eu dans ma vie
bien des épreuves à essuyer de la part des hypocrites,
les plus exécrables des hommes, et personne ne m'a
trompé plus cruellement que ces sortes de gens. C'est le
motif qui m'a porté à mettre le cher M. Philémon en
garde contre de pareilles personnes, et j'ai tâché d'empêcher que sa connaissance ne leur parvînt. J'observerai
la même chose à votre égard, et ferai en sorte que votre
nom même reste inconnu à ces hypocrites. »

Il y avait donc, indépendamment de la cause générale
que nous avons indiquée, divers motifs sérieux propres
à justifier aux yeux des amis de la vie intérieure, l'emploi d'expressions mystérieuses et de noms de conven-

tion, lorsqu'ils s'entretenaient des objets de leur plus
vif intérêt, et se communiquaient des faits de quelque
importance.

Parmi ces noms il en est quelques-uns que nous
avons déjà relevés, lorsque nous les avons rencontrés
dans les fragments de lettres transcrits ci-dessus. On a
pu voir même que plusieurs noms spéciaux s'employaient
indifféremment pour désigner le même personnage. Il
en est qui avaient une signification bien évidente par
elle-même, tels sont ceux de *Calef*, d'*Opassum*, d'*Abraham*, sous lesquels on désignait M. de Fleischbein. *Calef*
mot hébreu qui signifie *un chien*, était le nom qu'il af-
fectionnait lui-même le plus, il s'en servait constamment comme signature au bas de ses lettres ; il y voyait
un symbole de son humilité auprès de ses amis. « Je
suis, leur disait-il votre fidèle et chétif Calef, » et se
mettait comme tel *sous leurs pieds*. Plusieurs fois il in-
sista sur le prix que cette image avait pour lui. « Je
ne serais point, écrivait-il à Mlle de Fabrice, un serviteur de Jésus mon Dieu, s'il me fallait des excuses sur
le retardement d'une réponse à mes lettres. Vous devez
me considérer dans ces sortes de cas, comme faisant ce
que fait un chien fidèle à son maître. Si celui-ci le chasse
en le frappant, il se tient éloigné et jette de tristes regards sur lui ; mais dès qu'il se voit rappelé, il revient
joyeusement en courant, se couche aux pieds de son
maître, et ne se souvient plus du mauvais traitement qui
avait précédé. » Cette humilité paraissait quelquefois
exagérée, elle heurtait le respect et la vénération profonde que les âmes intérieures de Lausanne avaient con-

çus pour le directeur si fort recommandé par M. Dutoil.

« Vous aurez appris par notre cher ami, écrivait-il encore à ce sujet, que les expressions de mes lettres ont ému et blessé la délicatesse des chères dames de la mégnie de M. Antoine. C'est le sentiment de la grâce imméritée qui nous garde pour le salut éternel, et m'a préservé moi-même de n'être pas dès à présent dans l'enfer, qui m'humilie, me met au-dessous des autres, et m'oblige d'écrire à nos chérissimes unis, que je suis indigne de la considération et de l'amour qu'ils me témoignent, et que s'ils me supportent avec affection, en qualité de leur petit et fidèle Calef, ce m'est une grâce et une charité non méritée, qui me réjouit au suprême degré et enflamme de plus en plus la reconnaissance de leur fidèle Calef. »

Quant au nom d'*Opassum* ou *Sarigue*, il présentait sous un autre point de vue le rôle de protecteur, les fonctions quasi maternelles que M. de Fleischbein remplissait à l'égard des âmes qu'il se considérait comme appelé à conduire à Dieu et à porter vers le ciel. Le nom d'*Abraham* lui était donné par la vénération de ses disciples, comme à celui qui était, à leurs yeux, dans la sphère des âmes intérieures, le Père des croyants.

Le nom de *Philémon*, donné à M de Klinckowström et celui de *Timothée* servant à désigner M. Ballif, leur avaient été assignés probablement à cause de quelque analogie réelle ou supposée, entre eux et les personnages bibliques qui les ont portés.

Le nom de *Théophile* (qui aime Dieu) M. Dutoit l'avait pris lui-même, comme nous l'avons vu, en publiant à

Francfort son premier volume de sermons. Il est naturel qu'on le lui ait conservé. Il avait aussi, nous l'avons
remarqué, celui d'*Antoine*. Est-ce peut-être par quelque allusion aux tentations éprouvées selon la tradition,
par ce grand saint, que cette désignation lui avait été
appliquée? Nous n'avons pas de renseignements exacts
sur ce point. Après la mort de M. de Fleischbein, les
amis crurent devoir transmettre à M. Dutoit comme une
portion légitime de l'héritage du grand directeur, qu'ils
l'appelaient d'une commune voix à remplacer, ce nom
de *Calef* ou *Célef*, emprunté au souvenir des petits chiens
de la femme Cananéenne. M. Dutoit a publiquement
adopté cette désignation, lorsqu'il a fait paraître son
ouvrage de la *Philosophie divine* sous le nom de *Kéleph
ben Nathan*, ou *Célef* le fils de Nathan.

Nous rencontrons encore dans nos correspondances
Electus et *Electa* désignant M. et Mme Grenus, *Débora* et
Déborin voilant les noms de Mme et Mlle Schlumpf, *Pinéhas*
désignant l'ancien bailli Tscharner, *Mégéra* donnant
l'idée du caractère de l'une des adversaires les plus ardentes de M. Dutoit, puis après cela nombre de pseu-
donymes, tels que *Régina, Antonin, Ptolomée, Cajus*,
rappelant des amis d'Allemagne sur lesquels nous n'a-
vons pas à nous arrêter ultérieurement.

Quelques contrées et villes étaient pareillement désignées sous des noms d'emprunt. Nous avons vu notre
pays être appelé la *Thessalie*. Les chers *Thessaliens*
étaient les amis de Lausanne et de Genève. Lausanne
était *Larissa*. Berne se dissimulait sous le nom de *Rama*.
Fidena désignait Zelle en Hanovre, etc.

Quant aux expressions familières, nous avons déjà mentionné celle de *Mégnie*, particulièrement affectionnée par les amis pour parler entre eux de leurs petits groupes ou associations locales. *Mesgnie* ou *Mesgnée* est d'après les auteurs du *Dictionnaire de Trevoux*, un vieux mot qui signifiait autrefois *famille* et qu'on a remplacé par celui de *ménage*. « Il est hors d'usage ; on ne le dit que pour se moquer des gens. » Appliquée sans doute par ironie aux petites congrégations mystiques, cette expression méprisante a été adoptée par ceux qu'elle était destinée à tourner en ridicule, et leur est devenue d'autant plus chère qu'elle leur rappelait d'une part, l'opposition du monde, et de l'autre, l'intimité du lien qui les unissait entre eux. Pareil fait s'est reproduit en bien des circonstances, preuve en soit entre autres, le nom de *méthodistes*, appliqué d'abord par les adversaires aux disciples de Wesley, puis adopté par ceux-ci comme désignation toute naturelle.

Certains autres termes que l'on rencontre pourraient choquer quelque peu un goût délicat. On dit par exemple d'une âme qu'elle a *ravaudé* pour exprimer l'idée qu'elle a montré de la répugnance à entrer dans la voie de la vie intérieure. Le directeur a *gratté* en vain avec une âme, lorsqu'il a fait des efforts inutiles pour l'amener à ses vues. On rencontre les expressions d'*œuvrer*, d'*outrepasser l'espérance*. Telle personne a subi *un arrêt de longue main*. On dit des épreuves de telle autre, qu'elle avait besoin de cette *serrée* pour son âme. On parle des morts mystiques spirituelles qui *même moulent* quelquefois le corps. Mais nous nous reprocherions vraiment d'insister sur ces faiblesses, explicables après tout par l'intimité des correspondants, qui savent parfaitement s'en abstenir, lorsqu'ils sont sur un autre terrain que celui du libre échange de leurs pensées.

Nous ne dirons rien ici des expressions particulières au langage mystique; les citations déjà faites et celles que nous ferons encore, des écrits de M. Dutoit et de ses amis, en donneront une idée suffisante. Elles ne diffèrent pas d'ailleurs sensiblement de ce que l'on rencontre chez les autres auteurs de cette école.

Resterait à dire quelques mots des actes particuliers réclamés par l'adhésion aux troupeaux mystiques. Nous n'en rencontrons qu'un seul intitulé la *donation*. Par cet acte, comme son nom l'indique, l'âme touchée par la grâce se donnait à Dieu. Il était accompagné des prières des amis, et avait lieu pour l'ordinaire, sans pourtant être considéré comme absolument indispensable. Nous lisons en effet dans une lettre de Mme Grenus, du 27 octobre 1766 : « Ma fille aînée, (Mlle Elizabeth Gaillard) a fait ces jours passés sa donation. M. Dutoit nous a dit que lorsqu'il l'a présentée à Dieu, il a senti qu'elle était déjà bénie et sa donation déjà faite, et qu'elle pouvait ainsi se dispenser de la faire dans les formes ; mais comme elle l'a souhaité, M. Dutoit, comme vous pensez, ne s'y est pas opposé. » Mme Schlumpf fit sa donation le 15 juillet 1767, et célébra dès lors chaque année l'anniversaire de cet acte solennel ; Mlle sa fille fit la sienne le 9 septembre 1768. On peut lire dans une lettre de M. Dutoit à M. Calame : « Nous nous unissons à votre demoiselle Jeanneret, lorsqu'elle fera sa donation. » Une autre lettre offre l'exemple d'une donation qu'il jugea nécessaire de faire réitérer : « Il y a à Genève, entre autres, Mme L., assez bonne âme, laquelle, après avoir suivi mes conseils de renouveler sa donation, s'est trouvée à une distance immense de Dieu, je l'ai exhortée à ne pas se décourager. »

Outre tout cela l'idée du mystère dominait toujours dans les recommandations des directeurs à leurs disciples. M. Dutoit écrivait à M. Calame : « Prenez soin prudemment et en secret de tous vos amis du Val de Ruz qui cherchent le Seigneur. Je suis très content de la conduite que vous me dites dans votre lettre que vous tenez. Soyez sans singularité comme vous dites ; que le monde ne voie rien. Dites-le à tous vos amis et répétez-le-leur. Cachez-vous, enfants du Très-Haut. » On retrouve ici l'exhortation si fréquemment donnée par M. de Fleischbein. Se cacher, user de mystère, non pas dans un esprit de dissimulation ou par fausse honte, mais par prudence et dans une pensée d'humilité, telle est une des règles que les directeurs se sentaient pressés d'inculquer aux âmes entrées dans les voies intérieures.

CHAPITRE X.

Opposition à Lausanne. Enquête.

1769.

Reprenons maintenant le fil de notre biographie.
L'opposition que M. Dutoit avait rencontrée à Genève
et qui lui fut très pénible, ne fut que l'avant-coureur de
celle qui se préparait sourdement à Lausanne, et qui
éclata deux ans plus tard avec violence. Diverses circonstances concoururent sans doute à en amener la manifestation ouverte. Une lettre adressée de Berne par M.
A. de Mulinen au docteur Tissot, et provoquant de la
part du célèbre médecin des renseignements sur ce qui
se passait à Lausanne, peut donner une idée de la manière dont la question était posée devant l'opinion publique. Elle est assez caractéristique pour que nous la
rapportions ici.

« La résolution que Leurs Excellences ont cru devoir
prendre de faire saisir les papiers du Fanatique Du Toit
Mambrini, et les ordres qu'Ils ont envoyés à l'Académie
de Lausanne de Leur rendre compte de ses faits et gestes,
ne peuvent qu'avoir causé une sensation bien vive à Lausanne. Oseray-je, Monsieur, vous demander la faveur de

m'en instruire et de m'apprendre ce qui peut vous être connu, tant de la doctrine que des menées de ce charlatan spirituel. On nous en a fait icy un tableau si effrayant que les gens les plus tolérants mêmes se sont cru obligés d'en avertir le souverain, pour qu'on prît les mesures les plus efficaces pour étouffer une secte dont les principes et les effets paraissent également dangereux. Je ne vous cacheray même pas qu'on a été extrêmement surpris icy, qu'on ayt laissé faire des progrès aussi considérables à cette Ivraye, sans que ny le Seigneur baillif, ny l'Académie n'en ayt donné la moindre connaissance. Ce reproche ne peut pas tomber sur vous, Monsieur, mais sur vos confrères les Théologues, qui avaient une vocation directe à s'opposer à cette épidémie, ou du moins à en avertir Leurs Excellences. Je suis d'autant plus étonné qu'ils ne l'ayent pas fait, que pour l'ordinaire, Messieurs les Ecclésiastiques ne pèchent pas par trop de Tolérance. Aujourd'huy que le Souverain a connaissance de cette affaire, et que Messieurs du clergé n'auront plus à craindre d'être les délateurs d'un de leurs anciens confrères, ils ne se feront sans doute plus de peine d'agir, c'est du moins ce qu'on attend d'eux icy. On est et on sera surtout fort attentif à la manière de procéder de l'Académie. Je vous le mande, mon cher Monsieur, parce que vous en êtes membre, et qu'en cette qualité, quoyque cecy ne vous concerne pas directement, vous ne serez pas fâché qu'on ayt lieu d'être content de tout le corps. S'il est vray, ce qu'on a débité icy, les dogmes de ce fanatique sont de la plus pernicieuse conséquence et semblables, si non pareils, à ceux de cette secte ap-

pelée du nom de leur chef les *Brugglers*, qui ont infecté,
il y a une vingtaine d'années, ce pays, et qui, sous le
prétexte qu'ils étaient régénérés et dans l'état de grâce,
se permettaient les excès les plus révoltants [1]. Je me
proposais d'écrire par ce courrier à M. Salchly [2], mais
des affaires indispensables m'en ont empêché ; si j'en ay
le temps, je le feray jeudi. » La fin de la lettre se rap-
porte à d'autres sujets, livres, petite-vérole, etc. Elle
est datée du 10 janvier 1769.

On voit clairement que le but réel du magistrat bernois, était moins de demander des informations, que de
faire comprendre à l'Academie, par l'intermédiaire d'un
homme aussi considérable que Tissot, ce qu'elle avait à
faire pour répondre à ce que le gouvernement se croyait
en droit d'attendre d'elle dans cette circonstance.

Nous ignorons quelle fut la réponse du docteur à cette
missive confidentielle, nous pouvons toutefois conjec-

---

[1] D'après l'abbé Grégoire, la secte des *Brugglériens* tira son nom du
village de Bruggler, au canton de Berne. Elle prit naissance en 1746
sous l'influence de deux paysans, Christian et Jérome Rohler, qui se
donnaient pour être les deux Témoins de l'Apocalypse, et attirèrent
un grand nombre de disciples. Accusés d'immoralité notoire, ces
deux chefs furent exécutés en 1753 et la secte disparut. Voyez Grégoire, *Histoire des sectes religieuses*, tome V, pag. 392. Nous ne pouvons
donner ce jugement que sous toute réserve, attendu que nous n'avons
aujourd'hui aucun moyen de le contrôler, pas plus que l'appréciation
de M. de Mulinen. Les chrétiens les plus fidèles ont si souvent été
accusés d'être d'abominables sectaires, qu'on est conduit à se tenir
en garde contre des inculpations de ce genre.

[2] Jean Salchly de Zoffingen, né en 1724, mort en 1808, fut professeur d'hébreu à l'Académie de Lausanne dès l'année 1759. Il était
fils de Jean-Jaques Salchly, professeur de théologie de 1726 à 1748.
On lui doit deux ouvrages contre l'incrédulité, savoir des *Lettres sur
le déisme*, et une *Apologie de l'histoire du peuple juif*.

turer quelle dut en être la couleur d'après les lignes suivantes, où son biographe, en établissant que Tissot avait
un respect hautement avoué pour les doctrines chrétiennes, ajoute : «Mais il avait, il faut le dire, une grande
crainte des exagérations religieuses ; le piétisme, le mysticisme, lui paraissaient une des causes de folie les plus
dangereuses, et l'on voit souvent cette crainte percer
dans ses ouvrages. A cette époque, d'ailleurs, le nombre
des chrétiens vivants était restreint, et au milieu de la
grande dissipation et de la corruption du siècle, ils n'é-
taient que des espèces de fous pour ceux qui ne pouvaient
les étudier de près [1]. » Bon nombre de disciples d'Es-
culape pensent, on le sait, à cet égard, exactement comme
Tissot.

La lettre même de M. de Mulinen nous met en droit
d'établir que la cause principale et déterminante de l'ex-
plosion se trouva évidemment dans les démarches secrètes faites à Berne par les parents de ces jeunes gens
qui, sous l'influence de M. Dutoit, avaient été conduits
à renoncer à leur mondanité antérieure. De là étaient
parties les accusations qui avaient eu dans la ville souveraine un si grand retentissement.

L'effet de ces démarches ne tarda pas à se produire.
Le 6 janvier 1769, sans que rien ait pu le lui faire pressentir, M. Dutoit vit arriver dans son domicile, pour y
faire une enquête de la part de Leurs Excellences, M. le
lieutenant baillival de Vernand [2], accompagné de M. le

[1] Ch. Eynard, *Essai sur la vie de Tissot*, page 198.
[2] Jean Henri Polier *de Vernand* (1715—1791) lieutenant baillival,
était petit-fils de Georges Polier, professeur de théologie (premier
professeur de ce nom), et arrière petit-fils de Jean Pierre Polier,
bourgmestre.

secrétaire baillival Gaulis, suivis de l'huissier Cassal.
Ces messieurs venaient par ordre de sa seigneurie baillivale Jenner, « enlever à M. Dutoit tous ses papiers,
écrits et livres, faire inventaire des dits, et en procurer
ensuite l'expédition à Leurs Excellences du Sénat. » L'inculpé était alors domicilié à la Cité-devant, dans la maison de son ami, M. Ballif, régent au collége [1]. Les magistrats le trouvèrent, selon les termes de leur rapport,
« dans un état de maladie, au dit domicile, logé à un
troisième étage, dans un petit cabinet, dont le lit et une
malle occupent presque tout l'espace. »

Entrons ici dans quelques détails sur cette enquête
administrative. Ils sont intéressants comme caractéristiques des mœurs gouvernementales de l'époque, et
peuvent servir à faire connaître l'homme que nous étudions, tant sous le rapport de sa doctrine, que sous celui
de son caractère et de ses principes quant à la soumission
à l'autorité.

A l'ouïe des ordres souverains qui le concernaient,
M. Dutoit témoigna à l'instant l'intention de s'y conformer
en toute soumission et sincérité. Les livres dont on prit
inventaire n'étaient pas en bien grand nombre, mais la
couleur en était assez accentuée, comme on va le voir.
C'étaient « La *Bible* de Mᵐᵉ Guyon, et plusieurs de ses
ouvrages, mais non pas tous. (Nous transcrivons le rap-

[1] Jean François Ballif, intimement lié avec M. Dutoit, devint en
1785, professeur de grec et de morale. Il fut à l'Académie le représentant du mysticisme. Il mourut en 1790, laissant en manuscrit
un ouvrage que l'on publia en 1808 à Lausanne sous le titre de *La
Religion chrétienne. Instructions pour connaître les principes du christianisme.*

port.) — M. de Bernières, soit *le Chrétien intérieur.* — *La théologie du cœur.* — *Le directeur mystique*, de M. Bertot. — *Oeuvres* de Sainte Thérèse. (N. B. appartient à M. Grenus.) — La *Bible* de Martin. — *L'Imitation* d'A. Kempis. » Les papiers qui furent mis sous séquestre pour être envoyés à Berne, étaient: 1° neuf cahiers de sermons destinés à faire partie d'une publication dont les premiers volumes étaient alors sous presse à Lyon ; 2° dix-huit cahiers de diverses compositions, scholies, sermons, écrits, etc. M. Dutoit ayant manifesté à l'égard des premiers, qu'il regretterait beaucoup ces cahiers, n'en ayant point de copie, on lui donna à entendre qu'il pourrait les recouvrer, s'ils ne contenaient rien de contraire à la saine doctrine.

Interrogé sur les autres compositions récentes qu'il pouvait avoir à produire, il remit un exemplaire du cinquième volume des *Lettres* de Mme Guyon, en disant que les cent soixante premières pages, contenant des anecdotes et réflexions étaient de lui, mais qu'il n'en avait pas d'autres. Invité à exhiber les minutes de sa correspondance il déclara qu'il n'en avait aucune, que sa santé l'obligeait le plus souvent à dicter ses lettres, au lieu de les écrire lui-même. Sur la sommation qui lui fut faite d'indiquer les personnes avec lesquelles il était en correspondance suivie, il désigna M. le comte Jean Frédéric de Fleischbein, demeurant alors à Pyrmont ; M. le baron de Klinckowström, établi dans ses terres aux environs de Brême ; M. Grenus, gentilhomme de Genève, membre des Deux Cents de dite ville, et Mme son épouse ; Mme Schlumpf de Saint-Gall, demeurant tantôt à Céligny, tantôt à Genève, outre quelques autres amis auxquels il écrivait moins souvent.

Un point grave sur lequel on lui demanda des éclair-cissements, était une publication qu'on avait particulière-ment signalée, par laquelle les âmes intérieures étaient invitées à remettre leurs aumônes, à titre de dixme à Théophile. Ce nom désignait assez clairement M. Dutoit, qui l'avait adopté, comme nous l'avons vu, dans le titre du volume de Sermons publié à Francfort. Le mot de dixme avait tout particulièrement effarouché les oreilles bernoises [1].

L'inculpé commença par produire un exemplaire de la pièce même, qui n'émanait pas de lui. Elle était signée: « J. F. de Fleischbein. Pyrmont le 12 novembre 1765. » Il ajouta en toute sincérité devant Dieu premièrement que cet appel avait fait entrer dans le pays beaucoup de cha-rités de l'étranger, et que les contributions du pays même ne s'étaient pas élevées en tout au-dessus de la somme approximative de quatre louis; et en second lieu que l'idée même du projet n'avait pas été exécutée, puisque, au lieu de réserver les secours pour les pauvres *inté-rieurs*, on avait généralisé le but, en distribuant des aumônes indistinctement à tous les nécessiteux; ce dont il s'engageait à administrer des preuves par le témoignage de divers pasteurs, notamment dans la contrée du Jorat.

[1] Cette institution était fondée sur la conviction de M. Dutoit et de ses amis, conviction partagée, du reste, par un assez grand nombre de chrétiens, même de nos jours, que l'enfant de Dieu, d'après l'esprit de l'Ecriture, et conformément à la lettre des ordonnances mosaïques, doit consacrer au service de son Père, la dixième partie de son re-venu. Ceci ne pouvait toucher en aucune manière aux droits de l'Etat.

Tels sont les points essentiels sur lesquels les délégués
du bailli dirigèrent leur enquête. Celle-ci étant terminée,
M. Dutoit « pria très humblement sa très noble et magnifique seigneurie baillivale de vouloir bien, vu le dérangement de sa santé, lui accorder un terme, pour avoir
l'honneur de lui présenter un mémoire de justification
sur les imputations dont il présumait être chargé. » On
remarquera qu'en effet il n'avait reçu aucune communication quelconque des accusations qui, portées contre
lui, avaient motivé l'enquête. Il lui fut enjoint provisoire-
ment, et en attendant de nouveaux ordres supérieurs,
de renfermer au dedans de lui ses sentiments particuliers
sur la religion, et interdit de chercher, par aucun moyen,
à attirer des jeunes gens à son système. Il promit solen-
nellement de se conformer à ces injonctions. Le rapport
du bailli à Leurs Excellences, daté du jour même où l'enquête avait eu lieu, se terminait en constatant la soumission, la sincérité et la décence avec lesquelles M. Dutoit s'était comporté durant toute l'opération [1].

Pendant que ces choses se passaient dans les régions
administratives, l'Académie, de son côté, était appelée à
s'occuper de M. Dutoit. Voici les termes de la missive
qu'elle recevait du Sénat de Berne sous date du 5 janvier :
« Il a été rapporté à Leurs Excellences, qu'un certain
Dutoit, qui habite à Lausanne chez le régent Ballif et qui

[1] Le fait de cette descente administrative chez M. Dutoit fut mentionné par le fameux révolutionnaire Reymond, dans son *Régénérateur*,
comme un des exemples de la tyrannie de Leurs Excellences. « Il y a,
je crois, vingt-cinq ans que, par ordre du Sénat de Berne, on fit saisir
les papiers du ministre Dutoit dit Membrini, qui ne jouissait d'aucun
bénéfice, et vivait retiré. » Voyez *Régénérateur* du 10 août 1798.

est avec lui en relation intime, professe toute sorte de
principes préjudiciables à la religion, et que, par ce
moyen, il s'attache particulièrement la jeunesse, ce qui
fait que sa secte augmente. Comme Leurs Excellences
sont dans l'intention sérieuse de mettre à cette secte naissante un frein, avant qu'elle s'étende davantage, Leurs
Excellences vous chargent, aussitôt à la réception de cette
lettre, de vous informer, toutefois avec toute prudence
et sans bruit, mais cependant avec toute la diligence possible, de ce qui peut en être à cet égard, et d'en faire à
Leurs Excellences un rapport circonstancié ; et en même
temps de faire ensorte de vous saisir des adresses imprimées faisant mention du paiement de la dixme à Théophile, et de les envoyer aussi à Leurs Excellences ; ce
que l'Académie saura faire de la manière la plus expé-
ditive et le mieux possible. En même temps Leurs Excellences doivent ajouter qu'elles ont vu avec étonnement
qu'il ne leur soit rien parvenu à ce sujet de la part de
l'Académie. »

Sans être aussi bienveillant que le témoignage donné
deux ans auparavant, à l'occasion des affaires de Genève,
le rapport fait à Leurs Excellences, sous date du 11 janvier, n'alléguait aucun fait à la charge de l'accusé. Le
ton comminatoire de la lettre souveraine avait disposé
Messieurs de l'Académie à une plus grande sévérité.
Néanmoins le résultat général était qu'on ne pouvait reprocher à M. Dutoit que ses idées mystiques qui, saisies
par une imagination vive et ardente, le rendant suscep-
tible de fortes impressions, pouvaient ainsi être commu-
niquées avec succès aux âmes tendres et faibles. Nous

avons signalé déjà un passage de ce mémoire, relatif à
l'influence morale que M. Dutoit avait pu exercer sur
ceux qui avaient adopté ses vues. Du reste toute cette
affaire ne paraissait pas bien grave aux yeux de l'Académie, puisque celle-ci, en répondant au reproche de
n'avoir pas pris l'initiative pour informer Leurs Excellences au sujet de la secte naissante, disait : « Nous avons
craint, Souverains Seigneurs, qu'une dénonciation vague
et dénuée de faits graves et bien avérés, contre un homme
qui, depuis sa renonciation au saint ministère, n'est plus
sous l'inspection de l'Académie, ne parût indiscrète et
téméraire, et que cet éclat, en donnant plus de relief et
de célébrité à une secte obscure et méprisée, n'irritât le
feu du fanatisme, au lieu de l'éteindre. » Il n'y avait
donc, d'après l'Académie, ni faits bien avérés, ni mouvement bien marqué et bien dangereux, puisqu'il ne s'agissait encore à ses yeux que d'une secte obscure et méprisée.

Un fait assez remarquable mentionné dans ce mémoire,
c'est que l'Académie ne put pas parvenir à se procurer
un seul exemplaire de l'écrit sur la dixme, qui pourtant
avait été répandu, mais était tombé, comme on le voit,
en mains sûres. « Quelques recherches que nous ayons
faites, nous n'avons pu découvrir aucun des billets imprimés concernant la dixme à remettre à Théophile. On
a fait à cet égard des enquêtes très exactes, même avant
l'ordre de Vos Excellences ; mais en nous donnant lieu
de croire que ces billets ont existé, elles ne nous ont pas
mis en état de le prouver juridiquement. » Si donc M.
Dutoit n'avait pas remis lui-même cette pièce au lieu-

tenant baillival, l'autorité n'aurait pas pu en être nantie.
Sa droiture ne lui permit pas de la dissimuler. Imprimé
en sept pages in-4, conformément à l'original envoyé
par M. de Fleischbein, chaque exemplaire de ce soi-
disant billet, comme l'Académie l'appelle, devait être
signé par MM. Dutoit et Ballif, spécialement chargés par
l'auteur, de la remettre avec discernement à ceux des
intérieurs qui seraient capables de comprendre et d'apprécier l'institution de la dixme.

M. Dutoit envoya au bailli, selon qu'il l'avait annoncé,
un mémoire apologétique en forme de supplication adressée à Leurs Excellences, mémoire qu'il dut rédiger, sans
que connaissance lui eût été donnée de l'acte d'accusation
formulé contre lui. En exprimant son amère douleur de
ce qu'il a pu être soupçonné d'avoir manqué à son auguste
souverain, comprenant par l'interrogatoire qu'il a subi,
que des personnes mal intentionnées ont porté contre
lui des plaintes dont il ignore la nature, il éprouve
quelque difficulté à se justifier. Il donne toutefois des
explications sur la dixme pour les pauvres, entre dans
quelques détails sur la doctrine du pur amour, doctrine
propre selon lui, à affermir l'ordre de la société, bien
loin de pouvoir lui nuire, proteste que ni lui, ni ses nouveaux amis, ne sont séparatistes, qu'il n'a point cherché
à étendre ses liaisons, comme sa vie sédentaire le prouve,
que tant que sa santé le lui a permis, il a rendu à l'E-
glise tous les services dont il a été capable, et qu'il n'a
tenu aucune assemblée. Etant dans l'impossibilité de se
transporter à Berne, il supplie qu'on veuille bien ne le
juger que sur preuves, osant se flatter de n'être point

indigne de la protection et de la faveur de Leurs Excellences.

Tout le dossier de cette affaire fut immédiatement remis entre les mains de Messieurs de la *Chambre de religion*, chargés par le Sénat de l'étudier avec un soin
particulier, et de faire rapport au Souverain [1].

Après examen sérieux de toutes les pièces qui lui
avaient été soumises, parmi lesquelles il ne fut jamais
question de l'acte d'accusation ou de la dénonciation,
ayant motivé l'enquête ordonnée par Leurs Excellences,
acte qui resta entièrement secret entre les mains du Conseil, la Chambre de religion déclara n'avoir rien trouvé
qui pût mériter à M. Dutoit ni châtiment, ni censure.
Les doctrines du pur amour et de la vie intérieure ne
furent point considérées par elle comme contraires aux
livres symboliques. Elle conclut son rapport en recom-
mandant l'accusé à la paternelle humanité de Leurs Excellences, pour être traité avec toute l'indulgence possible, et en émettant l'avis que ses écrits lui fussent
rendus à son domicile, que tous les exemplaires du mémoire sur la dixme fussent retirés, qu'il lui fût enjoint
de ne tenir aucune assemblée et de se conduire prudemment. Ce rapport de la Chambre de religion porte la
date du 3 février, et la décision souveraine prise par le
Conseil le 1ᵉʳ mars suivant, fut à peu près conforme à ce
préavis. Il y avait toutefois certaines modifications qui

---

[1] Cette *Chambre de religion*, dicastère consultatif, chargé de l'examen
et de la surveillance de toutes les affaires religieuses, était composée de
quatre membres du Sénat, de quatre membres des Deux Cents, des
trois premiers pasteurs et du premier professeur de théologie de Berne.

changeaient un peu la couleur de l'arrêt. Ce fut ainsi
qu'en jugèrent les amis de M. Dutoit. Très réjouis par le
rapport de la Chambre de religion, ils le furent beaucoup
moins de la décision suprême. M. de Fleischbein qui
suivait l'affaire avec un vif intérêt, exprima son désappointement dans une lettre adressée le 3 avril à M. Ballif.
Il entrevoyait avec appréhension l'usage qu'on pourrait
faire dans la suite, des termes de la résolution pour
sévir contre M. Dutoit et ses amis, à la première apparence de contravention de leur part.

Communication fut faite à l'accusé de la décision souveraine, en son domicile, par le lieutenant baillival, en
présence du secrétaire baillival et du recteur de l'Académie. Le régent Ballif qui se trouvait impliqué dans
l'enquête, dut comparaître au château, pour entendre de
la bouche de sa magnifique seigneurie baillivale, en présence des mêmes personnages des injonctions analogues
à celles qui étaient faites à son ami.

Au milieu des inquiétudes et de la douleur que lui
causa toute cette pénible affaire, M. Dutoit reçut pourtant des témoignages d'estime et d'affection qui durent
faire du bien à son cœur. Telle fut, entre autres une
lettre confidentielle qui lui fut adressée de Berne par le
professeur Stapfer, pour l'informer immédiatement de ce
qui venait de se passer dans la Chambre de religion, et
de la décision qui y avait été prise[1]. Si la lettre même

[1] Jean Stapfer (1719—1801) premier professeur de théologie à l'Académie de Berne, était oncle de Philippe Albert Stapfer, le digne ministre
de l'instruction publique et des cultes sous la République Helvétique.
Ce fut lui qui eut la joie de donner au grand Haller, sur son lit de mort, de

pouvait le réjouir en le rassurant, et en lui faisant prévoir une issue moins pénible que celle qu'il avait pu redouter, l'empressement mis par le digne professeur à le
renseigner sur les dispositions favorables du corps chargé
d'examiner ses écrits et sa conduite, fut sûrement pour
lui une douce et précieuse consolation. Ce témoignage
de sympathie de la part d'un homme tel que M. Stapfer,
l'encouragea sans doute à envoyer à Berne un second
mémoire destiné à exposer plus catégoriquement ses vues
sur l'usage de la raison en matière de foi et sur l'autorité
de l'Ecriture. Ce mémoire expédié le 25 février, était
postérieur au préavis donné par la Chambre de religion,
mais put cependant encore être soumis à Leurs Excellences avant leur décision suprême.

Une autre chose qui dut également lui faire plaisir,
ce fut l'intérêt que prit à sa cause M. Tscharner, l'ancien bailli de Lausanne qui, plus exactement renseigné
qu'on ne l'était généralement à Berne, se sentit poussé
à prendre la défense des accusés, et à faire en leur faveur de bienveillantes démarches. Il en fut de même de
la part de M. Jenner, le bailli en charge, qui s'employa

précieuses et salutaires consolations, avec une sorte d'originalité bour-
rue qui sans doute était dans son caractère. Comme Haller lui disait
en parlant de l'état de son âme: « Plus je m'examine, et moins je
trouve en moi de dispositions dignes de la société des anges. » —
« Croyez-vous donc, repartit Stapfer, que vous en apporteriez de plus
sortables à la compagnie des démons ? » Et comme l'humble savant
avait été péniblement impressionné par les arguments du pieux, mais
sévère et rigoureux professeur Kocher, dont il avait eu la visite:
« Pourquoi, lui dit Stapfer, ne pas vous attacher plutôt purement et
simplement aux promesses de l'Evangile? Monsieur Kocher se figure
que Dieu est un Kocher infini. » Voyez *Biographie d'Albert de Haller*,
Lausanne 1840, page 211.

pendant un séjour à Berne dans le mois qui suivit l'enquête, à leur concilier les esprits parmi les personnages influents. Aussi M. Dutoit se plaisait-il à lui rendre ce témoignage : « Malgré ses incroyables tentatives, la principale de mes adversaires n'a jamais pu faire entrer M. le Bailli dans sa passion contre moi, et il m'a soutenu à Berne, sans quoi j'aurais couru risque d'être coulé à fond. » Cette conduite des deux honorables magistrats prouve suffisamment que si le crédit des ennemis de M. Dutoit avait été assez grand pour déterminer les mesures sévères du pouvoir, l'opinion publique à Lausanne lui était cependant généralement favorable, et protestait contre les graves accusations dirigées sur sa personne et sur l'influence morale de ses enseignements.

On pourrait ajouter encore à sa décharge que les ecclésiastiques lausannois, malgré tout ce qu'on avait pu faire pour les exciter à se prononcer contre lui, se sentaient plutôt portés à agir en sens inverse. Une lettre de M. de Klinckowström signale en particulier le pasteur Besson et le professeur Pavillard, celui qui fut plus tard le patron de Gibbon, comme favorables à l'accusé. Un seul d'entre les ecclésiastiques de l'Académie paraît avoir agi dans le sens de ses adversaires. Cet appui, quoique d'un caractère passif, de la part du corps ecclésiastique, fut aussi en quelque degré, une consolation pour M. Dutoit.

Il aurait également joui de savoir que le grand Haller blâmait formellement les mesures inquisitoriales dont il était la victime. On lit en effet dans la correspondance du célèbre docteur avec Bonnet, cette phrase bien catégorique : « Il y a à Lausanne une espèce de persécution contre un mystique, admirateur de Mme Guyon ; je ne les aime pas ces persécutions [1]. » M. Dutoit n'eut probablement pas connaissance de cette désapprobation, portée au moment même, sur les actes du gouvernement bernois, mais, comme nous le verrons bientôt, il ne tarda pas à recevoir de Haller lui-même des témoignages directs de son estime et de sa bienveillance.

Les opinions de MM. Stapfer, Tscharner et Haller sont intéressantes à signaler, comme contrepartie de celles dont la lettre de M. de Mulinen était l'expression.

[1] Voyez *Manuscrits de la Bibliothèque de Genève*, et Sayous, *Le dix-huitième siècle à l'étranger*, tome II, pag. 129.

CHAPITRE XI.

Suites de l'enquête. Changement de demeure.

1769 à 1772.

Malgré l'issue assez favorable en définitive qu'avait eue l'affaire qui vient de nous occuper, elle fit sur M. Dutoit l'impression la plus douloureuse ; il en demeura profondément affecté. L'idée d'avoir été rendu suspect à Leurs Excellences, sans qu'on lui donnât les moyens de se justifier pleinement, le sentiment de la malveillance qui l'entourait, le fait que ses meilleures intentions étaient méconnues, que ses efforts pour le bien du pays, l'honneur de la religion, le maintien de la vérité et le salut des âmes, étaient mal interprétés, tout cela, joint sans doute à l'état valétudinaire dans lequel il était depuis quelques années, le jeta dans un pénible découragement. Aussi eut-il un moment la pensée de quitter le pays, où il avait moralement tant à souffrir. Trois semaines après qu'on lui eut rendu ses papiers, de la part de Leurs Excellences, il partit de Lausanne avec l'intention de s'expatrier. Mais les démarches actives et les instances de ses amis, et en particulier de M. Grenus, qui le suivit à Divonne où il s'était arrêté, parvinrent à

changer sa résolution. Quelques jours après ce brusque
départ, il fut ramené à Lausanne, pour y habiter une
nouvelle demeure, et y commencer un genre de vie qui
devait lui offrir pour le reste de ses jours les douces consolations de l'amitié.

Par une coïncidence assez curieuse, et qui fut pour
lui, au premier moment, une aggravation de douleur,
le jour même où l'on vint saisir ses papiers, trois heures
seulement avant l'arrivée subite des magistrats dans la
maison Ballif, la famille Grenus venait de louer pour
quatre ans la campagne de la Chablière au nom de Mlle
Locher, baronne de Coppet. Cette dame dont la santé et
surtout l'état moral étaient fort pénibles depuis plusieurs
années, avait été confiée par ses parents de Saint-Gall,
aux soins de deux personnes pieuses et dévouées que
nous avons déjà nommées, Mme Schlumpf, sœur de Mme
Grenus, et Mlle sa fille, que l'on avait placées auprès
d'elle pour l'entourer et pour tenir sa maison. M. Dutoit
avait fait précédemment sa connaissance. Il écrivait à
son sujet en 1766 à M. de Fleischbein : « Mes amis
Grenus auront part à l'héritage d'une vieille baronne de
Coppet, qui est leur cousine. Il y a deux ans qu'elle est
un peu dérangée du cerveau, apparemment pour avoir
autrefois un peu résisté à la 'grâce. Dans les moments
lucides, on voit qu'elle avait beaucoup d'esprit. Je me
suis promené avec elle dans sa baronnie qui n'est qu'à
une lieue d'ici (de Céligny), et elle fait pitié. Je crois
que Dieu en aura compassion un jour. » Ces circonstances malheureuses ayant conduit la famille de Mlle Locher
à chercher à vendre la terre de Coppet, on prit la réso-

lution de lui faire quitter ce séjour, et l'on chercha un lieu favorable pour son établissement.

Consulté par ses amis de Céligny sur la possibilité de trouver près de Lausanne, dans une situation agréable et pourtant retirée, une maison de campagne propre à recevoir un personnel assez nombreux, car M. et Mme Grenus devaient aussi y passer au moins une partie de l'année et y accueillir leurs amis, M. Dutoit avait indiqué la belle habitation ci-dessus nommée, propriété du colonel Constant [1], qu'avait précédemment occupée le prince de Wurtemberg [2]. Il avait été convenu qu'il vivrait lui-même avec ces dames, pour s'occuper de leurs affaires et surtout, on le comprend, pour soigner leurs intérêts spirituels. La confiance qu'il leur avait inspirée et l'affection qu'elles lui portaient lui avaient fait un devoir de souscrire à cet arrangement.

C'est en s'appuyant sur ces conventions, en insistant sur ce qu'ils ne resteraient point dans le pays sans lui,

[1] David-Louis Constant de Rebecque, seigneur d'*Hermenches*, après avoir servi comme adjudant-général dans l'armée des alliés, et fait les campagnes de 1743 à 1746, fut successivement colonel au service de Hollande et au service de France. C'est lui que Voltaire désignait comme le « bel Orosmane » de son théâtre de Mon repos. Il était frère de Mme Angélique de Langalerie, vantée aussi pour sa beauté par l'auteur de Zaïre.

[2] Louis-Eugène de Wurtemberg, deuxième fils du duc Charles Alexandre, aimait Lausanne où il avait fait dans sa jeunesse une partie de ses études. Il y revint en 1763 avec la princesse son épouse, Sophie de Beichlingen, et y séjourna jusqu'en 1767. Il y fut le promoteur d'une association appelée *la Société morale* et prit part à la fondation et à la rédaction du premier journal vaudois, *Aristide ou le Ci-*

sur ce que l'argent déjà payé pour le loyer serait perdu,
sur ce que son départ dérangerait tous leurs plans, et
attristerait leur amitié pour lui, que M. Grenus le con-
traignit à revenir à Lausanne. Il se laissa donc ramener,
en prenant le parti bien arrêté de ne plus s'expatrier,
et de ne pas donner à ses ennemis la satisfaction de le
voir fuir devant leurs calomnies. Il quitta le chétif logement qu'il occupait dans la maison Ballif et s'établit à la
Chablière auprès des amis qui lui témoignaient une si
vive affection. Il y eut là pour lui un baume précieux à
ses blessures.

Nous pourrions indiquer ici au même titre les témoignages d'estime et de sympathie qui lui furent donnés
de divers côtés, par des hommes dont l'opinion était assurément pour lui d'un grand poids. Nous nous bornerons à citer la lettre suivante que le nom du signataire
recommande à l'intérêt. Elle fut adressée par Haller à
M. Dutoit le 25 avril 1769, peu de semaines, par consé-

---

toyen. L'historien anglais Gibbon, qui fut souvent admis à la Chablière, rend hommage, avec une légère teinte d'ironie, à l'amabilité
de ce prince, « jeté, dit-il, par ses fautes, qu'il appelait ses malheurs,
dans un exil philosophique au pays de Vaud. » Il le représente comme s'étant voué d'abord avec enthousiasme à la charité et à l'agricul-
ture, puis comme étant « parvenu au plus haut degré de la dévotion
mystique. » Ces derniers mots, en expliquant le ton de persiflage de
l'incrédule, nous donnent le regret de ne pouvoir déterminer, ni
dans quelles relations le prince a pu être à Lausanne avec M. Dutoit
et ses pieux amis, ni quelle a été réellement la nature de cette dévotion qui lui est attribuée comme mystique et comme poussée si loin.
(Voyez *Mémoires de Gibbon, tome I, pag. 164.*)

quent, après la conclusion de l'affaire qui l'avait si douloureusement affecté, pour le remercier de l'envoi d'un
de ses ouvrages. C'était le volume des *Sermons de Théophile.*

« Je n'attends pas, Monsieur, la lecture entière de votre ouvrage, pour vous en remercier, je n'ai pu en lire
que le discours préliminaire, me réservant d'en achever
la lecture dans les peu de moments que ma vie distraite
me laisse. Je suis très de votre avis, que le vrai christianisme, dont Jésus a donné l'exemple, est l'entier abandonnement de notre volonté à l'impression de la grâce ;
et c'est dans cette soumission que consiste la difficulté
presque insurmontable de la conversion, *possible* uniquement à Dieu. Cette soumission est une préparation
indispensable à la vie éternelle, qui certainement consiste dans des occupations uniquement relatives à Dieu,
et qui ne sauraient rendre heureux que des esprits entièrement soumis à sa volonté suprême, et dont l'unique
passion est son amour.

Je n'ai donc lu que ce discours préliminaire. Permet-
tez-moi de vous dire que je ne suis pas également prévenu en faveur ni de Bourdaloue, ni de Massillon. Peut-
être mon aversion contre cette Eglise persécutrice et
charlatane m'ôte-t-elle le goût pour tout ce qui en sort ;
il me semble que je goûte l'Imitation de Jésus-Christ, et
les livres ascétiques, mais que Bourdaloue et Massillon
me paraissent encore appartenir à la classe des écrivains moraux, dont nous abondons, mais qui ne nous
convertissent pas.

Il serait bien étonnant que l'on vous refusât la cen-

sure, je ne crois pas que vous risquiez cet inconvénient.
En tout cas, je crois que vous pourriez l'obtenir ici, ou
bien l'on pourrait, comme on fait tous les jours, risquer
l'ouvrage sans censure. Je l'appuyerai dans le besoin.

La Providence m'appellera ou au Sénat, ou chez l'é-
tranger, ou à la mort; je dois l'adorer, et à mon âge
faire mon point de vue principal d'une vie dont je ne
puis être que fort peu éloigné.

J'ai l'honneur d'être très parfaitement, Monsieur, votre très humble et très obéissant serviteur.

> Berne, 25 avril 1769.
>
> HALLER. »

On remarquera l'adhésion du pieux docteur à la notion de M. Dutoit sur le vrai christianisme, consistant
dans l'entier « abandonnement » de notre volonté à l'impression de la grâce, et sur la vie éternelle, de même
que son goût pour les livres ascétiques, l'appui qu'il pro-
met à son correspondant au sujet de la publication de
ses ouvrages dans le pays, et l'expression si vraie de sa
profonde piété. Le passage sur les orateurs catholiques
eut sur M. Dutoit une influence assez positive pour lui
faire modifier dans le discours préliminaire de ses sermons, pour une publication subséquente ce qu'il disait
de Massillon et de Bourdaloue, et cela dans le sens des
réflexions de son savant et judicieux correspondant [1].

---

[1] Que l'on compare en effet la lettre que nous venons de reproduire,
avec les deux éditions du Discours préliminaire, *Sermons de Théophile*, pag. 71, et *Philosophie chrétienne*, tome I, pag. 100. Dans la
première rédaction, celle que Haller avait sous les yeux, on lit : « Quel

Quant au passage sur la censure, il a trait au projet que
lui avait communiqué M. Dutoit, de faire paraître à Lausanne la suite de ses sermons. L'insuccès de la publication faite à Francfort, lui avait fait désirer de trouver un
autre lieu d'impression. La crainte de rencontrer des
entraves de la part de l'Académie chargée de la censure,
l'avait engagé à consulter Haller sur ce point.

Les témoignages d'affection donnés à M. Dutoit n'eurent
toutefois pas pour effet de le consoler de la douleur qu'il
ressentait toujours d'avoir été rendu suspect à l'autorité
et au public. Il souffrit longtemps encore de cette amertume, et c'est ce sentiment pénible qui le poussa à retirer
les manuscrits qui, déjà alors, étaient à Lyon entre les
mains de l'imprimeur, et le fit renoncer à la publication
commencée. Mais revenons à notre biographie.

Etabli à la Chablière, au sein d'une réunion intime de
personnes pieuses qui partageaient pleinement ses vues

prédicateur que Bourdaloue! Cependant il a aussi son défaut. Mais
j'aime bien mieux le sien que celui de Massillon, car on est réduit à
aimer les défauts de telles gens. » La seconde rédaction a remplacé
cette phrase par les mots suivants tirés manifestement de la lettre de
Haller : « Du reste ils sont encore dans la classe des écrivains de morale, dont on fourmille et qui convertissent peu. » La même proposition se retrouve dans une note de la *Philosophie divine*, tome II, pag.
125. L'opinion du savant bernois a paru considérable à notre auteur,
qui du reste le déclare lui-même en propres termes dans le dernier
livre que nous venons de mentionner : « Le célèbre Haller m'écrivait
un jour que ces ouvrages (les livres de morale) ne convertissaient
personne. » *Philosophie divine*, tome II, pag. 305.

sur la religion, M. Dutoit jouit vivement de ce bonheur dont il était privé depuis longtemps, ou plutôt dont il n'avait pas été favorisé jusqu'alors, celui de se sentir entouré d'une famille, car les dames Schlumpf devinrent bien réellement dès lors sa famille, et il ne les quitta plus. Son séjour dans cette agréable demeure dura environ trois ans. La baronne de Coppet mourut en 1771, entourée des soins affectueux des familles Grenus et Schlumpf, et fut honorablement ensevelie dans le chœur de la Cathédrale. On peut voir dans une lettre écrite le 6 août à M. Dutoit par M. Selonf (*sic*), bourgmestre de la ville de Saint-Gall et tuteur de la défunte, les sentiments de reconnaissance qu'avaient inspirés les services rendus par lui à toute la maison, le respect et l'estime dont sa personne était entourée. Cette lettre de remerciements était adressée « à M. Dutoit, ministre très célèbre de la parole de Dieu, à Lausanne. »

La fortune de Mlle Locher, qui était assez considérable, se partagea entre ses collatéraux. Comme nous avons eu déjà l'occasion de le dire, la famille Grenus hérita d'une vingtaine de mille francs. D'abondantes aumônes furent laissées aux pauvres. Mlle la baronne avait déjà de son vivant, donné à l'Hôpital et à la bourse de Genève une valeur importante destinée à fournir à des apprentissages et à secourir les pauvres honteux.

Nous n'avons pas de renseignements précis quant à l'influence que les soins pastoraux de M. Dutoit ont pu exercer sur l'état spirituel de la malade. Nous pouvons néanmoins être assurés que l'intérêt chrétien le plus affectueux a entouré cette infortunée dans ses derniers jours, et que les prières les plus ferventes se sont élevées en sa faveur auprès du trône de grâce. Divers indices sont demeurés qui montrent le pieux directeur préoccupé de la fin plus ou moins prochaine de cette mystérieuse existence. Ses amis se sont plu à consigner que six mois environ avant le décès de Mlle Locher, dans une nuit d'insomnie, il se mit à composer l'épitaphe qui lui semblait devoir convenir à cette personne riche et bienfaisante, et qui fut en effet placée sur son tombeau, lorsque le moment fut venu [1].

De simples notes conservées dans les papiers de M.

[1] Le monument consiste en une table de marbre noir, placée verticalement contre la muraille, au fond du chœur, à côté du tombeau de la duchesse de Courlande, en face de celui de Loïs de Bochat. Voici l'inscription, telle qu'elle est gravée en capitales dorées, au-dessous des armoiries de la défunte :

D. T. O. M.

PAUPERES PRÆFICÆ.

H. J.

NOB. VIRGO

MARIA. ELIZABETH. LOCHER.

BARONISSA DE COPPET.

S. GALLO HELVET.

DUM VIVERET

DIVES OPUM, OPERUM DITIOR.

NATA IPS. IDIB. SEPTEMB.

CIƆIƆCLXXXXVI.

DENATA IV NONAS JUL.

CIƆIƆCCLXXI.

POSUERE SUI.

« Au nom de l'Eternel Dieu trois fois saint. Les pauvres la pleurent. Ci gît Noble demoiselle Marie-Elisabeth Locher, baronne de Coppet, originaire de Saint-Gall en Helvétie. Riche en biens du monde, elle fut plus riche encore en bonnes œuvres. Née le 13 septembre 1696, décédée le 4 juillet 1771. Ses parents et amis lui ont élevé ce monument. »

Dutoit, peuvent donner quelque idée de la largeur des aumônes que la maison de la Chablière se plaisait à répandre tout autour d'elle. Voici, entre autres, une indication de ce qui fut distribué en une seule fois en 1771. Une somme de quatre-vingts louis fut répartie de la manière suivante : Quarante louis à la Chambre des pauvres habitants de Lausanne, huit à la paroisse de Prilly, six à celle de Morrens, cinq à celle du Mont et Romanel, quatre à celle d'Ecublens, deux à celle de Belmont, trois à la paroisse allemande de Lausanne, neuf à celles d'Oron, Palézieux, etc. Deux autres sommes de huit louis chacune furent distribuées encore, essentiellement entre les pauvres d'Assens, d'Epalinges, de Lutry, d'Ecublens, par l'intermédiaire des pasteurs de ces diverses paroisses. Il en avait été de même dans les années précédentes, preuve en soit la déclaration suivante extraite des Actes de la vénérable Classe de Lausanne et Vevey, assemblée les 5 et 6 juin 1770 : « Des pasteurs de cette vénérable Compagnie ayant exposé que la maison de M. Grenus, demeurant à la Chablière, se répandait en largesses considérables en faveur des pauvres de diverses Eglises ressortissantes de cette vénérable Classe, elle a chargé Monsieur le vénérable Doyen de saisir l'occasion de témoigner à cette famille généreuse toute la sensibilité de la vénérable Classe à cet égard, avec les vœux ardents que tous les pasteurs de la Compagnie font pour la conservation et la prospérité de personnes aussi charitables. Signé E. L. Chavannes, pasteur à Lausanne et Actuaire de la vénérable Classe. »

Nous avons déjà vu que c'était pour M. Dutoit un besoin

de répandre sur les contrées voisines de Lausanne, les aumônes dont il pouvait disposer. Dans ses réponses aux magistrats chargés de l'enquête dirigée contre lui, il avait pu en appeler sur ce point, au témoignage des pasteurs de diverses Eglises de la campagne. La maison de la Chablière ne faisait que persévérer sous sa direction charitable, avec des ressources plus abondantes, dans cette voie de bienfaisance où il marchait depuis longtemps.

Après la mort de la noble personne, centre de la réunion, les amis qui se trouvaient heureux de vivre ensemble, furent dispersés. La famille Grenus retourna à Céligny. Mmes Schlumpf résolues à ne plus quitter Lausanne, firent l'acquisition d'une maison située à l'extrémité de la rue du Grand Chêne, du côté de Montbenon, tout près de celle qu'avait possédée Voltaire, et dans une position analogue. Elles y établirent leur domicile. M. Dutoit les y suivit et n'eut plus d'autre demeure jusqu'à la fin de ses jours. M. de Klinckowström écrivait le 20 juin 1772 à M. Ballif: « Il ne faut pas moins que ce que vous me faites entrevoir, mon très cher frère, sur l'achat de cette maison dans le faubourg du Chêne, pour me consoler du départ prochain de nos chers amis de la Chablière. Puissent toutes les bénédictions qu'ils y ont reçues, les suivre dans leur nouvelle demeure et y devenir immenses ! C'est bien le vœu de mon cœur. »

CHAPITRE XII.

Publications diverses.

L'état de santé de M. Dutoit que nous avons vu déjà
très précaire à l'époque de l'enquête, continuait à être
fort pénible, malgré les soins affectueux dont il était
l'objet. La toux chronique, dont il souffrait parfois cruellement depuis plus de dix ans, allait en empirant. Ses amis,
et en particulier ceux d'Allemagne, désireux d'obtenir
pour lui quelque soulagement, le mirent en rapport avec
un praticien distingué, le docteur Leysser de Zelle dans
le Hanovre, lequel consulté, émit l'opinion que la maladie
du patient devait être attribuée, non point à une affection
du foie, ou à un ulcère du poumon, comme on l'avait
pensé d'abord, mais à une obstruction des glandes du
mésentère, ce qui donnait à son incommodité le caractère d'une toux hypocondriaque. Les prescriptions du
docteur étranger procurèrent bien quelque soulagement,
mais le mal n'en suivit pas moins sa marche progressive,
pour dégénérer en une hydropisie, accompagnée d'une
oppression telle qu'il ne fut plus possible au malade
d'entrer dans un lit pendant les deux dernières années

de sa vie. Il avait été soigné entre autres par le docteur Reynier, au sujet duquel nous trouvons dans une lettre de M. de Fleischbein, un passage que nous nous permettons de citer comme n'étant pas sans quelque intérêt. « Les apothicaires dans des villes comme Larissa (Lausanne) ont ordinairement très bien étudié la médecine. Celui de Larissa a dit un jour au cher M. Antoine que Tissot n'était qu'un charlatan en comparaison de Reynier [1]. »

Les moments de répit que lui laissaient les souffrances souvent cruelles qu'il endurait, étaient employés par M. Dutoit à sa correspondance, à de pieux entretiens avec les nombreuses personnes qui éprouvaient le besoin de venir le consulter, à la composition et à la publication de divers ouvrages.

Dès l'année 1768, il en avait entrepris un qui devait

---

[1] Jean François Reynier, issu d'une famille originaire du Dauphiné, réfugiée en Suisse, exerçait la médecine à Lausanne. Il était membre des Académies ou Sociétés royales de Montpellier et de Göttingen, et médecin consultant de LL. AA. SS. les princes de Waldeck. Ses deux fils, nés à Lausanne, se sont distingués, l'un comme général dans les armées de la république et de l'empire, l'autre comme économiste. Ils prirent part tous deux à la campagne d'Egypte, et se retrouvèrent plus tard dans les Calabres, revêtus de hauts emplois dans l'armée et dans l'administration du royaume des Deux-Siciles, sous Joseph Bonaparte et sous Murat. Après la chute de ce dernier en 1815, l'aîné, Louis, revint à Lausanne, où il remplit les fonctions d'intendant des postes et de conservateur des antiquités. On connaît les savants ouvrages qu'il publia sur l'*Economie publique et rurale des Celtes, des Germains, des Perses, des Arabes, des Egyptiens*, etc., etc. Il mourut en 1824. Ebenhézer, le général, fait prisonnier à Leipzig avec les restes de sa division, était revenu mourir à Paris en 1814.

être à certains égards la contrepartie, ou plutôt le com-
plément des *Anecdotes* jointes par lui au cinquième
volume des *Lettres* de Mᵐᵉ Guyon. Ayant établi dans ce
dernier écrit l'insuffisance de la raison humaine pour
juger les choses spirituelles, il fut conduit par les réflexions d'une dame de Lausanne, Mᵐᵉ de Chandieu-
Vulliens, à exposer également l'autre face du sujet, en
établissant quel est le légitime usage de la raison, en en
démontrant l'utilité et les prérogatives, et en faisant voir
quels secours précieux elle fournit à l'homme. Ses cahiers sur cet intéressant sujet demeurèrent assez longtemps en portefeuille, car ce ne fut qu'en 1790, qu'il les
fit paraître à Lausanne, (sous le nom de Paris) en deux
volumes in-8, sous ce titre trop compliqué : *De l'origine,
des usages, des abus, des quantités et des mélanges de la
raison et de la foi.* C'est le même ouvrage qui, corrigé et
augmenté d'un troisième volume, fut publié une seconde
fois trois ans plus tard sous le nouvel intitulé de *Philosophie divine*. Nous en reparlerons plus loin avec quelques
détails.

Tout en s'occupant à rédiger ses propres pensées, et
à exposer ses vues religieuses et philosophiques, soit
dans cet écrit, soit dans les nombreux sermons qu'il continuait à composer, pour l'instruction et l'édification des
disciples, désireux de recevoir de lui la nourriture spirituelle que leur cœur goûtait, M. Dutoit procurait des
éditions nouvelles des livres ascétiques qu'il jugeait les
plus utiles à répandre.

C'est ainsi qu'en 1770, il fit imprimer à Lausanne sous
le titre de *Kempis commun*, le livre de l'*Imitation de Jésus-*

Christ, de la traduction de Pierre Poiret, ouvrage qui
dès lors, a été réimprimé nombre de fois dans la même
ville. Par cette épithète de *commun*, on voulait indiquer
que l'ouvrage était approprié aux chrétiens des diverses
communions.

En 1777 il donna de même à Yverdon, une édition de
la *Pratique pour se conserver en la présence de Dieu*, de
Courbon docteur de Sorbonne. Cet opuscule a été pareillement reproduit plusieurs fois à Lausanne, format
in-24, sous le titre abrégé de *Présence de Dieu*.

En 1791, il fit paraître encore à Lausanne le *Mystère
de la croix affligeante et consolante de Jésus-Christ et de
ses membres*, ouvrage composé en 1732 sous les verroux
de la forteresse de Sonnenstein par un moine nommé
Dusedaïn, ou Douzedent, que Mme de Fleischbein avait
connu à Aix la Chapelle. Il était versé dans la chimie,
et cherchait comme tant d'autres adeptes de cette science,
la pierre philosophale. Il écrivit un jour d'Offenbach près
de Francfort, une lettre dans laquelle il se glorifiait d'a-
voir lié l'aigle blanc. Son enthousiasme désignait ainsi le
mercure, qu'il se flattait d'être parvenu à fixer. Cette
lettre étant tombée entre les mains de Steinheil, le rési-
dent de Pologne auprès de l'Electeur, ce diplomate, heureux de cette occasion de se faire valoir, se hâta d'expédier à Dresde cette preuve manifeste d'une conspiration
contre son roi. Peut-être pensait-il aussi que cet oiseau
rare, une fois en cage, produirait beaucoup d'argent pour
les ministres. Le comte d'Isenbourg reçut de la cour de
Pologne l'ordre de faire arrêter le malencontreux savant.
La captivité de celui-ci ne fut toutefois pas de longue

durée, mais on ne le relâcha sûrement pas, sans avoir
bien constaté son impuissance à l'endroit de la trans-
mutation des métaux. Ses préoccupations théologiques
purent aussi contribuer à le faire considérer comme
moins dangereux en politique qu'on ne l'avait pensé. En
reproduisant sans aucune modification l'ouvrage de Douzedent, M. Dutoit sentit le besoin de faire ses réserves
au sujet de l'alchimie qu'il renferme, en disant « que ce
qui seul rend ce livre très recommandable, c'est le christianisme qui y est répandu, et nombre de choses saintement curieuses. » C'est ainsi qu'il en parle dans une note
de la *Philosophie divine*, en traitant lui-même de « la
croix, le plus grand mystère de la religion [1]. »

A ces indications d'ouvrages mystiques édités par
notre auteur, nous avons à ajouter encore celle des
OEuvres de Mme Guyon, dont il procura la réimpression,
comme il l'avait fait pour les *Lettres spirituelles*. Cette
collection de quarante volumes, dont trente-cinq in-8
et cinq in-12, fut pour les disciples de M. Dutoit un trésor estimé par eux à un très grand prix, qu'ils durent à
son zèle pour le mysticisme et à son dévouement à la
doctrine du pur amour. Cette réimpression s'acheva de
1789 à 1791. On ne conserva pas le format in-12 des
Lettres, mais on adopta le format in-8 comme plus convenable, en égard à l'épaisseur des volumes. M. Dutoit
joignit au tome premier de la *Vie de Mme Guyon*, après
la préface de Poiret, un discours d'environ quarante
pages sur cette *Vie* et sur les autres écrits de l'auteur.

[1] *Philosophie divine*, tom. I, pag. 344.

Il fit refondre en une les deux préfaces mises en tête de
l'Ancien et du Nouveau Testament, refonte jugée nécessaire, attendu que Poiret, qui les avait composées, avait
fait paraître le Nouveau avant l'Ancien. Cette édition,
faite à Lausanne chez Henri Vincent, sous la direction
spéciale de M. Petillet, porte sur le titre le vocable de
Paris, chez les libraires associés. Cette sorte de fraude
typographique, fréquemment usitée à cette époque, ce
qui sans doute la justifiait aux yeux des éditeurs tout
comme à ceux du public, avait pour motif les exigences de la censure, plus sévère à Lausanne qu'elle ne
l'était même à Berne, comme la lettre de Haller le donne
à entendre. Le conseil du savant de « risquer » une publication, sans s'inquiéter de la censure, comme on faisait « tous les jours, » montre quelle était sur ce sujet
l'opinion des meilleurs esprits, même parmi les gens
pieux. Quant à celle de l'académie lausannoise sur l'op-
portunité de la diffusion des ouvrages mystiques de
Mme Guyon, on pouvait la connaître à l'avance, car dans
son mémoire au Sénat, au sujet de l'enquête de 1769,
cette compagnie s'était fait gloire de s'être formellement
opposée, par la voie de ses censeurs, à ce que M. Dutoit
en procurât à Lausanne une édition nouvelle, comme il
en avait manifesté l'intention. S'il y a dans le parti que
prirent les éditeurs quelque chose qui répugne au sentiment d'une pleine droiture, il est équitable, dans le
jugement qu'on portera sur eux, d'avoir égard à l'opinion générale de leur époque sur la question de la censure.

Notre infatigable auteur avait pris part encore à une

autre publication considérable. C'est à lui qu'on doit l'*Epître dédicatoire* adressée à l'empereur Joseph II par l'éditeur des *OEuvres complètes* du célèbre Antoine Arnauld, docteur de Sorbonne, dans l'édition publiée à Lausanne, en quarante-huit volumes in-4 de 1775 à 1783.

Ces divers travaux exigèrent, on peut le comprendre, beaucoup de temps, furent pour M. Dutoit l'occasion de nombreuses veilles, et souvent de sérieuses inquiétudes, et il y consacra une bonne partie de sa fortune.

Celle-ci, puisque nous sommes conduits à en parler, n'avait jamais été bien considérable. Son patrimoine s'était élevé à la somme d'environ trente mille livres. Ses publications, d'abondantes aumônes, constamment renouvelées, et sans doute aussi l'état malheureux de sa santé, absorbèrent cette fortune, dont il ne resta plus rien quand il mourut, ainsi que nous aurons lieu de le constater.

Ajoutons, à ce sujet, que la caisse de la dixme, destinée avant tout au soulagement des pauvres, devait, d'après les intentions des fondateurs, fournir, si la chose était possible, aux frais d'impression d'ouvrages mystiques. Ce fut pour M. de Fleischbein une grande joie lorsque, dès la fin de l'année 1766, on put songer à publier les *Lettres* de Mme Guyon. Il écrivait à ce propos, le 25 avril, après l'impression faite à Lausanne de l'écrit envoyé par lui à M. Dutoit : « J'ai reçu de rechef une très belle et longue lettre des amis de Suisse. Le royaume de Dieu y est en progrès. Il y a déjà des dons importants

déposés dans la caisse. Un homme très considéré de
Genève et sa femme ont donné dix louis, un graveur de
Neuchâtel en a envoyé quatre ; d'autres de même, selon
leurs moyens. Il semble que Dieu veuille bénir cet arrangement. » Le 29 juillet, il écrit encore que « la caisse
commune que Théophile et ses amis administrent comme
anciens augmente. » Le 28 novembre il ajoute : « J'ai
reçu dernièrement des lettres de Suisse qui contiennent
beaucoup de très bonnes nouvelles, entre autres, qu'ils
ont déjà amassé tant d'argent dans leur caisse commune
(cent et vingt louis neufs, ceci pourtant soit dit en confi-
dence), qu'ils veulent faire réimprimer les *Lettres* de
Mme Guyon en français. » En novembre 1767, et en janvier 1768, M. de Fleischbein exprime encore sa joie au
sujet de cette publication et sa reconnaissance envers
M. Grenus et sa famille pour l'envoi gratuit qui lui a
été fait de quarante exemplaires du tome premier. « Tous
ceux, y compris M. Ballif, qui ont contribué à cette nouvelle édition, soit par l'emploi de leur argent, soit par
leurs travaux, en seront récompensés de Dieu par des
bénédictions infinies. J'écris ceci avec la plus parfaite
conviction. Le premier volume envoyé par ces chers
amis, est arrivé ici ; l'impression est beaucoup plus belle
que celle de Hollande et meilleure à lire, mais coûte
très cher. Si toutes les œuvres de Mme Guyon devaient
être imprimées de même, cette nouvelle édition revien-
drait au moins à sept ou huit mille écus. Mais Dieu bé-
nira un si saint ouvrage en ceux qui le font imprimer à
leurs frais. »

M. Dutoit, nous l'avons vu, ne se laissa point arrêter

par la perspective de l'énorme dépense nécessitée par l'entreprise qu'il avait à cœur d'amener à bien. Il reprit, de 1789 à 1791, la réimpression des *Œuvres complètes* de cet auteur, qu'il considérait comme si fort élevé au-dessus des autres. Et tels étaient son zèle pour la pro-pagation des doctrines de la vie intérieure et sa convic-tion de l'excellence des enseignements de Mme Guyon, qu'en 1791, au moment où l'imprimeur de Lausanne achevait sa tâche, il faisait, à une maison de librairie de Lyon, des propositions pour une édition nouvelle. « Nous avons encore environ quatre cents exemplaires; s'ils pouvaient se débiter, même à tout prix, on serait en-chanté d'une édition in-12 mieux exécutée, et l'on vous offrirait de très bon cœur, si vous vouliez bien faire cette entreprise, non-seulement tout l'argent qu'on pourrait tirer de la présente édition, mais même bien davantage, s'il le fallait, pour vous mettre hors de risque sur cette édition in-12. Nous attachons un prix si infini à ces ou-vrages, qu'autant que possible, rien ne coûterait à la société pour les propager. Je vous dis tout ceci en anti-cipation, messieurs, parce que j'ai soixante et dix-ans, et des infirmités habituelles qui me creusent insensible-ment le tombeau, et ne doivent pas me faire augurer une bien longue vie. Mais Dieu m'accorde la grâce d'avoir des successeurs avec qui vous pourriez gérer. » Il indi-quait essentiellement parmi ceux-ci M. Daniel Petillet, dont nous aurons bientôt l'occasion de parler. Malgré l'ardent désir du disciple fervent de Mme Guyon et ses offres généreuses, la chose ne put avoir lieu. L'édition de Lausanne, à laquelle il avait pris un si vif intérêt, ne put pas même s'écouler entièrement.

CHAPITRE XIII.

Abattement moral. Nouvelle apologie.

1775.

La douleur d'avoir été rendu suspect par les vagues et mystérieuses accusations de ses adversaires était demeurée, avons-nous dit, profondément empreinte dans le cœur de M. Dutoit. Malgré les témoignages d'affection de ses amis et la consolation qu'il avait eue de voir revenir à lui quelques-uns de ceux que de fâcheuses préventions avaient éloignés au moment de la crise, le temps n'affaiblit guère ses pénibles impressions. Une pièce conservée parmi ses papiers, sous le titre d'*Apologie*, prouve qu'en 1775, six ans après les mesures administratives et inquisitoriales dont il avait été l'objet, il était encore sous le poids d'une douloureuse amertume. Sentant que sa justification n'avait pas pu être complète, il éprouve encore le besoin d'expliquer sa conduite et de rendre compte de sa doctrine, pour regagner, si possible, la faveur de Leurs Excellences, et reprendre dans l'opinion du public la place à laquelle il sent qu'il a droit.

Dans ce but, remontant à l'origine de l'enquête dirigée contre lui, il rappelle quelles ont été les mesures

de l'autorité et la conduite de ses adversaires. La lettre
renfermant la décision souveraine prise après examen
des papiers saisis et transmise à l'Académie, devait, dans
l'intention de Leurs Excellences, être tenue secrète.
Tout en constatant que le résultat de l'enquête n'avait
fourni contre l'inculpé aucun sujet d'accusation légitime,
cette lettre disait que, « parmi les opinions de M. Dutoit,
il en était qui, par leur nature, ne pouvaient pas être
tolérées, et encore moins être reçues dans les églises du
pays. » Cette assertion, malgré le vague qui la caracté-
risait, et peut-être même à cause de ce vague, parut
trop précieuse à ses ennemis, pour qu'ils ne se hâtassent
pas de la divulguer. On la répandit partout, et ce fut par
une copie envoyée de Genève que l'inculpé eut connaissance de cette lettre, qui devait être pour l'Académie
seule, et dont il n'avait reçu lui-même aucune communication.

De cette affaire ainsi terminée, il était résulté pour
lui deux graves inconvénients. L'un, que n'ayant eu aucun avis de ce qu'on croyait avoir trouvé d'erreurs en lui,
et n'ayant pu dans le temps, ni s'expliquer ni se défendre,
ni se corriger, il était demeuré dès lors auprès de l'autorité, et dans l'esprit du public, atteint et convaincu
vaguement et en gros d'avoir une mauvaise doctrine.
L'autre inconvénient, conséquence du premier, était
que, dès cette époque, quiconque l'avait voulu s'était
cru en droit de crier contre lui et de lui faire de la
peine, de le tenir pour suspect et de le traiter en conséquence dans le cours de sa vie, tellement que ses actions
les plus innocentes, même les plus chrétiennes, comme

la bienfaisance envers les pauvres, avaient été constamment empoisonnées par la malveillance.

Reprenant quelques-unes des accusations portées contre lui par la malignité de ses adversaires, il montre combien il est injuste de lui reprocher les égarements de personnes qu'il n'avait jamais dirigées, ou qui méprisaient ses conseils ou avec lesquelles il ne soutenait plus aucune relation. Il revient sur l'affaire de la dixme pour rappeler sa doctrine et sa soumission immédiate à l'autorité, et montre avec douleur que par la position qui lui a été faite, tandis que l'irréligion, la mondanité et l'hérésie lèvent hardiment la tête et ont toute liberté d'agir et de se reproduire au grand jour, il est entravé dans tout ce qu'il voudrait faire pour le bien, et gêné dans ses relations sociales.

Après avoir protesté de la manière la plus solennelle que, par la grâce de Dieu, il n'était ni fanatique, ni enthousiaste, ni hérétique, ni sectaire, M. Dutoit faisait dans son mémoire une déclaration formelle de sa foi, établissant hautement la Parole de Dieu comme la seule règle de la vérité. Il ajoutait qu'après l'Ecriture sainte, les seuls livres dont il faisait vraiment cas, en matière religieuse, comme étant à ses yeux les plus conformes à l'Evangile, étaient les vrais livres ascétiques ou mystiques, tels que le *Kempis*, estimant très peu, en revanche, ceux d'entre les livres de morale qui n'élèvent pas l'âme au domaine d'une grâce qui seule peut vaincre et miner notre corruption naturelle. Il terminait en exprimant encore son étonnement douloureux de ce que, n'ayant dérogé ni à l'ordre civil, ni à l'ordre ecclésiasti-

que, ni à l'ordre moral, ce que le résultat de l'enquête
avait pleinement établi, il demeurait néanmoins sous
le poids de la suspicion et en butte aux traits de la ca-
lomnie.

Son but, en écrivant cette apologie, à la rédaction de
laquelle il avait été encouragé par plusieurs personnes
considérables de Berne, était d'obtenir qu'elle fût mise
sous les yeux de quelques-uns des seigneurs de l'Etat,
non pour solliciter d'eux quelque grâce ou quelque emploi, mais dans l'espoir de les engager à le rétablir dans
la situation où il était sept ou huit ans auparavant, et
cela, non par un décret ou par une déclaration formelle
que son humilité ne songeait pas à provoquer, mais au
moyen de quelque preuve de bienveillance, d'un mot,
d'un air de faveur, de quelqu'un de ces mille moyens
indirects qu'ont les souverains pour faire sentir à l'un
de leurs administrés leur gracieuse protection. Quel que
fût son désir de parvenir à un tel résultat, M. Dutoit ne
put pas mettre la dernière main à cet écrit ; il ne l'envoya point à Berne, ne lui donna aucune publicité et se
résigna à continuer à souffrir en silence.

Il est impossible, en parcourant ce mémoire, révélant
si bien les pensées intimes de son auteur de n'être pas
frappé du ton de douleur et de profonde tristesse, qu'il
révèle d'un bout à l'autre. Rien n'y sent le fanatisme,
pas plus que dans les deux autres apologies antérieures
dont nous avons parlé ; rien n'y indique non plus l'irritation contre ses ennemis, mais à chaque ligne, se ma-

nifeste une amère souffrance de l'injustice dont il se
sent l'objet. On est peiné de n'y pas rencontrer l'expression d'une paix intérieure que sa piété si réelle
aurait dû, semble-t-il, lui donner, et maintenir dans son
cœur au sein de l'épreuve. Comment se faisait-il qu'avec
une soumission aussi sincère à l'autorité de Leurs Excellences, avec une obéissance aussi respectueuse à
leurs ordres, il n'y eût pas en lui un abandon plus serein à la sainte volonté de Dieu? Comment cette pensée
de la volonté divine, contre laquelle il était loin de
murmurer, ne l'a-t-elle pas soutenu davantage? Comment même l'idée de souffrir pour la sainte cause de la
vérité n'a-t-elle pas fait pénétrer quelque rayon de joie
en son cœur? Certes, on ne serait pas fondé de l'accuser
à cet égard d'exaltation ou de fanatisme. Combien
d'hommes, de nos jours, placés dans une situation analogue, auraient résisté à la tentation de braver l'autorité sous prétexte de fidélité à l'Evangile, et de ceindre
leur front de la couronne du martyre? Qu'il est doux
aujourd'hui, qu'il est même glorieux, aux yeux d'un
certain monde, de pouvoir se présenter comme souffrant
pour la cause de la vérité! Calme, soumis, mais amère-
ment triste, voilà comment s'offre à nous le cœur de
M. Dutoit. Dans son scrupule consciencieux, il se reprochait, jusqu'à un certain point, l'effet que toutes les
vexations qu'il avait subies de la part de ses ennemis
avaient produit sur son âme, car il disait, vers la fin de
sa vie : « Je n'ai pas su profiter des persécutions que
Dieu a permis qu'on m'ait suscitées ; je les ai portées
avec hauteur et orgueil, et comme en païen. »

Il est permis sans doute, il est probablement légitime
de voir dans cette tristesse si profonde une conséquence
des maux physiques dont il était atteint depuis tant
d'années, de cette disposition hypocondriaque reconnue
en lui par les médecins. Peut-être aussi cet abattement
d'esprit dénote-t-il en lui quelqu'un de ces moments
de sécheresse spirituelle, de langueur, d'épreuve intérieure, de privation de la grâce sensible, qu'il dépeint
et qu'il déplore dans sa correspondance intime, comme
des heures de ténèbres, contrastant péniblement avec la
paix et la joie données par le doux sentiment de l'amour
de Dieu, dont son âme était, en d'autres temps, comme
inondée. Mais il est impossible de ne pas se demander
si le système religieux de M. Dutoit n'était pas lui-même
pour quelque chose, pour beaucoup peut-être, dans
cette tristesse douloureuse, dans ce profond abattement.
L'étude si constante et si minutieuse des divers états
spirituels qui se succédaient en lui, ne le détournait-
elle pas trop naturellement de cette contemplation fran-
che et nette de la grâce miséricordieuse du Sauveur qui
l'aurait animé d'une force plus sereine ? *Les croix* intérieures dont il était si habituellement préoccupé, ne
lui faisaient-elles pas peut-être perdre un peu trop de
vue *la croix ?* Quoi qu'il en soit, et en nous gardant de
présenter cette dernière idée autrement que comme une
question, et non comme un jugement formel, la disposition d'esprit révélée dans cet essai d'apologie, est un
objet d'étude, en fait d'expérience chrétienne, sur lequel il peut être bon de s'arrêter.

CHAPITRE XIV.

\-

Nouvelles relations d'amitié et liaisons diverses.

1775.

C'est à peu près dans le temps où M. Dutoit s'occupait de la rédaction de son dernier mémoire apologétique, que fut mis en rapport avec lui, un jeune homme qui devint bientôt un de ses disciples les plus fervents et qui, plus tard, fut l'éditeur de ses ouvrages. Nous voulons parler de M. Daniel Petillet, dont la librairie religieuse fut bien connue. Placé dans la maison des dames Schlumpf, il fut en relation intime avec le vénérable pasteur, pendant les seize dernières années de la vie de celui-ci, et c'est à lui que l'on doit la conservation des papiers et de la plupart des souvenirs qui restent de M. Dutoit.

C'est à une circonstance de bien peu d'importance en elle-même, mais dans laquelle les deux principaux intéressés reconnurent plus tard avec gratitude une direction providentielle des plus expresses, que fut due l'entrée de M. Petillet chez les dames Schlumpf. Voulant un jour aller à la Rasude, campagne située au-dessous de la ville, chercher un homme fréquemment employé dans la maison, et comptant traverser, comme à l'ordinaire, le jardin de M. Deyverdun, M. Dutoit trouva la porte de cette propriété fermée [1]. Cet obstacle inattendu le fit renoncer pour le moment à la course projetée, et il rentra chez lui. On vint dans la journée lui parler du jeune Petillet, ce qui le conduisit à prendre des arrangements tout autres que ceux qu'il avait eus en vue, et dont le résultat fut l'admission du jeune homme en lieu et place du précédent employé. C'est ainsi qu'à vues humaines, une légère contrariété eut pour effet de rapprocher ces deux hommes, entre lesquels devait bientôt s'établir l'intimité la plus étroite.

Une affection profonde et dévouée qui ne s'est jamais démentie, un respect religieux pour des opinions qu'il avait appris à goûter, et qui avaient fait sa joie, une haute vénération pour la personne, pour le caractère et pour

---

[1] C'est dans la partie supérieure de ce jardin, rendu célèbre par l'historien Gibbon, qui y a achevé son livre sur *la décadence et la chute de l'empire romain*, que s'élève aujourd'hui le grand hôtel qui porte son nom. On nous permettra de citer la page de ses *Mémoires* où il rend compte de ses impressions à ce moment si important de sa vie littéraire et scientifique. « J'ai soigneusement noté l'instant de la conception ; de même je consignerai ici celui de mon entière délivrance. Ce fut le jour, ou plutôt la nuit du 27 juin 1789, que, dans mon jardin, dans ma maison d'été, j'écrivis les dernières lignes de la dernière page. Après avoir posé ma plume, je fis plusieurs tours sous un berceau d'acacias, d'où la vue domine et s'étend sur la campagne, le lac, les montagnes. L'air était tempéré, le ciel serein, le globe argenté de la lune était réfléchi par les eaux, et toute la nature silencieuse. Je ne dissimulerai pas mes premières émotions de joie à cet instant du recouvrement de ma liberté, et peut-être de l'établissement de ma réputation. Mais mon orgueil fut bientôt humilié, et une mélancolie pensive s'empara de mon esprit, à l'idée que j'avais pris un congé éternel d'un vieux et agréable compagnon, et que, quelle que pût être la durée future de mon histoire, la vie précaire de l'historien ne pouvait plus être longue. » (*Mémoires de Gibbon*, tome I, page 241.)

la science de celui qu'il reconnaissait comme son maître, tout cela ne fait pas moins d'honneur à ce dernier, qu'à l'humble et dévoué disciple. Si les trois volumes de sermons réunis sous le titre de *Philosophie chrétienne*, ont été publiés en 1800, si un quatrième volume est venu en 1819 accroître ce recueil, c'est au zèle et aux soins pieux de M. Petillet que la littérature religieuse de notre pays en est redevable. Possesseur des manuscrits laissés par M. Dutoit, il eût publié un bien plus grand nombre de ces discours édifiants, s'il eût été plus encouragé dans cette entreprise. Il avait des matériaux prêts pour pousser la collection jusqu'à vingt-quatre volumes. Personne n'était mieux en état que lui de mener cette entreprise à bien. Son affection pour ce maître vénéré, et l'intelligence qu'il avait de ses doctrines le mettaient plus que tout autre, en état de diriger la reproduction de ses écrits. M. Dutoit faisait un très grand cas de son jeune ami. Dans une lettre écrite deux ans avant sa mort, il le désigne comme « très profond théosophe et incroyablement savant. C'est, disait-il, un vrai phénomène que ce garçon de trente-trois ans. »

A cette nouvelle relation qui fut à bien des égards d'un grand prix pour M. Dutoit, nous avons à ajouter la mention de quelques autres de ses connaissances dans la période de sa vie à laquelle nous sommes parvenus. Mais auparavant nous sommes heureux de pouvoir signaler encore, en transcrivant une seconde lettre de Haller, la continuation des bons rapports qu'il soutenait avec le pieux savant. Il lui avait écrit pour recommander à sa bienveillante protection son ami le régent Ballif, allant à

Berne postuler une place de professeur à l'académie de
Lausanne. Dans cette lettre, écrite d'une main bien af-
faiblie, le 5 mai 1775, Haller, sur les portes de l'éternité, exprime sa foi au Sauveur avec une plénitude de
confiance, qui a dû réjouir bien vivement son correspondant.

« Monsieur !

» Ma longue maladie m'a détaché entièrement des affaires, je ne sors presque plus, et je ne suis d'ailleurs
d'aucun département qui ait le moindre trait à la place
de Lausanne. Je verrai avec plaisir M. Ballif sur le témoignage que vous lui donnez, sans pouvoir lui être
utile. Je ne saurais assister aux épreuves, ne pouvant
me passer de faire de fréquentes absences, par la nature
de mon incommodité. S'il était dans mon pouvoir de faire
quelque bien à un homme de mérite, je le ferais certainement.

» J'apprends tous les jours, dans les tristes moments que
me causent mes incommodités, combien il est nécessaire
de n'avoir pas à craindre la mort, combien l'homme est
heureux, dans son impuissance, dans sa corruption et
dans sa misère, d'avoir un médiateur, qui a satisfait pour
lui à la justice divine, et combien affreux serait notre
état, si nous avions à nous présenter au souverain juge,
dans l'état d'imperfection dans lequel nous sommes, ac-
cablés de péchés innombrables, et hors d'état, ou de nous
corriger, ou même d'en sentir toute l'horreur. Puisse la
bonté divine faire servir mes souffrances au but salutaire
pour lequel Jésus est venu au monde !

» Je suis très parfaitement, Monsieur, votre très humble et très obéissant serviteur.

» Berne, le 5 mai 1775.

» HALLER. »

Les relations affectueuses de ces deux hommes, dignes à bien des égards de se comprendre et de s'apprécier mutuellement, ne se bornèrent pas à cet échange de lettres dont nous avons rapporté deux échantillons. Un portrait de Haller donné par lui-même, suspendu dans l'appartement de M. Dutoit, était une preuve visible et vivement appréciée par l'heureux propriétaire, de l'estime que le savant universellement admiré avait pour l'humble théosophe de Lausanne.

Un homme intéressant qui fut aussi en rapport d'amitié avec M. Dutoit, est le vénérable Jean-Guillaume De la Fléchère, pasteur à Madeley en Angleterre. Ils étaient en correspondance et avaient des rapports de vues et d'opinions religieuses sur lesquels il ne serait pas sans intérêt de s'arrêter. L'un des biographes du dernier, le rapprochant de Grégoire Lopez et de M. de Renty, le met même au-dessus de ces deux hommes pieux, quant à la communion intime avec Dieu et à la sainteté intérieure. Lorsque parut le poëme *La grâce et la nature*, ouvrage dans lequel De la Fléchère expose son christianisme, l'auteur eut soin d'en adresser un exemplaire à son ami. Dans le dernier séjour qu'il fit à Nyon, sa ville natale, de 1777 à 1780, il vint à Lausanne voir M. Dutoit et le consulta sur un écrit qu'il venait de composer contre l'usage « aussi immoral qu'impolitique » des services étrangers.

Ils eurent sur ce sujet délicat des entretiens approfon-
dis, à la suite desquels l'auteur dut se convaincre que
son ouvrage ne serait pas goûté par Leurs Excellences,
attendu que le service militaire était une ressource trop
précieuse pour donner une carrière et une position aux
jeunes patriciens bernois. Il serait intéressant de connaître les arguments développés alors par le pieux pasteur d'Angleterre, toujours ami de son pays, et de les
comparer à ceux que mettent en avant, près d'un siècle
plus tard, les adversaires de cette institution si souvent
attaquée et si constamment maintenue. De la Fléchère
avait eu lui-même dans sa jeunesse, un goût si prononcé
pour la carrière des armes que, contre le vœu de ses parents, il s'était rendu à Lisbonne, pour y former une
compagnie de ses compatriotes, destinée à servir le roi
de Portugal au Brésil, et après l'insuccès de cette tentative, arrêtée pour ce qui le concernait personnellement,
par une dispensation providentielle, il avait encore fait
des démarches pour entrer au service de Hollande, sous
les auspices de l'un de ses oncles revêtu du grade de colonel. Ses réflexions sur la carrière militaire à l'étranger,
pouvaient donc avoir pour appui une expérience personnelle, et auraient sans doute été dignes d'être prises en
considération, mais il eût fallu qu'elles rencontrassent
des esprits moins prévenus que ne l'étaient alors ceux
de Leurs Excellences et de l'immense majorité de leurs
administrés. « Quand la raison serait convaincue, dit
Gibbon à propos d'un écrit de M. de Bochat sur ce même
sujet, le cœur s'élèverait toujours contre cet usage bar-

bare des Suisses ; mais il s'en faut beaucoup que la raison
soit convaincue [1]. »

Nous n'entreprendrons pas d'énumérer toutes les personnes plus ou moins distinguées qui ont été en quelque
rapport intime avec M. Dutoit. Nous n'en signalerons que
quelques-unes.

Il avait à Berne de très bonnes relations, parmi lesquelles il pouvait compter, outre MM. Haller et Stapfer,
M. Tscharner, ancien bailli de Lausanne qui, bien qu'arrivé dans cette ville avec de fortes préventions contre
lui, les avait vues peu à peu disparaître, en se rendant
compte des menées de ceux qui lui en voulaient et avait
appris à l'apprécier, et surtout M. de Kirchberguer, baron
de Liebistorf [2] et plusieurs dames de qualité qui lui faisaient passer d'abondantes aumônes pour ses pauvres.

Le dernier que nous venons de nommer, Nicolas Antoine de Kirchberguer, membre du Conseil souverain de
Berne, ancien bailli de Gottstadt, lui était particulièrement cher, en ce qu'il pouvait le considérer comme l'un
de ses enfants de grâce. C'était en effet à la lecture des
Sermons de Théophile, dont un exemplaire avait été pro-
videntiellement laissé chez lui par le professeur Struve,
que M. de Kirchberguer avait dû ses premières impressions relatives à la vie intérieure. D'un esprit curieux et
méditatif, très instruit et porté par goût vers l'étude de
la nature, il avait cherché à approfondir la science et à
pousser ses investigations au delà de la sphère des choses

[1] *Mémoires,* tome II, page 55.
[2] Liebistorf était une petite seigneurie dans le district allemand du
canton de Fribourg, près de Morat.

visibles. Ses rapports avec Eckartshausen, et son affection pour les ouvrages de Jacob Böhme, de Gichtel et des autres théosophes de l'époque, avaient donné à son mysticisme une teinte plus spéculative que purement pratique. A ses relations avec M. Dutoit succéda pendant les dernières années de sa vie, de 1792 à 1799, une correspondance très suivie et très intime avec Saint-Martin, dont il devint le disciple et l'ami dévoué. S'occupant de concert avec lui de la traduction en français des ouvrages de Böhme, il avait encore en mains dans ses derniers jours, pour ce travail qui lui était cher, les Lettres du célèbre théosophe. M. Dutoit, qui le précéda dans la tombe, n'aurait pas suivi son ancien disciple dans ses dernières préoccupations. Il n'était, comme nous le verrons, enthousiaste, ni de Saint-Martin *le philosophe inconnu*, ni de Jacob Böhme, dont il a plus d'une fois discuté et critiqué avec sagesse les enseignements.

Dans le comté de Neuchâtel, M. Dutoit avait de nombreux et précieux amis, entre autres M. Calame, ancien maître bourgeois du Locle et sa famille, M. Meuron de Corcelles et M. le capitaine Tribolet. Il eut avec le premier une correspondance suivie et des relations très intimes et très douces, et il fondait de grandes espérances sur l'influence que cet homme pieux devait exercer autour de lui. « Je bénis Dieu, lui écrivait-il en 1768, des nouvelles sur l'intérieur que vous nous mandez dans votre lettre, qui nous a fait à tous le plus grand plaisir. Vous voilà donc missionnaire, mon cher Calame, ainsi il faut travailler selon les ouvertures ; vous en avez voca-

tion ; je vous l'ai dit et je vous le répète. Ne craignez
point, le Seigneur sera avec vous ; je l'en ai prié et je
sens qu'il vous destine à faire de grands fruits dans vos
contrées. J'admire comment le Seigneur vous conduit ;
il vous donnera au moment tout ce que vous aurez à faire
et à dire. N'épargnez pas les lettres de M⁻ᵉ Guyon ; on
vous en enverra tant que vous en voudrez ; et même je
vois venir qu'avec le temps, il faudra qu'il y en ait un
dépôt chez vous ; car je compte que vous aurez une
grande mégnie un jour [1]. »

A Genève, outre ses amis Grenus, il pouvait nommer
encore parmi les personnes pieuses qui lui étaient sin-
cèrement attachées Mesdames Azalbert, Favre, Roger,
Magnin, La Grange, Girod, Fazy, de Veaux, Rey, de
Mirol, d'Ombres, et MM. Fazy, de Saussure, Barbe, etc.
Plusieurs, parmi les plus âgées, telles que M⁻ᵉ Magnin,
avaient été antérieurement en rapport direct avec M. de
Marsay.

La révolution française le mit en relation avec plusieurs émigrés, MM. Esmonin, marquis de Dampierre,
conseiller au Parlement de Dijon, auteur de l'ouvrage intitulé : *Vérités divines pour le cœur et pour l'esprit ;* Da-
vaux, philosophe français, avec lequel il eut de grands
démêlés relatifs au somnambulisme et au magnétisme
animal; Désongles, ecclésiastique; Lally Tollendal, et

[1] Jean-Jaques-Henri Calame, chef d'une famille pieuse et respectée,
eut pour fille M⁻ᵉ Marie-Anne Calame, bien connue comme fonda-
trice de l'asile des Billodes près du Locle, établissement entièrement
soutenu par la foi, et pour petit-fils, M. Henri-Florian Calame, ancien
conseiller d'Etat de Neuchatel, si tôt enlevé en 1863 aux lettres, à
ses amis et à la patrie.

quelques dames distinguées par leur rang et par leur
esprit.

L'Allemagne nous a déjà fourni quelques noms. La
Russie apporte aussi son contingent à cette nomencla-
ture, dans la personne du général de Pleyschéieff et de
son épouse, de M. de Lenizoff et de plusieurs autres.

Quant aux habitants du pays, et surtout de Lausanne,
qui se félicitaient de l'avoir pour ami et pour conseiller,
nous avons eu déjà l'occasion d'en indiquer quelques-
uns. Consignons seulement encore le fait que, en dehors
du cercle de ceux qui, adoptant ses vues particulières,
pouvaient être appelés ses disciples, il exerçait sur plusieurs esprits une salutaire influence. La fermeté de ses
principes religieux, à une époque de relâchement général, était d'un bon exemple. Le doyen Bridel se plaisait
à dire, en rendant témoignage à la piété du vieillard
vénérable qu'il avait connu, que c'était à M. Dutoit qu'il
était redevable, après Dieu, des impressions sérieuses
qu'il avait éprouvées à Lausanne pendant le cours de ses
études. « C'est lui, disait-il, qui m'a appris à lire et à
aimer la Bible [1]. »

---

[1] *Le doyen Bridel*, par L. Vulliemin, page 68.

CHAPITRE XV.

Quoique constamment adoucies par les soins affectueux et dévoués dont il était entouré, les dernières
années de la vie de M. Dutoit furent pénibles. Aux maux
physiques auxquels nous l'avons déjà vu en proie, se
joignaient des moments fréquents de luttes spirituelles,
d'angoisses morales, aussi douloureuses pour ceux qui
sympathisaient avec lui que pour lui-même, et qui auraient été bien plus cruelles encore si les uns et les autres n'y avaient vu un moyen de purification salutaire,
ordonné par la volonté toute sage et toute miséricordieuse du Seigneur. La privation de la grâce sensible,
la pensée saisissante du redoutable jugement de l'Eternel, la nécessité du dépouillement de toute volonté propre, et de l'anéantissement de toute lumière humaine,
afin que la clarté du Verbe brille seule au fond de l'âme
rachetée, et l'illumine de ses rayons vivifiants, un profond besoin de sanctification intérieure, de renoncement
à toute attache mondaine, voilà ce qui l'occupait, le travaillait, le livrait aux plus rudes angoisses, dans ces

moments de trouble et d'amertume spirituelle où ses amis gémissaient de le voir plongé.

Il a fréquemment décrit dans ses ouvrages, comme en ayant fait l'expérience personnelle, ces états d'âme si douloureux, ces croix intérieures, bien plus pénibles que celles dont la cause est au dehors, ces routes obscures et ténébreuses que le chrétien doit parcourir, pour arriver à la pleine manifestation de la gloire divine, et pour être rendu conforme à son bien-aimé Sauveur. La connaissance qu'il avait de ces diverses voies de renoncement et de purification intérieure, le rendait particulièrement propre à assister de ses conseils et à relever avec amour les âmes appelées à passer par de pareilles épreuves. Aussi venait-on à lui avec confiance et trouvait-on constamment secours et encouragement.

Sa dernière maladie donna lieu aux amis particuliers dont il recevait les soins assidus et aux personnes étrangères à la maison qui venaient le visiter, de reconnaître la puissance de la grâce qui le soutenait dans l'épreuve et remportait, après ces heures de lutte dont nous avons parlé, une victoire manifeste. Sa patience, sa résignation, sa fermeté, sa douceur au sein des douleurs les plus cruelles, furent un sujet constant d'édification. On venait à lui dans la pensée d'adoucir ses maux par les témoignages du tendre intérêt qu'il inspirait, ou pour remplir par la conversation le vide que lui laissait l'impossibilité de suivre à ses travaux habituels ; bientôt la grâce dont il était plein se répandait sur ceux qui le visitaient, un sentiment religieux les pénétrait, ils ouvraient leur cœur au pieux malade, lui demandaient ses

conseils, ses directions, puis sortaient d'auprès de lui
édifiés, consolés, fortifiés, surpris d'avoir autant reçu
de ce frère, auquel ils avaient cru venir faire une visite
de charité. « Mon désir tend à déloger, disait-il souvent,
toutefois, ô mon Dieu, que ta volonté soit faite ! »

Dans le courant de l'année 1790 ses maux s'aggravè-
rent considérablement; l'oppression dont il souffrait depuis si longtemps devint plus pénible ; les symptômes de
l'hydropisie se déclarèrent. De vives douleurs dans la
région du foie, une énorme enflure aux jambes qui s'ou-
vrirent et furent bientôt couvertes de plaies, telles furent les conséquences de ce développement fatal de maux
bien anciens. Cloué sur un fauteuil qu'il ne pouvait plus
quitter, il passa deux années entières dans cette position gênée et toujours la même.

Au milieu de ces souffrances, il ne demeura pas cependant entièrement oisif. Il avait trop l'habitude du
travail, pour que celui-ci ne fût pas devenu pour lui un
besoin. Aussi dans les moments de répit que ses maux
lui laissaient, dans les intervalles de ses suffocations, il
s'occupa avec zèle à revoir, pour une édition nouvelle,
son livre *De l'origine, des usages, etc.* La première, nous
l'avons déjà vu, avait paru en 1790[1]. Ecrivant sur un

[1] On a pu croire qu'une seconde édition s'était publiée à ce moment même, car on rencontre des exemplaires portant sur le titre les
mots : *Nouvelle édition*, et la date de 1792. Mais ce n'était autre chose
qu'une simple réimpression du titre, faite dans un intérêt de librairie. Une opération toute pareille se renouvela plus tard au sujet de la
Philosophie divine. On en trouve des exemplaires ayant pour titre :
Science du Christ et de l'homme, avec la date de 1810. Mais il n'y a
pas à s'y tromper, le titre seul a été changé.

exemplaire interfeuillé, il ajouta au texte primitif, un assez grand nombre de notes et d'observations, en refon-
dant la division générale de l'ouvrage en dix livres au
lieu de huit, et en y ajoutant comme troisième volume,
un ouvrage nouveau *sur la liberté et l'esclavage de l'homme, sur la prédestination, sur la grâce et sur le péché originel.* Ce travail est le dernier dont son intelligence active ait pu s'occuper ici-bas, en même temps qu'il fut
une distraction et sans doute un soulagement à ces souffrances de corps et d'âme que la sagesse de son Père
céleste avait jugé à propos de lui dispenser. L'ouvrage
fut imprimé à Lyon et parut en 1793 avec le titre de
Philosophie divine, sous le pseudonyme de *Kéleph Ben
Nathan.* Le premier volume fut remis à M. Dutoit le 12
décembre 1792. Les deux autres ne parurent qu'après
son décès. On trouve joint au tome troisième un écrit
d'une soixantaine de pages, intitulé : *Les trois caractères
primitifs des hommes, ou les portraits du froid, du bouillant et du tiède.* Ce morceau dont la composition remon-
tait à une trentaine d'années en arrière, ne fut publié
qu'à cette époque et sur les instances de M. Petillet [1].

---

[1] L'imprimeur de Lyon ayant fait des difficultés pour joindre cet
écrit à la *Philosophie divine,* M. Dutoit vexé donna l'ordre de brûler
toute l'édition qu'on s'était hâté de confectionner à Lausanne. Mais
une centaine d'exemplaires avaient déjà été distribués, et en outre les
servantes chargées de brûler les paquets venus de l'imprimerie, en
sauvèrent quelques-uns à l'insu de M. Petillet lui-même et ne les lui
remirent qu'après la mort de M. Dutoit. C'est ainsi qu'un certain
nombre d'exemplaires conservés ont pu être réunis à la *Philosophie
divine.*

Le temps vint cependant où les épreuves douloureuses
de M. Dutoit devaient avoir un terme, et où cette âme,
si constamment occupée, dans son enveloppe terrestre,
à se maintenir en présence de son Dieu, devait être appelée à jouir sans entraves et pour l'éternité, de cette
glorieuse présence. Dès les premiers jours de l'année
1793, on put avoir la certitude que le moment de son
délogement approchait. Autant que le lui permettaient
ses forces, il exhortait ceux qui l'entouraient à prier
sans cesse, et leur donnait les instructions les plus tou-
chantes sur l'importance solennelle de ce moment redoutable où l'âme d'un pauvre pécheur va paraître devant
Dieu. Il suivait encore avec un vif intérêt les graves événements qui s'accomplissaient en France, et manifes-
taient si hautement les jugements du Seigneur contre
l'impiété et la corruption, dont les développements pro-
gressifs avaient été pour lui depuis tant d'années une
source amère de douleur. Le sort de l'infortuné Louis
XVI l'occupait tout particulièrement à cette époque si
critique et le poussait à la prière. Aussi le 21 janvier,
dans la matinée, lorsque le docteur Dapples vint faire sa
visite ordinaire, le moribond lui demanda à l'instant :
« Le roi est-il jugé ? » Sur la réponse du médecin que
les journaux n'en apportaient pas encore la nouvelle, M.
Dutoit exprima sa sympathie pour les royales infortunes,
en disant : « Hélas ! hélas ! » C'était à ce moment même
que s'accomplissait à Paris la lugubre tragédie. Douze
heures plus tard, à dix heures du soir, M. Dutoit expi-
rait lui-même, après une agonie coupée par quelques
intervalles de calme, en baissant la tête, comme son di-

vin Maître, pour lui remettre son âme rachetée. Il avait
vécu soixante et onze ans, trois mois et vingt-quatre
jours.

Le patrimoine qui lui était échu, nous l'avons vu déjà,
avait été progressivement réduit, tant par suite de l'état
maladif dans lequel il avait passé la plus grande partie
de sa vie, que de son zèle à répandre les ouvrages relatifs à la vie intérieure et de la large bienfaisance qu'il était
heureux d'exercer à l'égard des infortunés. Sa bourse
était toujours ouverte aux pauvres, surtout à ceux qui
ne l'étaient pas devenus par leur faute. Il s'était plu
constamment, selon le conseil donné par le Seigneur au
jeune homme riche, à placer *son trésor dans le ciel*.
N'ayant pour parents que des collatéraux fort éloignés,
avec lesquels il n'avait pas soutenu de relations, il ne se
crut obligé à rien à leur égard, quant aux biens qu'il
avait hérités de sa famille. Aussi, à l'époque de son décès, sa fortune avait entièrement disparu [1]. Il avait veillé
seulement à ne laisser après lui aucune dette. Il jugea
cependant à propos de faire un testament, qu'il rédigea
le 26 octobre 1790, dans le but d'éviter tout désagré-
ment au sujet de sa succession aux excellentes amies
chez lesquelles il avait passé, entouré de leurs soins dévoués, les vingt-trois dernières années de sa vie. Il les
institua ses héritières, sachant bien qu'il ne laisserait
aucun avoir, en les priant même de couronner leurs

---

[1] « Le peu qui lui restait a passé sou par sou,
En linge, en aliments, ici, là, Dieu sait où. »

(*Jocelyn*, prologue.)

procédés en voulant bien donner en son nom cinquante
francs aux pauvres. Il savait ce qu'il pouvait attendre
de leurs cœurs généreux. Suivant l'inventaire qui fut pris
à sa mort, il laissa deux cent et six francs et dix-sept
sols de Suisse en espèces, ses vêtements et son linge
bien usés, quelques livres de piété et un petit nombre
d'ouvrages classiques; mais il ne devait rien à personne.

Voici quel était le préambule de son acte de dernière
volonté. « Au nom de la très sainte, une et indivisible
Trinité, Dieu le Père, Dieu le Fils, et Dieu le Saint-Esprit, que j'adore et confesse comme le seul vrai Dieu,
et devant l'infinie majesté duquel je m'anéantis, et au
nom de la très sacrée humanité du Verbe qui s'est fait
homme et est mort pour moi, pauvre, misérable et indigne pécheur, qui remets à ce même Jésus, Dieu et homme, seul Sauveur et Médiateur, tout mon être pour le
temps et pour l'éternité, le suppliant de le laver dans
son tout précieux sang, et me délaissant entre ses mains
avec un abandon plein, absolu et sans bornes, me délaissant, dis-je, à sa justice, à sa miséricorde et à l'a-
mour éternel dont il m'a aimé, pour qu'il dispose de
moi selon son bon plaisir et à sa suprême volonté que
j'adore, et que j'espère, moyennant sa grâce infinie,
adorer avec une entière soumission dans l'éternité des
éternités. Amen, oui, amen ! » C'est avec cette foi humble et confiante que le philosophe chrétien, le spécula-
teur profond, s'avançait vers l'heure prévue de son délogement.

Lorsque cette heure solennelle fut arrivée, il eut,

après quinze jours de souffrances redoublées, une fin
moins douloureuse qu'on n'avait dû le redouter. Après
avoir pris congé la veille de sa mort de ses fidèles amies,
et de M. Petillet, en les chargeant de ses salutations dernières pour leurs amis communs, il attendit le moment
où son âme rachetée lui serait redemandée. Sa fin fut
calme et silencieuse, sans manifestations extérieures,
telles qu'on aurait pu en attendre d'un chef d'école, d'un
homme habitué pendant tant d'années à diriger un grand
nombre d'âmes. Ceux qui l'entouraient et l'assistaient à
l'instant suprême ne purent donner aucun de ces détails
dont ses disciples affectionnés auraient sans doute été
avides, ils n'eurent à recueillir aucune de ces paroles
marquantes, propres à être conservées comme une sorte
de prophéties ou de révélations concernant le monde
invisible dont il s'était tant occupé. « Il ne parlait que
très peu, lisons-nous dans une lettre écrite à ce sujet
par l'un des témoins de son délogement, et il n'y avait
rien pour la curiosité. »

A cet égard sa fin ne fut pas en contraste avec sa vie.
Jamais il n'avait cherché à poser devant les autres, à
jouer un rôle dans la société. Apôtre de la vie intérieure,
c'est dans la communion secrète avec son Dieu, qu'il a
passé les derniers instants de son existence terrestre,
rendant encore ainsi témoignage à cette parole de St.
Paul dont il avait si constamment cherché à pénétrer
ses disciples : « Vous êtes morts, et votre vie est cachée
avec Christ en Dieu. »

Ainsi que le constate l'acte de décès transcrit aux registres de la commune de Lausanne, la dépouille mor-

telle de ce fidèle serviteur de Jésus repose dès le 24
janvier 1793 dans l'ancien cimetière, maintenant aban-
donné, situé derrière la vieille tour de Saint-Laurent,
au quartier Saint-Roch. Aucune indication ne désigne
plus le lieu où sa tombe fut creusée. Sous ce point de
vuê encore son humilité eût été satisfaite. Pas plus après
sa mort que durant sa vie, la gloire humaine ne devait
s'attacher à sa personne. Il lui a été fait selon ses vœux.

Voici, d'après l'un de ses amis, le portrait de M. Dutoit
quant à l'extérieur. D'une taille un peu au-dessus de la
moyenne, il avait un visage rond, replet, fortement co-
loré. La bouche, le nez, les yeux étaient de médiocre
grandeur, le menton rond, le front découvert, les che-
veux châtains. Sa voix était agréable, nette et argentine.
Sa démarche était grave, bien qu'il fût demeuré légère-
ment boiteux depuis la chute faite dans son enfance.

Mesdames Schlumpf continuèrent dans leur maison
ces traditions de bienfaisance et de piété qui y avaient
été établies sous la direction et l'influence de leur vénérable ami. Aussi longtemps qu'elles vécurent, cette demeure fut la maison des pauvres et le rendez-vous des
personnes pieuses qui partageaient les vues religieuses
propagées par M. Dutoit. Mme Clève Schlumpf mourut le
26 novembre 1794, à l'âge de près de soixante et seize
ans, après une longue et douloureuse maladie. Mlle Marie
sa fille lui survécut jusqu'au 15 janvier 1812, ayant atteint sa soixante-huitième année. Leur fortune avait été
considérablement diminuée à la suite des bouleverse-

ments occasionnés par la révolution française. On leur avait remboursé en assignats une bonne partie de leur avoir. Mais elles avaient supporté cette perte avec une résignation vraiment chrétienne. La mémoire de ces deux respectables dames est demeurée en vénération chez toutes les personnes qui les ont connues.

Leur habitation est devenue après elles la propriété de M. le chevalier de Divonne, puis en 1839 celle de M. Jean-Daniel Gaudin. Reconstruite il y a quelques années elle fait partie maintenant d'un édifice beaucoup plus vaste, formant l'entrée du côté méridional de la rue du Grand-Chêne sur la place de Montbenon. Elle aussi a passé avec les générations pour lesquelles elle pouvait être encore un objet d'intérêt. Son lieu même ne se reconnaît plus sous la forme nouvelle qui lui a été donnée. Mais une sainte odeur de piété et d'amour de Dieu 'doit demeurer sur le souvenir de ceux qui y ont aimé, souffert et prié.

SECONDE PARTIE.

CARACTÈRE ET DOCTRINES

Les notes biographiques qui précèdent sont sans doute suffisantes pour donner une idée de la vie extérieure de M. Dutoit, mais nous devons chercher maintenant à pénétrer un peu plus avant dans l'étude de sa vie intime, de cette sphère spirituelle qui pour lui, plus que pour bien d'autres, était la chose essentielle. La vie intérieure, nous l'avons vu déjà, la communion réelle de l'âme avec son Dieu, voilà ce qu'il a cherché sans cesse, ce qu'il a constamment recommandé à tous ceux sur lesquels, de près ou de loin, il était appelé à exercer quelque influence. En nous efforçant de nous rendre compte de ce qu'elle a été en lui, nous serons naturellement conduits à recueillir les données qui nous sont fournies, tant sur son caractère que sur ses doctrines. Ces deux objets d'étude, quelque distincts

qu'ils paraissent, sont tellement liés en réalité dans
l'homme qui nous occupe, que nous nous sentirons plus
dans le vrai en les envisageant simultanément et en ne
faisant point de vains efforts pour les séparer. Il y a eu
entre les opinions philosophiques et religieuses de M. Dutoit et ses dispositions naturelles, une réaction mutuelle
que nos pages précédentes ont déjà pu donner lieu de
reconnaître. Ce qui suivra la fera discerner mieux encore.

Avant d'aborder d'une façon plus directe et plus explicite que nous n'avons pu le faire jusques à ce moment, l'examen et l'appréciation des doctrines professées par M. Dutoit, il est à propos de constater qu'il ne
serait pas juste de lui attribuer sans distinction tous les
enseignements de l'école à laquelle ses vues particulières l'ont rattaché, et encore moins de le rendre res-
ponsable de toutes les doctrines de ceux qui ont été ses
disciples, ou qui passent pour l'avoir été, et de certaines
conséquences qu'il eût, à coup sûr, hautement désa-
vouées. Sans négliger les opinions des disciples, particulièrement de ceux qui l'ont vu de près et longtemps,
opinions précieuses à examiner comme révélant celles
du maître, et pouvant contribuer à les faire bien saisir,
nous userons à cet égard d'une légitime réserve. Nous
avons comme sources authentiques à compulser, relativement aux vues religieuses de M. Dutoit, outre ses
ouvrages imprimés qui sont dans le domaine public, les
mémoires apologétiques rédigés par lui-même en 1769
et en 1775, ainsi que nous l'avons dit, un certain nombre de lettres écrites dans l'intimité, quelques ouvrages

inachevés et un recueil assez volumineux de sermons manuscrits. Quoique notre intention ne soit pas d'exposer d'une manière systématique et complète les vues théologiques et théosophiques qu'il avait conçues et formulées, nous pourrons cependant, grâce à ces documents, nous en rendre un compte assez fidèle, et compléter ainsi le tableau de cette vie que nous nous sommes proposé de tracer.

CHAPITRE I.

Quelques traits de caractère.

La manière générale dont M. Dutoit paraît avoir saisi l'Evangile nous est une première indication de cette influence réciproque des opinions religieuses et des dispositions naturelles que nous venons de signaler comme se manifestant en lui. Il a reçu la révélation divine comme une grâce sans doute, comme une délivrance entièrement imméritée, devant porter à la gratitude l'âme, qui se voit l'objet des miséricordes du Seigneur, mais plus encore comme un moyen de purification destiné à agir en elle pour la faire parvenir à la sainteté divine. De là ce travail intérieur constant, cette préoccupation habituelle, cette étude intense des divers états spirituels qu'il peut reconnaître soit en lui, soit chez les autres. De là cette pente générale vers l'ascétisme, cette prédominance de la douleur sur la joie, que l'étude de sa vie nous a déjà donné lieu de reconnaître.

Nous avons signalé, en effet, à plusieurs époques de sa carrière, cette disposition générale à la souffrance

intérieure qui le rendait profondément malheureux à
l'occasion des soupçons injustes dont il se voyait l'objet,
ou des oppositions malveillantes qui s'élevaient sur sa
route. La douleur morale, l'angoisse, l'amertume, la
lutte acharnée contre les ennemis invisibles, voilà ce qu'il
appelle ses *croix*, voilà ce qu'il indique toujours comme
les accompagnements inséparables de la recherche de la
vie intérieure, voulant que les âmes qui s'y adonnent
sachent bien à quoi elles doivent s'attendre dans cette
voie purifiante et sanctifiante. Douleurs d'enfantement à
l'égard des âmes qu'il s'efforce d'amener à l'intérieur,
souvent même sans que celles-ci en aient connaissance,
souffrances poignantes à l'occasion des restes de mondanité qu'il déplore chez ses amis, combats spirituels
terribles contre cet orgueilleux *moi* qui subsiste encore
au fond de son âme, se relève après tant de défaites et
résiste aux opérations de la grâce, voilà ce qui lui faisait
écrire dans l'intimité à M. de Klinckowström : « Dans la vie
intérieure il n'y a presque que croix, tribulations, angoisses, douleurs, opprobres. Ma route est la souffrance au
delà de toute peinture. » Il va même jusqu'à dire que « si
dans les commencements, il avait eu l'idée de ce que son
intérieur a eu à souffrir, il croit qu'il eût été tenté de re-
brousser, et que le courage lui aurait manqué pour entrer
sérieusement dans le désert où sont les *serpents brûlants*
comme dit Moïse, et tant de monstres qu'il faut combattre. » On citerait aisément bien d'autres passages de
ce genre, propres à révéler l'état d'angoisse morale si
fréquent en lui, que l'on peut consigner comme le trait

dominant de cette vie intérieure qui était sa préoccupation constante.

A cette disposition naturelle, dont nous venons de signaler une des plus graves manifestations, on peut sans peine, nous semble-t-il, rattacher plusieurs traits du caractère de M. Dutoit. Ainsi l'humilité qui le faisait repousser et combattre avec énergie toutes les tentations de l'orgueil, sa soumission sincère à l'autorité, soumission que sa conduite dans l'affaire de l'enquête nous a donné lieu d'apprécier, sa simplicité pour ce qui tenait aux choses extérieures, et particulièrement aux commodités de la vie, son désintéressement dans toutes les circonstances, la sainte horreur qu'il éprouvait pour le péché, sa fermeté à l'égard des moqueurs et des incrédules, sa sévérité parfois véhémente envers les pécheurs dont il devait reprendre les déréglements, toutes ces choses que l'étude de sa vie donne lieu de reconnaître avaient évidemment à leur base, cette disposition à envisager constamment la vie chrétienne sous son aspect le plus sérieux, disposition que les unes et les autres tendent également à révéler.

Gardons-nous toutefois de pousser cette observation au delà de ses justes bornes, et d'exagérer les déductions que l'on serait conduit à en tirer. Le caractère de M. Dutoit n'était pas tellement tout d'une pièce qu'aucun tempérament ne se glissât sous cette couleur générale que nous avons dû signaler. Sa gravité était modérée par la bienveillance affectueuse qui le rendait si cher à tous ses amis, par un besoin de sociabilité que ses souffrances intérieures mêmes développaient parfois avec énergie, par sa charité envers les pauvres, par le talent qu'il avait d'éclairer, de consoler, de relever les cœurs souffrants et les âmes abattues, et qui inspirait à ceux qui le prenaient pour guide une entière confiance. C'est ce que montreront un petit nombre de traits que nous allons rapporter encore à l'appui de nos appréciations et qui concourront à le faire connaître d'une manière plus complète.

M. Dutoit avait une telle antipathie pour l'orgueil, une telle appréhension de se laisser prendre aux amorces de cet ennemi, qu'il s'efforçait de se tenir toujours en garde sur ce point. Les succès de sa prédication étaient une tentation de vaine gloire contre laquelle il eut souvent à lutter. Lorsqu'il voyait la foule se presser au pied de la chaire pour l'entendre, il fut plusieurs fois sur le point de faire à dessein quelque chose d'extraordinaire pour s'humilier devant ceux qui admiraient ses talents. Un jour, entre autres, qu'il voyait fondre en larmes son auditoire, sentant l'amour-propre se réveiller dans son cœur, il songeait sérieusement à interrompre brusquement sa prédication pour descendre de chaire et confesser à haute voix ce qui se passait au dedans de lui. « Mais, ajoutait-il, en racontant à un ami ce fait d'une expérience intime, le Seigneur m'arrêta et me fit sentir au dedans que je devais continuer de prêcher tranquillement et qu'il saurait bien lui-même humilier et purifier cet orgueil. »

Il en était de même à l'égard de ce qu'on pourrait appeler des succès de société. Dès qu'il s'apercevait que c'était sa personne qu'on recherchait, et non la vérité

sainte qu'il avait vocation de répandre, il se tenait sur
une extrême réserve, en sorte que plusieurs fois des
gens qui, ayant ouï parler de lui d'une manière avantageuse, avaient ardemment désiré de le voir et de l'entendre en société, furent très désappointés, parce que,
pénétrant leurs pensées secrètes, il avait eu soin de se
comporter de la façon la plus simple et de ne point donner essor à l'élévation de ses pensées et au brillant de
son esprit.

Il fuyait avec un soin extrême tout ce qui pouvait
mettre sa personne en évidence. Il voulait qu'on oubliât
tout, c'est-à-dire soi-même et l'univers entier, pour ne
penser qu'à Dieu seul. Aussi ne voulut-il jamais consentir
à écrire un journal de sa vie. Il développa ses sentiments sur ce sujet de la façon la plus formelle, un jour
que son secrétaire et compagnon le plus intime, M. Petillet, lui demanda si ce n'était pas, à son avis, une pratique avantageuse pour l'enfant de Dieu, que de consigner régulièrement ses pensées et les dispensations de
son bon Père céleste, afin de pouvoir plus tard repasser
toutes ces choses, et y trouver, avec de nombreux sujets
d'humiliation, le souvenir vivant de toutes les grâces
miséricordieuses dont il a été l'objet. M. Dutoit répondit
qu'il désapprouvait entièrement cette manière d'envisager la chose, qu'à ses yeux il n'y avait là qu'un amour
de soi-même déguisé et paré de faux prétextes, propres
à faire illusion aux âmes simples. Bien loin d'être appelé
à se nourrir ainsi de la contemplation de son moi et de
son passé, l'esprit du vrai chrétien doit être un esprit
d'abnégation et d'oubli de soi-même, oubli devant se

terminer par un abandon de son être entier, de moment en moment, au vouloir divin. Par ce moyen, ajoutait-il, on avance plus sûrement dans la voie de la vie vraiment intérieure que par toute autre méthode, et c'est en ce sens qu'il faut entendre le Seigneur lorsqu'il dit que *celui qui veut conserver sa vie la perdra,* tandis que *celui qui la veut perdre pour l'amour de lui,* c'est-à-dire, pour le posséder, lui uniquement aux dépens de tout le reste, *la retrouvera.*

On comprendra d'après cela que M. Dutoit, quelles qu'aient été les sollicitations de ses amis, n'ait jamais voulu consentir à laisser faire son portrait. On a conservé à ce sujet un trait dans lequel s'est révélée en lui une sorte de bonhomie passablement malicieuse. Une dame de ses relations intimes, Mme Bocconi de la Sabionne, genevoise, domiciliée à Lausanne, avait eu l'adresse, bien à son insu, de faire sa silhouette. Celle-ci ayant fort bien réussi, l'heureuse artiste s'était hâtée de la reproduire en un assez bon nombre d'exemplaires; puis un jour que M. Dutoit était auprès de sa cheminée, elle la lui présenta en lui demandant s'il reconnaîtrait cette figure.

— Eh! oui, dit-il, c'est celle de Jeannot. (C'était le nom familier qu'on lui donnait chez ses parents dans son enfance.) En avez-vous d'autres?

— Oui, j'en ai là un petit paquet.

— Montrez-les moi.

A peine l'imprudente les lui eut-elle remises, qu'il les lança dans les flammes, en sorte qu'il n'en demeura pas une seule.

— Comment souffrirais-je, disait-il à ce sujet, qu'on veuille conserver le souvenir des traits de mon visage, ou des circonstances de ma vie, tandis que mon divin Sauveur a passé trente années dans le secret, dans l'obscurité, dans l'abaissement le plus profond, dans l'anéantissement d'une vie cachée, sans vouloir pour lui-même aucune gloire, ni aucun éclat extérieur ?

Son principe était constamment celui qu'exprimaient ces paroles de Jean-Baptiste : « *Il faut qu'il croisse et que je diminue.* »

Cette horreur qu'il avait pour l'orgueil, en tant qu'il y reconnaissait un ennemi redoutable pour son âme, il l'éprouvait aussi pour ce péché, lorsqu'il en voyait les funestes manifestations chez les autres. C'était l'amour-propre, la recherche de soi-même, et tout particulièrement l'orgueil de la science humaine, voulant se mettre à la place de la vérité même de Dieu, qui excitait par-dessus tout son indignation. « Mieux vaut être pécheur que superbe, disait-il au sujet de cet orgueil qui lui répugnait si fort. Un péché de fragilité des sens est préférable à un acte roide de propre volonté, parce que le premier peut être plus aisément que le second, pour celui qui s'est laissé surprendre, une occasion de s'humilier profondément devant Dieu et de reconnaître sa misère. » C'est lorsqu'il avait à s'élever contre ce péché qu'il déployait une véritable éloquence. « Il est certainement, disait-il à cet égard, un zèle de Dieu qui amène en nous une espèce de colère divine, et par conséquent très fondée dans les occasions qui méritent de l'exciter. Mes procédés en certains cas sont torrentiques. » Ses ré-

préhensions étaient en effet singulièrement véhémentes,
surtout lorsqu'on cherchait à lui résister, à pallier des
torts réels, à s'excuser par des subterfuges ou de faux
prétextes. Mais aussi son indignation tombait à l'instant
devant un humble aveu et un repentir sincère, et l'on
sentait que quelle que fût la gravité de cette indignation,
elle était toute contre le péché et nullement contre le
pécheur [1].

L'incrédulité dont on faisait parade lui était particulièrement odieuse. Un jour qu'un gentilhomme français,
le comte de la Feuillade, voulut tenir devant lui sur la
religion des propos trop libres, il fit éclater son zèle
d'une façon si énergique, que le moqueur, réduit au silence, dut se retirer sur-le-champ. Un autre jour, ayant
été abordé sur la promenade de Montbenon par trois
personnages qui lui demandèrent quelques renseignements sur la contrée, il leur répondit, comme à son or-

---

[1] Quelques différences qu'il y eût entre les doctrines de M. Dutoit
et celles du comte de Zinzendorf sur des points d'une haute importance, comme nous aurons à le signaler plus loin, il est ici un rapprochement frappant, une ressemblance de caractère, qu'il n'est pas
sans intérêt de constater, entre ces deux hommes pieux et zélés.
« Quand Zinzendorf s'apercevait d'un mouvement d'orgueil ou d'en-
vie, d'une rancune ou de quelque chose de pareil, il se déchaînait
comme un lion, dit son biographe (Spangenberg), il ne voulait rien
entendre, et il n'y avait pas moyen de l'apaiser. Car, disait-il, on ne
saurait trop veiller sur ces premiers symptômes; c'est le seul moyen
de prévenir une chute, qui sans cela est inévitable. Si, insoucieux de
ses avertissements, celui qui les avait reçus finissait par tomber dans
quelque acte extérieur de péché, Zinzendorf ne perdait point courage,
et espérait, au contraire, que cette transgression grossière révélerait
enfin, à celui qui l'avait commise, tout le mal qui était au fond de
son cœur, et le forcerait d'avoir recours à Jésus pour en être délivré.
(F. Bovet. Le comte de Zinzendorf, tom. Ier, pag. 229.)

dinaire, avec une parfaite politesse, puis ajouta, dans le
but de lier conversation avec eux et de leur être utile si
possible :

— Ces messieurs sont sans doute étrangers ?

— Oui, répondit l'un d'entre eux, voilà M. l'abbé
Raynal.

A l'ouïe du nom de ce philosophe incrédule, M. Dutoit
s'arrêta court, laissa cheminer ses interlocuteurs, dont
l'un devait être Mercier, l'auteur du *Tableau de Paris*,
et se dirigea immédiatement du côté opposé, en se sou-
venant de cet ordre de l'apôtre : « Si quelqu'un vient à
vous, et n'apporte point la doctrine de Christ, ne le re-
cevez point dans votre maison, et ne le saluez point,
car celui qui le salue participe à ses mauvaises œuvres. »
Depuis le séjour de Voltaire dans notre patrie, il n'avait
eu que trop souvent l'occasion de s'affliger à la rencontre
de quelqu'un de ces esprits aveuglés par l'éclat trompeur d'une « science faussement ainsi nommée [1]. »

La présence à Lausanne de ces coryphées de l'incrédulité française, ainsi que l'accueil qu'ils y trouvèrent,
parut à M. Dutoit un fait d'une haute gravité. On en a la
preuve dans un écrit de 1783, adressé à Mlle de Fabrice

---

[1] Le passage suivant d'une lettre de Gibbon à Milady Sheffleld peut
donner l'idée de la manière dont étaient reçus à Lausanne les personnages dont nous venons de parler et du rôle qu'ils y jouaient dans
la société. « Je me promenais, il y a quelques semaines (il écrit le 22
octobre 1784), sur ma terrasse, avec M. Tissot, le célèbre médecin ;
M. Mercier, auteur du *Tableau de Paris* ; l'abbé Raynal ; M. Mme et
Mlle Necker ; l'abbé de Bourbon, fils naturel de Louis XV ; le prince
héréditaire de Brunswick, le prince Henri de Prusse, et une douzaine
de comtes, de barons et de personnages singuliers, etc. » (Voy. *Mémoires de Gibbon*, tom. II, pag. 385.)

et intitulé *Du signe du Fils de l'homme,* écrit dans lequel il signalait, comme on a tenté de le faire tant de fois, les nombreux événements contemporains, les fléaux de divers genres, les dispensations providentielles, qui lui semblaient, par leur réunion, être l'accomplissement infaillible des prophéties relatives aux derniers temps, et en particulier des paroles du Seigneur sur les signes avant-coureurs de son retour. Il appliquait nominativement à ces hommes l'avertissement relatif aux faux christs et aux faux prophètes, prêts à séduire même les élus, s'il était possible.

Sa simplicité pour ce qui concernait sa propre personne et son parfait désintéressement ressortent de plusieurs des faits que nous avons exposés. On a pu remarquer, d'après les observations consignées par les magistrats eux-mêmes au procès-verbal de l'enquête, la manière chétive dont il était logé dans la maison Ballif. Ses amis se plaignaient de son excessive délicatesse, qui les privait de la joie de lui voir accepter le plus léger présent. Ils ne pouvaient pas même obtenir qu'il ne supportât pas lui-même les frais de ses voyages dans le pays pour l'avancement de la doctrine intérieure. Mme Grenus, écrivant à M. de Fleischbein, lui exprimait sa douleur à ce sujet, et le suppliait d'user de son influence sur l'esprit de M. Dutoit, pour combattre des scrupules qui lui paraissaient exagérés. M. Dutoit répondait à ces amicales instances qu'il avait encore suffisamment pour son entretien, et que si jamais il lui arrivait d'être dans le besoin, il ne se ferait nulle peine de le dire. Si l'aisance qui régnait à la Chablière et dans

la maison des dames Schlumpf, et l'hospitalité généreuse qui y était exercée, ont donné lieu à ses détracteurs de l'accuser d'aimer la bonne chère, c'est, au dire
de l'homme qui a vécu le plus avant dans son intimité,
complétement à tort qu'on a voulu jeter sur lui cette
défaveur, car il était accoutumé dès son jeune âge à une
grande tempérance; il avait les goûts les plus simples,
et sa santé, d'ailleurs, aurait toujours été un obstacle à
ce qu'il se livrât à ce genre d'abus. S'il a joui de cette
aisance dont ses dignes amies ont été heureuses de le
faire profiter sous leur toit pendant le dernier tiers de
sa vie, l'on peut croire qu'il en a usé avec une gratitude
sincère, mais en même temps *comme n'en usant point.*
Son principe à cet égard était le même que celui qu'il appliquait à la mortification extérieure. « C'est une grande
erreur, disait-il, que de ne point admettre l'oraison du
corps, c'est-à-dire la génuflexion, l'abattement et l'a-
néantissement devant Dieu; notre être corporel doit
rendre hommage, à sa manière, à Celui qui l'a formé,
l'abattement du corps est la posture convenable pour la
prière. » Toutefois, il ne faisait pas un devoir absolu de
la mortification corporelle, et ne la recommandait pas
à l'égal de cette mortification intérieure, objet constant
de ses désirs et de ses efforts. Il jugeait, au contraire,
que dans bien des cas, elle était à éviter. « C'est un principe, écrivait-il à l'un de ses disciples, qu'il faut absolument conserver la santé, surtout quand les sens ne se
portent à aucune licence de friandise. » Et il ajoute,
quant à la question particulière de savoir si l'on doit
prier à genoux sur le plancher, qu'il faut éviter cette

gêne, si elle risque d'apporter la moindre interruption
à la communion réelle avec Dieu. « Un vrai mouvement
d'oraison vaut mieux que toutes les mortifications, qui
ne sont que des moyens pour arriver à l'oraison ; ainsi,
dès qu'ils empêcheraient le recueillement, ils sont à rejeter. »

Quant à son désintéressement, il ressort clairement
déjà de cette délicatesse que nous avons signalée. On
peut l'inférer aussi de l'état où était réduite sa fortune
au moment de son décès ; il avait évidemment thésaurisé
ailleurs que sur la terre. Mais nous avons encore à mentionner un trait touchant rapporté par le doyen Bridel,
c'est celui de ce « ministre vaudois méconnu et même
persécuté pour quelques opinions particulières, qui,
ayant fait un héritage, l'abandonna tout entier à d'autres
collatéraux frustrés dans leur attente, en ne leur impo-
sant pour seule condition que celle de n'avoir entre eux
aucune contestation pour le partage des biens du dé-
funt [1]. »

[1] Voy. *Conservateur suisse*, tom. VIII, pag. 310.

CHAPITRE II.

Confiance inspirée par M. Dutoit. Direction spirituelle.

La couleur si sérieuse du christianisme de M. Dutoit et de ses dispositions naturelles, n'avait pourtant rien de repoussant pour ceux que leurs besoins religieux mettaient en relation avec lui. Sa personne et ses enseignements avaient, au contraire, pour eux un attrait incontestable, démontré par les sentiments qu'ils n'ont pas cessé d'exprimer à l'envi.

Si, en effet, nous devions donner des preuves de la confiance affectueuse qu'il inspirait, et de l'agrément de son commerce intime, nous aurions à citer tout l'ensemble des lettres que ses amis lui ont adressées ou qu'ils se sont écrites les uns aux autres. Ici c'est une dame qui rend grâces à Dieu de lui avoir fait connaître son « cher M. Dutoit, » ce précieux « directeur. » Là c'est une autre qui l'appelle « notre admirable ami, » et dit à son sujet : « Quel homme Dieu nous a donné ! » Puis, s'arrêtant dans une sorte de vénération religieuse, elle ajoute, comme ne trouvant pas d'expressions répondant aux sentiments intimes de son cœur : « Mais il

faut s'en taire. » Le dévouement profond des dames
Schlumpf, qui n'a cessé qu'avec son dernier soupir ;
celui de M. Petillet, qui a tout fait pour honorer sa mémoire, et ce grand nombre de personnes qui l'ont pris
pour leur guide spirituel, sont aussi des témoignages en
faveur de cette considération respectueuse dont M. Dutoit était digne, et dont se sentaient de plus en plus péné-
trés tous ceux qui l'approchaient.

Ce qui contribuait naturellement pour beaucoup à
attirer auprès de lui et à lui attacher les âmes désireuses
de lumières et d'édification, c'était le talent remarquable
qu'il avait pour éclairer, consoler, avertir, encourager
chacun selon ses besoins et ses dispositions intérieures.
Sa grande habitude de sonder son cœur, d'étudier ses
pensées, d'analyser ses impressions, le rendait particulièrement apte à juger sainement de ce qui se passait
dans le cœur des autres. Il les aidait promptement à se
rendre compte de ce qu'ils éprouvaient. Venait-on à lui
pour lui demander des avis, pour chercher des consolations, pour s'éclairer sur des scrupules de conscience,
on trouvait tout cela dans un entretien simple et affectueux, où la lumière jaillissait comme d'elle-même, et
où les enseignements directs étaient accompagnés, soit
des résultats féconds d'une expérience longue et réfléchie, soit de traits historiques fournis à propos par la
connaissance approfondie qu'avait le pieux docteur des
écrits des Pères et des auteurs ecclésiastiques. Un jour,
par exemple, qu'était venu à lui un jeune homme,
en qui bientôt il reconnut une dose assez forte de
pharisaïsme, se manifestant par des jugements sévè-

res sur le prochain : « Ecoutez, cher ami, lui dit-il, ne vous hâtez pas de condamner comme mauvais tels actes qui n'ont pour but que de soulager la pauvre nature. Dans son exil de Patmos, St. Jean caressait un jour une perdrix qu'il tenait en sa main. Un chasseur passant près de lui se prit à dire en lui-même : « Est-ce bien le grand apôtre qui s'occupe à caresser un oiseau ? » Se rendant compte de ce jugement dont il était l'objet, le saint vieillard adressa la parole au chasseur et lui dit : « Quel est cet instrument que vous portez à la main ? — C'est mon arc. — Pourquoi ne le tenez-vous pas toujours bandé ? — Ah ! c'est qu'il aurait bientôt perdu toute son élasticité et ne serait plus bon à rien. — Hé bien ! mon ami, il en est de même de nos puissances intellectuelles : tendues sans relâche, elles perdent aussi leur activité et leur énergie ; notre devoir est de conserver avec soin toutes les facultés de notre âme, pour les faire servir à l'œuvre que Dieu demande de nous. ne condamnez donc pas ce qui peut concourir à les maintenir pour leur légitime usage. »

La charité active de M. Dutoit, sa connaissance des hommes et l'aménité de ses manières agissaient souvent puissamment sur des cœurs qui semblaient fermés à la grâce. Sa sympathie pour les infortunés se montrait jusque dans des détails qui, précisément par leur peu d'importance en eux-mêmes, la leur rendait particulièrement sensible. Citons entre autres le trait suivant. Un homme accusé d'un crime grave était détenu dans les prisons de la ville de Moudon. Aux charges accablantes qui pesaient sur lui, le malheureux opposait les dénégations les plus formelles. Plusieurs pasteurs s'étaient rendus auprès de lui, mais sans parvenir à émouvoir sa conscience. M. Dutoit, prié de le visiter, fut frappé en entrant dans la prison, de l'odeur infecte qui y régnait. Saluant affectueusement le prisonnier, il lui dit, en lui présentant sa tabatière : « Vous respirez un air bien mauvais, mon ami, prenez une prise. » — Le criminel, touché jusqu'aux larmes de la compassion que témoignait cette marque d'intérêt, sentit son cœur se briser et fit à son bienveillant visiteur l'aveu de son crime.

Mais la condescendance charitable dont M. Dutoit usait envers les autres, ne lui faisait pas perdre de vue le devoir de conserver la noble indépendance du chrétien. « O vous qui êtes les affranchis du Seigneur, disait-il un jour à son excellent ami le comte de Divonne, ne vous rendez pas les esclaves des hommes. Gardez-vous de vous laisser captiver. Il ne faut avoir de complaisance que pour Dieu et en vue de Dieu. Tout esclavage qui n'a pas ce principe est mauvais. En gardant au contraire une supériorité décidée sur les autres, on leur fait du bien, et l'on en est plus considéré. » Conformément à ces principes, il s'est conservé pendant toute sa vie, libre et dégagé de tout joug étranger. Il ne savait ce que c'était que de fléchir, de se courber, de ramper par complaisance humaine. Aucune considération temporelle ne pouvait le décider à sacrifier cette précieuse liberté des enfants de Dieu à quelque motif d'intérêt, d'amitié ou de respect humain. Il abhorrait de tels ménagements et n'épargnait pas par lâche complaisance ceux qui s'en rendaient coupables.

Conduit par les circonstances, et comme l'y appelait, du reste, son système religieux, à diriger beaucoup d'âmes dans les voies de la vie intérieure, il dut s'appliquer à étudier en lui-même et à cultiver soigneusement les aptitudes qu'il pouvait avoir pour cette portion de son œuvre. Dirigé lui-même pendant plusieurs années par M. de Fleischbein, il s'en était, dit-il, « infiniment bien trouvé, Dieu lui ayant fait la grâce d'éviter l'erreur et le préjugé de ceux d'entre les protestants qui sont appelés aux voies intérieures qui croient pouvoir se conduire tout seuls et n'avoir besoin de personne pour les diriger. » Ceci, il est bon de le remarquer, n'était nullement en contradiction avec ce que nous venons de dire de l'indépendance dont il se faisait un devoir à l'égard des hommes, car, à ses yeux, la direction spirituelle, soit qu'il la subît, soit qu'il l'exerçât lui-même, n'était pas l'assujettissement à un joug humain.

Avec cette conviction, il est naturel que la charge de la direction des âmes lui parût une chose importante. L'expérience lui avait démontré, disait-il, qu'il n'était propre à diriger une âme que d'une façon partielle. « Je n'achève jamais toute l'œuvre avec personne, et je ne le puis. Si j'ai vocation de commencer avec une âme, je n'ai point celle de la diriger et de la conduire. Et au contraire je reçois des grâces de direction en faveur des âmes déjà régénérées ou amenées par d'autres. Si donc ma vocation est de planter, je n'arrose point, et si un autre a planté, j'arrose. Paul ou Apollos, mais point tous les deux. » Il est à observer toutefois que ce jugement porté par lui-même sur ses capacités directrices,

remonte à une époque où il était entré depuis peu dans
cette carrière de directeur spirituel dont l'importance lui
paraissait si grave. Plus tard, il eût parlé peut-être d'une
manière un peu différente, et ses amis, à coup sûr, n'auraient pas confirmé cette appréciation d'un talent de direction, dont ils ont hautement reconnu le mérite et l'é-
tendue.

Cette œuvre ne s'accomplissait pas de sa part sans de
vives souffrances intérieures. « Je n'ai jamais gagné ni
attiré solidement personne à l'intérieur d'une manière
fructueuse pour Dieu qu'à la pointe de l'épée, et par des
travaux, des peines et des combats sans nombre. Je suis
le bouc Hazazel, portant mes péchés et ceux des autres. »
Cette paternité spirituelle comportait pour lui une sorte
de peine expiatoire en faveur de l'âme, objet de sa sollicitude. Il voyait cela dans le rapprochement de ces
deux déclarations de l'apôtre, contenues dans le même
chapitre de l'Epître aux Galates (VI, 2 et 5) : *Portez les
fardeaux les uns des autres,* et *Chacun portera son propre fardeau,* qu'il expliquait de cette manière : « Attribution de mérite gagnée par la souffrance des uns pour
être transportée sur d'autres, et purification de ces autres pour recevoir cette attribution. »

C'est à ce principe que se rattache assurément le trait
suivant conservé par le souvenir des amis de M. Dutoit.
Un jour on put le voir parcourir les rues de la ville de
Vevey en chantant à haute voix des psaumes. Le but spécial qu'il se proposait dans cet acte, que l'on jugea sans
doute bien étrange, était, comme il le déclara lui-même,
de « valoir » c'est-à-dire de procurer quelque bien spiri-

tuel à M. d'Herwart, frère de Mme de Bressonnaz, avec
laquelle il était intimement lié [1]. Il y avait donc en lui à
ce moment-là un esprit de renoncement et de sacrifice,
en même temps qu'il pouvait avoir en vue l'édification
du public. C'est du moins ce que peut faire penser cette
réflexion consignée par lui dans l'un de ses livres, et où
il serait peut-être permis de voir un souvenir et une allusion indirecte. « J'ai vu un homme qui allait toujours
chantant à pleine voix des cantiques dans les rues. On
voyait un zèle très vrai, il faisait impression [2]. »

Ceci touche, on le voit, à la théorie de la communication des âmes, au sujet de laquelle M. Dutoit avait pour
principe que « plus une âme est en Dieu, plus elle est
féconde dans la chaleur de son amour, et qu'il est pour
les âmes confirmées en lui, une manière de communiquer et d'agir en repos et en silence à de prodigieuses
distances, par les cordes spirituelles et la charité, qui,
concentrant tout, rapproche tous les intervalles pour les
personnes ajustées. » — « Ce grand Dieu qui se plaît dans
le néant et à animer la plus vile boue, écrivait-il à ce
sujet, a daigné m'en donner une très sûre expérience.
Et je vous assure que je connais un homme dans le Seigneur qui a de telles relations jusque dans le royaume
de Cachemire. »

---

[1] Jaques-Philippe d'Herwart, baron de Saint-Légier, était fils de Phi-
libert d'Herwart, ambassadeur du roi Guillaume d'Angleterre auprès
du gouvernement de Berne et résidant en cette qualité à Vevey. Sa
sœur, Sabine Françoise avait épousé le 15 mai 1725, Sigismond de
Cerjat, dit de Bressonnaz, qui fut lieutenant baillival à Moudon.

[2] *Philosophie chrétienne*. Discours préliminaire, page 96.

La capacité de M. Dutoit dans la sphère de la direction spirituelle fut constamment reconnue et proclamée par M. de Fleischbein, sous la direction duquel il s'était lui-même placé. Voici ce qu'écrivait à ce sujet ce grand docteur à son ami de Klinckowström, dans le moment même où il s'était cru appelé à prémunir celui-ci contre les erreurs contenues, à son avis, dans les écrits de M. Dutoit : « Pour vous, mon cher patron, (c'est le titre qu'il se plaisait à lui donner) comme vous avez été réveillé par lui, et que c'est lui qui vous a amené à la conversion par l'Evangile, vous ferez bien de ne pas renoncer à sa direction. Plus jeune que moi de plusieurs années, il me survivra probablement. Cela établit entre vous deux une union subordonnée, qui doit demeurer aussi longtemps que vous marcherez l'un et l'autre fidèlement dans votre voie. Suivez-le donc, comme votre directeur, aussi longtemps que Dieu le voudra. » — « Je n'ai pas le moindre doute sur la grande vocation du cher frère Théophile, et je trouve quelques rapports entre lui et le père La Combe, quant à la manière dont il est conduit. Comme lui, La Combe a été transporté tout à coup d'un état de grande lumière, où il avait été très utile à beaucoup d'âmes, dans la voie obscure. En se laissant détruire jusqu'au fond, en laissant abattre en lui tout ce qui est grand, il sera bien plus utile aux autres et à ses enfants de grâce par ses souffrances. Eux et lui forment une famille spirituelle, dont il est le capitaine. Il doit les précéder en tout, et se plonger le premier dans l'abîme de l'humiliation, et il leur sera utile dans la mesure où il le fera. Son esprit éclairé par l'abaissement

et les souffrances deviendra toujours plus capable d'être
en communion avec les autres et de leur donner de
bons conseils. En outre son esprit sera fortifié en Dieu
dans la mesure où il se sera dépris de lui-même. Que
ses enfants de grâce le suivent peu à peu dans l'abîme
de l'abaissement. L'œuvre de Dieu avancera parmi ces
chers frères, et cela sans éclat extérieur et sans grande
apparence. Que les âmes intérieures marchent ainsi, et
elles deviendront dans leur pays la petite semence de
moutarde pour le royaume spirituel de Jésus-Christ.
Qu'elles ne cherchent pas d'autre directeur que Théophile que Dieu a destiné à cela, et qu'elles reconnaîtront
comme un berger fidèle dans cet abaissement que chacun doit éprouver pour sa part. *Vermis sum et non homo.*
« Je suis un ver et non pas un homme. » Il éprouvera que
ni lui, ni ses enfants de grâce ne doivent attendre des
choses éclatantes, grandes, extraordinaires, mais qu'ils
doivent se laisser conduire dans les voies tout ordinaires. Rappelez-vous ces paroles de l'aveugle-né, si souvent citées par Mme Guyon : *Comment as-tu recouvré la
vue ? — Il a mis de la boue sur mes yeux.* » (15 mai 1764.)

La position dans laquelle se trouvaient à ce moment
là, au point de vue spirituel, plusieurs des amis et disciples de M. Dutoit avait quelque chose de tout particulièrement délicat. Mme Ballif entre autres, était atteinte
déjà d'un degré marqué de fanatisme, qu'il s'agissait de
combattre avec prudence. Il en résultait pour son mari
une position assez analogue à celle dont avait souffert
M. de Watteville au sujet de sa femme. Un autre ami avait
cherché à leur être utile, mais son intervention n'avait

pas été pleinement salutaire, comme l'indique ce passage
d'une lettre de M. de Fleischbein : « Quant au cher
M. Blondel, je le tiens pour une âme vivant vraiment
dans l'intérieur, mais cela ne suffit pas pour décider en
matière de direction. Sa lumière peut être bonne pour
le diriger dans sa propre voie, mais ce n'est pas une raison pour qu'il se mette à diriger les autres. *Si un aveugle conduit un autre aveugle*, a dit Jésus-Christ, *ils tom-
beront tous deux dans la fosse*. » C'était à M. Dutoit
qu'il appartenait d'avertir et de diriger ces âmes. « Quant
au cher frère Ballif et à madame son épouse, dit encore M. de Fleischbein, Dieu ne me donne rien pour eux
que ce qu'ils peuvent savoir par la lumière générale et
par les conseils qu'ils tireront des écrits de Mme Guyon.
Pour les cas particulier, Dieu donnera lumière et sagesse au cher frère Théophile pour leur faire connaître
à l'un et à l'autre sa sainte volonté. Ce qu'ils ont admiré
jusqu'ici en lui, ce n'étaient que de brillantes bagatelles,
et ce qui les met maintenant dans l'étonnement, savoir
que Dieu ait commencé à renverser et à briser cette âme
grande et douée de tant de grâces, ce sont de grandes,
glorieuses et divines merveilles, dont le résultat sera,
s'ils viennent à connaître eux-mêmes par expérience la
lumière de la vérité, de leur faire considérer le cher
Théophile comme bien plus élevé et bien plus heureux
que lorsqu'il brillait, à leurs yeux encore charnels, d'un
si grand éclat. La croix de Jésus-Christ avec son opprobre, son ignominie, ses mépris, ses souffrances, est le
trône de son triomphe. Dieu était en lui dans toutes ses
souffrances, et a racheté ainsi le monde avec lui. Dieu

est aussi dans une âme qui est crucifiée avec Christ, d'a-
bord pour cette âme elle-même, et ensuite pour l'état
apostolique qui doit suivre. Il faut que Mme Ballif, j'en suis
certain, outrepasse absolument tout ce qui est extraordinaire; quant aux choses qu'elle ne peut empêcher,
qu'elle les supporte sans s'en faire une idée exagérée et
qu'elle les considère comme lui étant dispensées de Dieu
à cause de son imperfection, pour l'humilier jusque dans
la poussière. Qu'elle suive, du reste, de la manière la
plus scrupuleuse les conseils du cher Théophile qui a
été donné à ces deux chères âmes comme directeur spirituel, et aussi longtemps que de part et d'autre ils sui-
vront fidèlement leur voie, cette direction doit subsister.
Ni d'un côté ni de l'autre ils ne peuvent y renoncer sans
sortir de l'ordre de Dieu. »

Mme Polier, cette dame chez laquelle M. de Klinckowström avait vécu à Lausanne et avait fait la connaissance
de M. Dutoit, était aussi à ce moment-là un sujet d'inquiétudes pour son directeur. Pas encore assez affermie
dans les voies de l'intérieur, elle éprouvait le besoin d'é-
couter autre chose que ce qui lui était fourni par l'école
mystique. Elle avait en particulier accueilli un Quaker
arrivé depuis peu dans le pays. Averti et consulté à ce
sujet par son ami le baron, qui s'intéressait toujours vivement à ce qui se passait à Lausanne, et surtout dans
le cercle de ceux qui lui étaient chers, M. de Fleischbein
se hâta de répondre : « Au sujet de Mme Polier, j'ai la
conviction que les âmes qui dans le commencement ne
sont pas entrées de bon cœur dans le renoncement, seront contraintes de subir plus tard une *mortification for-*

cée, et si elles ne le font pas dans ce monde, cela aura lieu infailliblement dans l'autre. Il paraît que Mme Polier veut goûter de toute espèce d'aliments, soit sains, soit empoisonnés, pour expérimenter ses forces. Elle s'instruira par là en *éprouvant toute sorte d'esprits,* mais elle le fera comme Ève, et de cette manière ne parviendra pas à l'innocence. Le cher frère M. Ballif fait bien de s'abstenir à cet égard et d'éviter l'émissaire des Quakers. Fuir entièrement ces esprits errants çà et là, c'est le plus sûr moyen de s'épargner bien des tentations et bien des arrêts dans la voie. »

M. Dutoit avait donc, au milieu des douloureuses épreuves dont il était atteint lui-même, de grandes difficultés dans son œuvre de direction à l'égard des âmes se rattachant à lui avec plus ou moins d'abandon et de confiance. Et M. de Fleischbein l'appuyait, comme nous l'avons vu, de tout son pouvoir, en maintenant son autorité de directeur et en le relevant aux yeux de ceux que la vue de ses épreuves particulières pouvait inquiéter sous ce rapport. Quelque abattu qu'il fût, et en raison de son abaissement même, il ne devait qu'en être de plus en plus qualifié pour cet office spirituel, auquel la Providence divine l'avait appelé.

)

CHAPITRE III.

Influence de Mme Guyon.

Si le développement religieux ou philosophico-théolo-
gique de M. Dutoit a été à son origine, ainsi que nous
l'avons pu remarquer, affranchi d'influences extérieures sensibles et bien caractérisées, il n'en a pas été de
même plus tard. Les Œuvres de Mme Guyon, une fois qu'il
eut commencé à les goûter, agirent sur son cœur et sur
son esprit d'une façon très puissante. Nous en avons eu
déjà la preuve en plusieurs occasions. Depuis le jour où
feuilletant avec son ami Ballif les livres exposés sur un
étalage de foire, il découvrit pour la première fois les
Discours spirituels de cette apôtre zélée du mysticisme,
jusqu'à celui où il écrivit le *Discours* destiné à accom-
pagner l'édition lausannoise de l'autobiographie de Mme
Guyon, il s'était fait en lui une évolution bien marquée.

Il serait intéressant, en remontant à la première de
ces époques, soit précisément au milieu du siècle, de
pouvoir se rendre compte de la disposition morale et
spirituelle qui, non-seulement chez M. Dutoit, mais
chez bon nombre de ses contemporains, favorisait l'ac-

cès des tendances mystiques. Malheureusement nous ne
possédons pas en suffisance les éléments de cette étude
à la fois historique, psychologique et religieuse, et nous
devons, pour le présent, nous borner à constater le fait.
M. Dutoit l'établit, pour ce qui le concerne lui-même,
dans ce discours que nous venons de mentionner. « Il y
a près de quarante ans, dit-il, (il écrit en 1790) que j'ai
eu le bonheur décisif pour moi, si j'en eusse mieux pro-
fité, de faire connaissance avec ces divins écrits. Quel
ne fut pas mon étonnement de voir un ordre de vérité
si nouveau pour moi! D'abord j'y compris très peu,
faute de cette pauvreté d'esprit si nécessaire pour recevoir le royaume de Dieu et sa vérité éternelle. Toutefois,
malgré l'aveuglement où m'avaient jeté les principes ac-
coutumés que je prenais pour indubitables, mais stériles
pour l'esprit et enflant le cœur, la douce et pénétrante
onction répandue dans tous les saints écrits de Mme Guyon,
ce caractère de vérité qui est à lui-même sa preuve,
cette chaîne de doctrine si liée, cette vérité sublime toujours teinte et détrempée dans l'amour de Dieu qui est
son terme, cette magie divine m'attirait, me saisissait.
Des traits de lumière perçaient l'obscurité de mon âme.
Un feu secret échauffait, amollissait la dureté de mon
cœur [1]. » Ce passage que nous abrégeons suffit à révéler
l'influence que M. Dutoit reconnaît avoir subie, et nous
prépare aux expressions si caractéristiques qu'il emploie, soit dans ses livres, soit dans sa correspondance
intime, lorsqu'il parle de cette femme, à laquelle, selon

[1] *Discours sur la Vie et les Ecrits de Mme Guyon*, pag. 9 et 10.

son jugement, il était redevable de lumières si précieuses. C'est cette appréciation faite par lui de Mme Guyon, dont nous voulons maintenant nous rendre compte.

Une chose à noter en premier lieu dans cet attrait irrésistible qu'il éprouva pour les vues de Mme Guyon, dès qu'il eut été à même de les connaître, tout comme dans l'admiration croissante qu'elles lui inspirèrent jusqu'à la fin de ses jours, c'est que ces vues se rapportaient exclusivement pour lui à l'interprétation de la Parole sainte. C'est son respect, c'est son amour pour la Bible qui se trouvent puissamment excités et satisfaits par les lumières nouvelles qu'il sent pénétrer dans son âme. Il y a dans ces enseignements, qu'aucun docteur ne lui avait fait entendre jusqu'alors, quelque chose qui répond à ses besoins intimes. La Bible, sainement, chrétiennement, spirituellement interprétée, voilà ce qui lui est apparu, ce qui remplit son cœur d'admiration et d'une sainte joie. « C'est alors que je vis clairement que je n'avais rien compris dans nos Livres saints que le peu qui en est accessible à la raison qui, dans les choses divines, n'est pour l'homme qu'un aveuglement de plus. Alors les contradictions qu'elle y voit furent pleinement levées ; alors un jour pur et nouveau m'éleva à l'idée de ce christianisme, dont la plupart des hommes ont à peine les premières notions, bien loin d'en concevoir l'esprit. »

A la différence de Fénelon qui avait eu avec Mme Guyon des relations personnelles, des entretiens intimes, une correspondance suivie, M. Dutoit ne l'a connue que par ses livres, ou plutôt n'a connu que ses livres. Sa per-

sonnalité n'a donc pu exercer sur lui aucune influence ;
il n'a vu que des écrits portant à ses yeux un caractère
éminemment supérieur. Convaincu par la lumière même
dont il se sentait comme inondé, il a cru reconnaître
dans les ouvrages qui produisaient un tel effet sur son
âme une révélation de Dieu. Ce n'est pas l'auteur qu'il
voit, c'est la Bible divinement expliquée. Aussi n'é-
prouve-t-il aucune défiance à l'égard de cette doctrine
qu'il croit inspirée par l'esprit d'en haut. « Je déclare
encore ici, en la présence de mon Dieu, que quiconque
voudra ouvrir le sanctuaire des saintes Ecritures, et s'é-
lever à l'infaillible sens fait pour le cœur et le porter à
l'amour divin, n'a qu'à lire le divin Commentaire de
Mme Guyon sur l'Ecriture [1]. »

De là ces expressions « divins écrits, » « saints écrits, »
que nous avons déjà rencontrées, comme s'appliquant
aux ouvrages sortis de la plume de Mme Guyon. De là
ces recommandations réitérées qui, à un autre point de
vue, auraient quelque chose de blasphématoire, par lesquelles il sollicitait ses amis à « croire Mme Guyon comme
la Parole de Dieu même, » à « ne plus lire autre chose
que ses ouvrages et à n'en pas déloger, » à « lire l'Evangile uniquement dans la Bible de Mme Guyon, en adoptant toujours, en démission de son propre sembler, le
sens qu'elle donne. » De là encore le besoin qu'il éprouve
de mettre les ouvrages de Mme Guyon au-dessus de tous
ceux des autres auteurs religieux, même de ceux qui
entraient le plus manifestement dans ses vues, tel que
Fénelon par exemple. « J'admire et respecte Fénelon,

[1] *Philosophie divine*, tome II, page 264.

plus approprié sans doute au commun que Mme Guyon,
mais qu'il s'en faut toutefois qu'il ait la divine profondeur des écrits de la dernière ! » — « On ne peut reconnaître, disait-il encore, pour livres vraiment salutaires, après la Parole de Dieu, que les livres des
Intérieurs, ou des vrais et saints Mystiques, comme le
livre d'Akempis et un grand nombre de ce genre, lesquels sont tous encore infiniment surpassés par les in-
comparables ouvrages de Mme Guyon, qui, sans compter
beaucoup d'autres de ses écrits, tous ayant la livrée de
l'amour de Dieu porté à son comble, a interprété l'Ecri-
ture-Sainte par l'Esprit même qui l'a dictée [1]. » C'est
dans la même conviction qu'il disait encore des ouvrages
de Mme Guyon qu'ils avaient été « écrits par le Verbe
lui-même. » — « On sera peut-être étonné de m'en voir
tant parler; mais c'est que cette femme, Chérubin en
connaissances et Séraphin en amour, cette femme persécutée, et comme il devait arriver, en opprobre aux
yeux des mondains, cette femme, en ce point et en
beaucoup d'autres, conforme à son Chef immortel Jésus-
Christ, a trempé sa plume, si l'on peut s'exprimer ainsi,
dans les Cieux et a donné les sens les plus sublimes, les
mieux prouvés par eux-mêmes et par leurs analogies,
les plus usuels, les plus directoires [2]. »

Après ces citations révélant si nettement le point de
vue sous lequel M. Dutoit envisage Mme Guyon comme
écrivain, on sera moins surpris du rôle qu'il attribue à

[1] *Philosophie divine*, tome II, page 303.
[2] *Philosophie divine*, tome II, page 265.

sa personne même et de la place qu'il a cru devoir lui
assigner. « Divine femme, aigle mystique, sainte mère, »
voilà quelques-unes des expressions constamment employées, tant par M. Dutoit que par ses amis, pour désigner celle qu'ils considèrent comme le guide précieux
et infaillible qui leur a été donné par le Seigneur pour
les introduire et les faire marcher dans les saintes voies
de la vie intérieure. « Sanctifiée, comme cela est dit de
Jérémie et d'Esaïe, et parfaitement ajustée à être le plus
grand des héraults de l'amour pur et sans bornes que la
créature doit à Dieu, parfaitement sanctifiée encore pour
être, après la Mère de tous les prédestinés, la Mère
d'un peuple innombrable, elle a presque égalé la sainte
Marie et est devenue la première sainte après elle. »
Aussi le fervent admirateur lui applique-t-il d'une manière expresse le passage du Cantique où il est parlé de
la *Colombe parfaite et unique* de l'époux, ainsi que la seconde partie du psaume XLV sur la *fille du Roi* [1].

Si l'on a lieu de se scandaliser quelque peu au sujet de
cette canonisation accordée par les mystiques intérieurs à
Mme Guyon, à défaut de Rome qui s'est bien gardée de
lui concéder une telle auréole de gloire, puisque, au
contraire, elle a condamné ses écrits comme hérétiques,

[1] Voyez *Discours sur la Vie et les Ecrits de Mme Guyon*, pages 29.
30, 11. etc. *Cantique des Cantiques* VI, 9. *Psaume* XLV, 11 et suiv.
Il est à observer toutefois qu'ailleurs M. Dutoit appliquait ces expressions *la colombe*, *l'unique* et *la parfaite* à l'Eglise universelle tout entière. Voyez *Philosophie divine*, tome I, page 299. L'argumentation
du *Discours* est en contradiction formelle avec cette manière de voir.
« Qu'étrangement on s'abuserait, si l'on concluait que c'est l'Eglise
que le Saint-Esprit a prétendu désigner dans ce verset ! » (Page 21.)
Nous ne nous chargeons pas de lever la contradiction.

il est juste cependant de ne pas oublier, et c'est dans ce but que nous avons fait cet exposé, que dans son admiration pour les enseignements de celle qu'il reconnaissait comme son guide, M. Dutoit n'a jamais cessé de voir avant tout la Bible expliquée par elle, ensorte que c'est à la Bible qu'appartient toujours· incontestablement le premier rang. Il ne lui vient pas à la pensée d'admettre une révélation qui soit indépendante du Livre de Dieu. C'est dans cette conviction et avec cet attachement fondamental à la Parole écrite qu'il a pu dire que « la Bible a besoin de Mme Guyon et que Mme Guyon a besoin de la Bible, » la première, sans doute, parce qu'à ses yeux nul ne peut l'interpréter d'une manière aussi saine que Mme Guyon, et celle-ci apparemment, parce que toute son autorité, tout son crédit dépend de cette Bible, dont il lui a été donné de révéler les mystères. Aussi disait-il dans la même occasion à l'ami qui le soignait, en 1788, dans une nuit d'insomnie : « J'espère de ne plus lire que Mme Guyon et la Bible à côté, pour chercher le passage, si je le veux ; et je voudrais n'avoir rien lu d'autre depuis trente-huit ans. »

En cherchant à établir ainsi ce qu'a été réellement Mme Guyon pour M. Dutoit, comme initiatrice aux voies intérieures de l'amour pur et de la communion intime avec Dieu, il y aurait une comparaison curieuse à faire avec ce que cette même femme a été pour Fénelon. Les circonstances étaient différentes, soit, d'une part, à cause des relations personnelles existant entre elle et le pieux archevêque, soit, d'une autre, en raison des antécédents protestants du ministre vaudois. L'idée de la Parole de Dieu est plus prédominante chez celui-ci ; elle demeure comme une base inaltérable, et a probablement servi de préservatif précieux contre telles ou telles erreurs de doctrine, auxquelles sans elle il eût pu facilement être entraîné. En revanche, le personnage, objet d'une si profonde vénération, avait manifestement grandi depuis l'heure où il avait quitté ce monde. On n'aurait pas songé à donner à Mme Guyon, de son vivant, le rôle que M. Dutoit a cru devoir lui assigner. Mais ces rapprochements, qui pourraient être en place dans une histoire comparée du mysticisme chez les protestants et chez les catholiques, nous entraîneraient trop loin. Qu'il nous suffise d'en avoir indiqué l'idée générale, en faisant ressortir le point le plus important pour nous maintenant, et sur lequel nous devons insister, savoir que Mme Guyon fut avant tout, nous pourrions dire exclusivement, pour M. Dutoit, un interprète éclairé d'en haut de la Sainte-Ecriture. « A la loi et au témoignage ! » voilà ce qu'il a toujours pensé, ce qu'il a toujours cru pouvoir dire en bonne conscience, en exposant le christianisme selon les vues mystiques.

N'est-ce peut-être pas pour une bonne part, à ce respect sincère pour la Bible, qu'on pourrait attribuer l'accueil fait dans son esprit et dans celui de ses amis, aux vues spirituelles qui leur devinrent si chères dès qu'ils les eurent adoptées ? — D'une part, l'orthodoxie morte régnant au milieu du XVIIIme siècle chez ceux qui étaient les plus sincères dans leur profession de christianisme ; d'une autre part, l'incrédulité légère ou moqueuse qui s'étendait de proche en proche dans tous les rangs de la société, n'auraient-ce pas été des causes suffisantes pour pousser les esprits désireux d'une vie chrétienne véritable, à saisir avec empressement des doctrines se présentant comme si propres à répondre à leurs vœux secrets et à leurs besoins intimes de conscience, et en appelant constamment à l'Ecriture comme à la base unique sur laquelle elles se fondaient? Le succès qu'elles ont eu dans notre pays à cette époque prouve du moins que le terrain leur y était préparé. Avec cela l'attrait inhérent à une doctrine un peu secrète, mystérieuse par sa nature même et par ses tendances proposée individuellement à un petit nombre d'âmes, pouvant bien aisément se croire des âmes d'élite, voilà plus qu'il n'en fallait pour attirer aux vues mystiques un petit troupeau d'adhérents.

CHAPITRE IV.

Tendances catholiques.

En cherchant à s'élever au-dessus des barrières d'E-
glises par une conception de la vérité qui lui permit de
dominer leurs différences, pour ne s'en tenir en réalité
qu'à ce qui devait leur être commun, M. Dutoit pouvait
bien aisément être conduit, sans qu'il s'en rendît peut-
être bien compte à lui-même, à adopter certaines vues,
certaines pratiques étrangères au système protestant.
L'étude assidue d'ouvrages écrits par les mystiques de
la communion romaine, et surtout la confiance explicite
qu'il avait conçue pour les enseignements religieux de
Mme Guyon, devaient l'amener forcément à ce résultat,
auquel n'ont échappé ni MM. de Fleischbein et de Klinckowström, ni bien d'autres avec eux.

« Il est très vrai, disait-il, que le Seigneur se veut des
âmes dégagées de tout parti extérieur et qui outrepassent
toutes ces montagnes de Garizim et de Jérusalem. » Et
il appliquait à ce point de vue ce qni est dit des *langues*
dans l'Ecriture, et en particulier au psaume XXXI, v. 20 :
Tu les tiens à couvert dans une loge, loin des attaques des

langues. Ces langues étaient pour lui les communions différentes et les controverses qu'elles élèvent entre elles [1]. Toutes viendront un jour se perdre dans la langue universelle, dans la caractéristique universelle, dans la charité, langue une, infinie, éternelle. Ce point de vue le conduisait assez naturellement à attacher moins d'importance à la forme de l'Eglise à laquelle il appartenait. Il n'en abandonnait pas le culte et « donnait toujours quelque tribut à la communion extérieure, à laquelle sa naissance et même le ministère l'avaient engagé. » Mais il n'était plus pour lui de communions extérieures, elles étaient dès longtemps « outrepassées. » Il en avait été de même, disait-il, pour Mme Guyon à la fin de sa vie. Elle avait interdit entre autres à mylord Forbes, l'un des Anglais qui s'étaient attachés à sa doctrine, de se faire catholique, comme il en manifestait l'intention dans les premières chaleurs d'un zèle peu éclairé [2]. C'est dans le même esprit qu'il écrivait à une amie : « Je ne suis pas de votre avis, et je ne partage pas vos scrupules sur le danger que vous voyez dans les livres mystiques faits par des catholiques et répandus parmi les protestants. Il faut qu'il y ait des oppositions de communion à communion qui tranchent le préjugé et le sortent de sa niche ; il faut même que la foi des uns batte celle des autres, afin qu'en se battant elles reçoivent en attente et pour l'avenir un germe de pacification qui fera un jour et dans son temps le vrai esprit d'unité. »

[1] *Philosophie divine,* tome II, page 305, note.

[2] Mylord Forbes et quelques autres Anglais venus en séjour à Blois chez Mme Guyon, furent en quelque sorte les prémices des protestants pour la doctrine de l'intérieur.

Mais tout en ayant ainsi la prétention de se tenir dans une sphère assez élevée pour dominer habituellement sur les différences des communions, notre pieux docteur n'en était pas moins entraîné dans le sens des inspirations catholiques, au delà du point où devait légitimement le conduire l'esprit même d'impartialité dont il faisait profession. Sa condescendance chrétienne au sujet de vues et d'opinions chères à ses amis, son admiration croissante pour ses auteurs de prédilection, la douceur qu'il trouvait dans la correspondance intime de plusieurs mystiques à tendances catholiques, tout cela explique sans doute chez lui, mais sans la justifier, l'adoption de doctrines erronées propres au système romain, et que l'on éprouve quelque surprise à rencontrer dans ses ouvrages.

Parmi les influences des dogmes catholiques, on peut signaler en première ligne chez M. Dutoit ce qui concerne la personne de la mère du Sauveur, à l'égard de laquelle il s'exprime en termes dénotant un degré de vénération bien supérieur à ce que supposent et légitiment ces paroles de cette humble femme : *Voici désormais tous les âges me diront bienheureuse.* Il l'appelle la *divine* Marie, la *Vierge sainte*, et établit d'une manière formelle l'absence de tout péché originel en elle et son immaculée conception [1]. La pente était assurément bien glissante, et il n'y a pas lieu d'être fort surpris que parmi les disciples de M. Dutoit, il y en ait eu qui se soient crus autorisés à recourir à l'intercession de cet être qu'on leur

---

[1] *Philosophie chrétienne*, tome I, pages 243, 314. etc. *Philosophie divine*, tome III, page 247.

dépeignait sous de si idéales couleurs. « Je ne discuterai
point la question de son culte, dit à cet égard le maître ;
je la laisse aux controversistes. Il faut bien leur abandonner des matières aux disputes qu'ils aiment. Et pour
ce qui me concerne, je laisse penser chacun là-dessus,
selon sa foi, sa piété ou son opinion.

Je ne décide point entre Genève et Rome. »

Nous avons indiqué déjà cette pensée de mérite expiatoire et purificateur attaché à la souffrance intérieure, au renoncement, au sacrifice volontaire. Tout
cela tient de bien près aux doctrines romaines sur les
œuvres et sur la substitution des mérites des saints.

Remarquons toutefois que, selon notre docteur, « c'est
uniquement le mérite des souffrances de Christ qui fait
que les tourments par lesquels il nous faut passer pour
faire notre purification sont pour nous sanctifiants et di-
vinisants, au lieu que sans sa mort et sans sa passion ce
seraient pour nous de vrais tourments de damnés et
inutiles pour notre retour à Dieu. » Ces paroles étaient
une protestation de son sentiment intime, une réclamation de sa conscience chrétienne contre les vues dogmatiques qu'il avait été conduit à adopter. Sa foi ferme et
entière au Sauveur le préservait ainsi, et l'on en trouverait d'autres exemples, des erreurs de doctrine et de
pratique, auxquelles il aurait pu si aisément être entraîné par l'influence de ses auteurs de prédilection,
dont le mysticisme était revêtu d'une couleur catholique
bien prononcée. Il y avait en lui, grâce à cette foi, un
correctif précieux et béni qui le faisait demeurer, pour

ce qui le concernait, sur le fondement inébranlable.
Sous *le bois*, *le foin*, *le chaume*, entrés dans son édifice,
Christ demeurait comme base. La lecture de ses ouvra-
ges le démontre constamment.

Si la largeur de ses vues lui faisait maintenir, pour
les membres des diverses communions, le droit de conserver leurs opinions dogmatiques particulières, cette
largeur n'allait pas jusqu'à l'indifférence. Il savait fort
bien apprécier les erreurs et les misères du système romain, et les opposer, dans l'occasion, à ceux d'entre les
protestants qui paraissaient tentés d'embrasser le catholicisme. Nous en avons la preuve dans une lettre écrite
par M. Ballif, tant en son nom qu'en celui de son ami,
à l'un des jeunes gens qui avaient été à Lausanne en
rapport avec ce dernier. Officier au service de France,
ce jeune homme avait rencontré en Alsace des conver-
tisseurs qui, au nom même des principes mystiques qu'il
professait, voulaient l'amener à entrer dans le giron de
l'Eglise romaine, et il avait consulté à cet égard ses anciens amis. Ceux-ci lui répondirent en alléguant d'abord
l'opinion de Mme Guyon sur ce sujet, puis en lui rappelant que, comme tout le christianisme se résume dans
l'intérieur, le culte spirituel, l'oraison, le renoncement,
la mort à soi-même, l'amour pur, etc., ces choses sont
de toutes les communions chrétiennes. Ils ajoutaient
que le protestantisme ne rejetant rien de ce qui fait
l'essence du christianisme, comme le dogme de la Trinité, l'incarnation, la satisfaction, le Saint-Esprit et ses
opérations, etc., il n'y avait aucun motif de le quitter,

tout comme aussi rien n'empêchait de conserver dans
son cœur quelque dogme particulier, comme celui de la
présence réelle par exemple. Ils disaient encore que
l'Eglise romaine ayant constamment persécuté les intérieurs et condamné leurs livres, tels que ceux de Molinos et de Fénelon, ce n'était plus dans cette Eglise que
l'on pouvait trouver les moyens d'avancer dans la vie
intérieure, mais bien plutôt dans le protestantisme où
il leur semblait qu'elle pénétrait alors presque partout.

Ces détails suffisent pour donner une idée du genre
d'argumentation employée par MM. Ballif et Dutoit en
pareille occurrence, et pour faire voir que s'ils manifes-
taient certaines tendances catholiques sur des points de
détail, ils étaient loin d'abjurer le protestantisme et de
pousser leurs disciples à se faire catholiques.

Ils avaient à cet égard une théorie que nous trouvons
exposée dans une lettre de M. de Fleischbein dont nous
donnerons un extrait substantiel : « J'ai écrit que je
croyais tout ce que les saints mystiques de l'Eglise catholique ont cru, mais que pour cela je n'étais pas pa-
piste. Je ne me soumettrai en effet jamais au pape. Il
faut que je vous explique ceci pour votre édification.
Ceux qui font profession d'être de la religion catholique
sont tenus de reconnaître le pape comme le vicaire de
Jésus-Christ, et de se soumettre aveuglément à toutes
ses ordonnances, comme si elles étaient émanées de
Dieu même. Ce qu'ils entendent par l'Eglise, c'est, non
l'assemblée universelle de tous les fidèles, mais le clergé,
cette caste d'hommes qui s'estiment seuls prêtres et am-
bassadeurs de Dieu, sous la domination du pape, et en-

visagent le commun des hommes , qu'ils appellent laï-
ques, comme un troupeau de bêtes de somme devant se
soumettre aveuglément à eux. Ce clergé, dont l'esprit
persécuteur et intrigant s'est révélé par une multitude
de crimes, ne permettrait jamais à une personne adon-
née à la vie intérieure de lire les livres mystiques, et en
particulier ceux de Mme Guyon qu'il rejette comme hérétiques. Si une telle personne se faisait catholique, elle
serait bientôt espionnée et persécutée, comme l'ont été
Mme Guyon, Jean de la Croix, Molinos, le père La Combe,
Fénelon et tant d'autres. Il n'y a donc pas moyen de
faire réellement profession de la religion catholique.
J'écris ceci, afin que lorsque je ne serai plus, cette
feuille serve de témoignage. Conservez-la et faites-la
lire quand les circonstances le demanderont [1]. » Ces derniers mots montrent l'importance que l'auteur lui-même
attachait à cette déclaration de principes, à laquelle M.
Dutoit souscrivait pleinement.

M. de Klinckowström exprimait de son côté une conviction pareille. « Actuellement, disait-il après avoir raconté ses propres expériences, il m'est aussi clair que
le jour, que l'Eglise catholique extérieure a signé l'arrêt
de sa propre réprobation, en condamnant la doctrine de
Mme Guyon, et que le salut des protestants dépendra désormais de l'accueil qu'ils feront à l'esprit du pur amour
qui est venu chercher retraite parmi eux [2]. »

Nos amis pouvaient s'appuyer à cet égard sur l'opinion de leur grand docteur, de Mme Guyon elle-même.

[1] Lettre à Régina, 31 décembre 1765.
[2] Lettre à Ptolomée, 24 mars 1766.

Ne s'était-elle pas adressée aux protestants, non pour les engager à devenir catholiques, mais pour les inviter à recevoir ce que l'Eglise romaine repoussait? Par une heureuse allusion à la visite du Seigneur aux habitants de la ville de Sichar, elle leur disait en effet : « O mes chers Samaritains, il est vrai que vous êtes divisés d'avec nous pour le lieu du sacrifice, mais vous croyez en Dieu, vous attendez tout du même Sauveur. C'est à vous que l'Esprit intérieur s'adresse, cet Esprit d'adoration en esprit et en vérité, cette prière digne de Dieu, ce culte intérieur, cet amour pur, si rebuté de notre nation et de notre peuple. C'est à vous qu'il s'adresse pour être reçu; c'est en vous et par vous que Jésus-Christ le fera fructifier. Il vous demande retraite chez vous [1]. »

Elle exprimait la même chose dans ses poésies. Après avoir montré l'ingratitude des catholiques à l'égard de cette vie intérieure dont ils repoussaient les bienfaits, elle ajoute :

> « Vous, pauvre nation, seulette, abandonnée,
> On vous va voir bientôt et fertile et peuplée,
> Si vous recevez bien ce que vous dit par moi
> Cet époux de mon cœur et le prenez pour roi.
> Il va rendre féconds les lieux les plus sauvages,
> Et des sables ingrats faire des pâturages :
> On y verra bientôt régner la vérité
> Où l'on ne connaissait presque pas l'équité.
> Vous verrez le raisin où vous voyez la ronce,
> Et c'est mon Souverain qui par moi vous l'annonce [2]. »

[1] Discours. *Lettres spirituelles*, tome V, page 57.
[2] *Poésies spirituelles*, tome IV, page 176.

« Heureuse, s'estimait-elle, si les protestants convaincus par une bienheureuse expérience, venaient lui dire
comme à la femme Samaritaine : Ce n'est plus parce
que vous nous avez dit que nous croyons , c'est parce
que nous connaissons nous-mêmes. Oh ! si j'entendais
ces paroles, je dirais de bon cœur : *Nunc dimittis ancil-
lam tuam, Domine !* Tu laisses maintenant, Seigneur, ta
servante aller en paix [1] ! »

Il y avait ainsi chez les mystiques un esprit de largeur qui , tout en disposant ceux d'entre les protestants
à admettre des doctrines et des tendances catholiques,
les maintenait dans une sphère de liberté chrétienne, à
laquelle ils attachaient un grand prix , et les préservait
de l'entraînement auquel ils auraient pu être exposés
dans leurs rapports familiers avec leurs docteurs favoris
dont la plupart appartenaient à la communion romaine.

On pourrait citer des points à l'égard desquels M. Dutoit s'est nettement prononcé contre des pratiques en
honneur chez un grand nombre de mystiques, et qui se
sont glissées parmi ceux qui faisaient profession d'être
ses disciples. Tel est en particulier l'usage du crucifix.
Dans le chapitre de la *Philosophie divine,* où il traite de
la croix , comme du plus grand mystère de la religion,
après avoir exalté la grandeur, l'excellence de cette croix
qui se révèle en tant de manières dans les trois grands
miroirs où la divinité se manifeste , ceux de la Révélation, de l'Homme et de la Nature, après avoir dit qu'elle

[1] *Lettres,* tome V, page 59.

seule est le titre éternel, la marque d'adoption, le sceau
de la filiation divine, le passeport, le sauf-conduit, faisant remonter l'homme même au-dessus des anges, et
des fanges de la terre jusqu'au trône de son roi, il
ajoute : « Divine croix! ah! je ne m'étonne pas que
dans une communion chrétienne, on en salue la vile et
grossière image; mais non, ici je m'abuse; il n'est rien
de vil en ce qui en présente l'empreinte, qui la rappelle
à l'esprit, qui en porte le désir dans le cœur ; mais aussi
il vaudrait infiniment mieux s'élever de la figure au réel,
de la lettre à l'esprit, l'estimer dans l'entendement,
l'embrasser (et non l'esquiver) par le cœur, bien plus et
mille fois plus, que d'en embrasser le bois des bras de
la chair, que de tuer son âme par la lettre superstitieuse
et d'en renier et la force et l'esprit [1]. »

On retrouve dans ce passage un nouvel exemple de
cette réclamation intime du vrai spiritualisme qui était
au fond de l'âme de M. Dutoit. Que n'a-t-il plus souvent écouté cette voix intérieure! que n'a-t-il plus habituellement suivi cet heureux instinct, lorsqu'il s'agissait de la vierge Marie, par exemple, ou plus encore de
la position si étrangement élevée qu'il a cru pouvoir
attribuer à la personne de Mme Guyon !

[1] *Philosophie divine*, tome I, page 341.

CHAPITRE V.

Vie intérieure.

Nous devons maintenant chercher à étudier un peu plus à fond que nous ne l'avons pu faire jusqu'à ce moment, ces voies intérieures que la vie et les écrits de M. Dutoit nous révèlent constamment comme étant à ses yeux d'une si haute importance. En recueillant ce qu'il a enseigné relativement aux divers états spirituels, dans lesquels consiste, selon lui, la vie intérieure proprement dite, et en rassemblant ce qu'il en a expérimenté lui-même, d'après ce qui en a été conservé par lui ou par ses amis, nous arriverons à nous rendre compte d'une manière assez exacte de ce qu'était, soit en théorie, soit au point de vue pratique, ce christianisme intérieur dans lequel il voyait la seule conception vraie de l'Evangile.

Pour entrer d'emblée dans ce sujet, nous transcrirons un passage où l'auteur l'expose lui-même dans sa notion la plus générale, en jetant un coup d'œil rapide sur tout l'ensemble de la carrière à parcourir ici-bas par l'enfant de Dieu.

« Dans tout le Cantique, dit-il, il n'est question que

des états tout à la fois très réels et très mystiques par
où les âmes, épouses de Jésus-Christ, doivent passer,
depuis les fiançailles, ou commencement d'élection, jusqu'à la consommation de leur mariage avec cet Epoux
céleste ; états très nombreux et très divers, dépeints
sous des emblêmes physiques ; états où l'opération de
la grâce les met dans l'intervalle tantôt d'union, tantôt
de délaissements, d'approches et de fuites, de rigueur
ou de douceur, de chastes embrassements ou de re-
poussements pour les fautes commises, de privations
amères ou de jouissance, de consolations ou de refuites,
d'amour ou d'indifférence, de trouble ou de paix. Tantôt des détroits difficiles, tantôt la route la plus unie.
En un mot, tous les états à passer jusqu'à ce que soient
enlevés et disparus tous les obstacles que le péché et la
propriété, qui est l'essence du péché, apportaient à cette
sainte union qui, dans la consommation parfaite, doit
devenir unité [1]. »

Nous ne reproduirons pas ici ce que nous avons eu
déjà l'occasion de dire, en parcourant la vie de M. Dutoit, mais nous complèterons l'exposé que nous avons
été conduits à faire de ce travail intérieur, de cette lutte
incessante, objet des préoccupations constantes de son
âme, en transcrivant dans les termes mêmes où ils nous
ont été conservés, les souvenirs de ses rudes expériences. Le dépouillement de la volonté propre, son anéantissement en Dieu, voilà l'idéal auquel il tend sans cesse,
le but suprême de tous ses désirs et de tous ses efforts.

[1] *Discours sur la Vie et les Ecrits de M*me* Guyon*, pages 15 et 16.

Et il faut parvenir à ce but, non point en passant d'une
manière graduelle des ténèbres obscures de l'éloignement de Dieu, à la lumière glorieuse de sa ravissante
présence, mais en passant au contraire souvent dans
des ténèbres croissantes et de plus en plus profondes.
La lumière est rare dans cette voie purifiante. « Oh !
qu'il en coûte, oh ! qu'il est terriblement pénible ce dépouillement et ce dénûment radical de notre être entier !
Esprit, entendement, volonté, mémoire, fécondité d'imagination et d'idées, instinct distinct et aperçu même le
plus sûr, il faut que tout disparaisse, que tout périsse,
et il est de toute impossibilité d'être illuminé de la lumière du Verbe, seule vraie, seule sûre, seule originale,
avant d'être mort à toute lumière propriétaire. » Tels
sont les termes dont il se servait dans un entretien intime avec un ami.

« Le chemin qui mène à la vie, lui disait-il encore,
est étroit ; il faut marcher par ce chemin de contrainte,
de gêne, de retenue, de crainte, de frayeur continuelle,
avant d'entrer dans un esprit de liberté, d'aisance et de
joie ; il faut boire du torrent avant que de lever la tête,
il faut souffrir avant que de jouir. » — « N'avoir d'am-
bition au monde que celle d'accomplir le bon plaisir du
Seigneur, espérer tout de Dieu et ne rien espérer de
nous-mêmes, être contents de la manière dont Dieu
nous traite, mourir éternellement à nos penchants et à
nos inclinations naturelles, renoncer sans cesse et de
moment en moment à notre volonté propre dans les
choses les plus petites comme dans les grandes, voilà ce
qui seul peut amener à la vraie paix du cœur. Etre très

fidèle à la grâce, et ne pas résister à ses avertissements secrets, et pour pouvoir ouïr cette voix délicate, vivre au moment présent, veiller à Dieu, demeurer en sa présence, prier et se mortifier, se compter pour rien, aimer à être méprisé des hommes, chérir la croix, être humble dans le fond du cœur et doux dans tous nos actes, tout cela non pour nous, mais uniquement pour Dieu, et voilà le vrai caractère d'un chrétien intérieur. » — « Le vrai bonheur consiste en ce que nous soyons unis à Dieu; or nous ne pouvons l'être que par la volonté; notre volonté propre ne peut être unie à celle de Dieu qu'autant qu'elle a été détruite et transformée, et elle ne peut, cette volonté propre, être anéantie que par des angoisses extraordinaires, des tourments et des déchirements indicibles. » — « Il faut laisser pendre, étrangler, rouer et brûler son âme, » « se laisser massacrer par l'esprit crucifiant, » « vivre en Gethsémané et sur le Calvaire. » Aucune expression n'est trop forte pour rendre la souffrance intime de l'âme qui marche résolument vers le néant.

C'est à cet anéantissement complet de la volonté propre, du moi naturel, que M. Dutoit tendait sans cesse et cherchait à pousser ses disciples. « Allez à l'aveugle écrivait-il à l'un d'eux, et qu'il n'y ait que le cœur qui joue en vous. » — « L'anéantissement est une sorte d'acte interne, par lequel on arrive au rien, ou néant, à cet heureux néant qui laisse dans le cœur et dans l'esprit la place vide, pour que Dieu seul l'occupe. Car Dieu ne peut vivre en nous que lorsque tout y est mort, ni nous remplir de lui, que lorsque tout ce qui

n'est pas lui en est vidé. » — « Il faut donc, lorsqu'on est
entré dans la voie intérieure, non pas suspendre son jugement devant ce qui paraît difficile, mais avaler comme un
enfant, même ce qui est contraire à ses vues. Vous verrez
que vous deviendrez si sec, si inutile, si rien par intervalles, et si passif, que vous ne pourrez pas seulement
offrir ces états à Dieu par un acte aperçu et distinct.
Vous serez ce que vous serez dans le moment, sans vous
en trop mettre en peine ; si sec, sec ; si éloigné de Dieu
(en apparence), éloigné ; si rapproché, rapproché, etc.
Car il faudra que tout le moi spirituel périsse en vous. »
« Il faut arriver à force de morts particulières, à la mort
totale. Cet ouvrage, long en lui-même, le devient bien
davantage encore par les résistances que nous lui oppo-
sons. Il faut que Dieu et l'homme travaillent de concert
à cet anéantissement qui, par là même, se présente
comme actif et comme passif. Se vider, se dépouiller de
soi-même, voilà l'actif ; se laisser remplir, voilà le passif.
De ces deux œuvres concurrentes et simultanées résulte
la marche vers ce néant, infini en négation, comme Dieu
est infini en être, en sorte qu'on y peut toujours avancer.
Oh ! combien faut-il que toute créature expire dans notre
cœur avec des millions de coups de morts, avant que
Dieu puisse en être le Maître absolu ! »

Il serait aisé de recueillir un grand nombre d'enseignements analogues qui démontreraient que plus il avançait vers le terme de sa carrière terrestre, plus il sentait
le besoin d'insister sur l'ineffable prix des souffrances
et de tout ce qui tend à la mort totale et effective de

notre nature, sur la valeur incommensurable de la croix.

Sans donc insister nous-mêmes davantage sur les indications de cet état de lutte si habituel, dont ce qui précède peut donner du moins quelque idée, nous relèverons un passage d'une lettre prouvant que par moments M. Dutoit sentait l'abus d'une étude trop minutieuse de l'intérieur. « Je crois, écrivait-il à M. de Klinckowström, qu'il ne faut pas pousser si loin l'analyse de son intérieur, mais se mettre un peu le cœur au large ; j'y ai assez souvent été dupe. Il ne faut pas se chicaner soi-même perpétuellement. Dès qu'on agit avec Dieu en sincérité, il n'est pas nécessaire d'apprécier avec réflexion toutes les petites nuances du cœur. Cela l'étrécit et l'apetisse, et je serais fâché de le faire en vous jetant des scrupules excessifs. »

Cette remarque est précieuse, nous semble-t-il, comme correctif à une tendance que l'on pourrait aisément juger exagérée, en bien des circonstances, chez M. Dutoit lui-même. En pareille matière, l'abus est bien près de l'usage. Une analyse habituelle et subtile de toutes nos impressions, un examen minutieux de tous nos sentiments, même les plus fugitifs, dépassent le but légitime de l'étude que nous sommes appelés à faire, au sujet du travail de la grâce en nos âmes. Ils dégénèrent trop souvent en une recherche déguisée de nous-mêmes, en une satisfaction dangereuse de cette « propriété » justement signalée comme l'un de nos ennemis les plus funestes. Un franc regard vers le Sauveur a une influence bien plus saine, bien plus sanctifiante, bien plus purifiante que l'examen constant d'une misère absolument incapable

de se fournir à elle-même des moyens efficaces de guérison. C'est au serpent d'airain, précieux symbole de la
croix du Calvaire, et non aux degrés variés de leurs
plaies et à leurs plus ou moins grandes souffrances que
devaient regarder les Israélites du désert. Il y a dans la
remarque de notre docteur et dans le sentiment qui la lui a
inspirée, une réclamation du sens moral vraiment évangélique contre un danger du mysticisme. Sous ce point
de vue elle nous paraît précieuse à noter et à rapprocher
des réflexions que nous avons déjà présentées au sujet
de cette absence presque constante de paix qui signale
si douloureusement la vie intime de M. Dutoit, en consignant encore la remarque faite par l'une des pieuses
amies de la vie intérieure que « pour elle, elle appré-
ciait cette voie comme la meilleure et la plus sûre, lorsque l'imagination ne prend pas la place de l'esprit. »

Il ne sera pas hors de propos de rappeler ici l'indication donnée par le docteur, des moyens d'arriver au pur
amour du Seigneur, « à cet état imperturbable qui seul
peut diviniser l'homme, à cette union centrale qui en
fait un citoyen des cieux au dedans, en même temps
qu'il vaque au dehors, par vocation, en citoyen de la
terre. Ces moyens sont : 1° Longtemps un cri à Dieu
presque perpétuel au dedans ; 2° La prière active poussée
de l'affection du cœur ; 3° Ce qu'on appelle la méditation des choses religieuses et saintes, aussi longtemps
qu'on trouve dans ces méditations du suc et de la nourriture ; 4° L'oraison du silence et du repos, qui doit succéder à ces pratiques ; 5° L'entrée béatifiante dans les
routes de la foi qui conduit l'âme à la charité ou amour

de Dieu en faisant tomber insensiblement tous les faux amours du monde, des objets et des vils attachements ; 6° Ajoutez la mortification des passions à mesure qu'elles font des actes de vie qu'il faut réprimer. Notez que ces pratiques ne dérogent point aux devoirs extérieurs et peuvent toutes marcher de compagnie avec les occupations et même les délassements légitimes et nécessaires à la faiblesse de notre nature. Car la religion divine, simple, ne consiste point dans une tension trop fatigante de l'esprit, mais dans un soupir, une aspiration, une tendance du cœur à Dieu [1]. »

Les croix, les souffrances inexprimables, les angoisses intérieures, la tendance constante à l'anéantissement, voilà donc ce qui, selon M. Dutoit, doit être prisé pardessus toutes choses par l'âme qui aspire à vivre de la vie intérieure, mais avec tout cela on pourra se demander encore où est la vraie sanctification. On parle beaucoup de troubles, de tortures morales, d'enfer même, mais peu d'une lutte sérieuse, active, persévérante contre le péché. Les résultats de tout ce travail intérieur ne se manifestent pas d'une manière sensible dans la vie. On s'étudie, on se scrute, on se tâtonne, on analyse scrupuleusement ses plus légères impressions ; l'on se fait un devoir de s'inquiéter sur son âme, dès qu'on n'est pas dans le trouble ; on nourrit à l'égard de la fausse paix une terreur tellement exagérée, qu'elle fait souvent méconnaître et disparaître la paix réelle. Quel danger

[1] *Philosophie divine*, tome III, page 186.

n'y a-t-il pas dans cette préoccupation constante et absolue de l'état intérieur, sous le rapport de l'application
de l'Evangile à la vie pratique, et sous celui même de
l'appropriation du salut par grâce à l'âme qui n'ose pas
saisir avec joie ces paroles : *Tes péchés te sont par-
donnés ?*

Ajoutons à cela deux observations qui nous sont sug-
gérées par les conseils donnés à M. Dutoit par M. de
Fleischbein. D'une part nous voyons le premier, dans
son désir d'avancer dans les voies intérieures, se pré-
occuper outre mesure de questions de pur ascétisme. Il
a demandé s'il pouvait consciencieusement continuer à
faire usage du tabac. Le directeur répond que quant à
ce soulagement corporel et à d'autres soins nécessaires
pour sa santé, il doit s'accorder sans scrupule ceux que
la Providence lui procure. D'un autre côté, M. Dutoit
ayant gémi sur ses chutes, ayant déploré ses faiblesses,
M. de Fleischbein adresse à ce sujet à son correspondant
les réflexions suivantes : « Ce qu'écrit notre cher frère
Théophile sur ses prévarications contre la loi ne m'étonne
nullement. C'est une preuve que l'état de lumière est
usé pour lui, et que Dieu veut l'amener dans la voie
d'une foi nue et dépouillée de tout, d'autant plus nue et
dépouillée qu'il a été plus élevé dans son état de lumière.
Si Dieu l'avait voulu laisser dans ce dernier état, il lui
aurait donné les forces nécessaires pour le combat contre
Satan et lui aurait accordé la victoire ; mais puisqu'il a
succombé, c'est une preuve de changement d'état. Jusqu'ici il a été dans un état de lumière, il a la vue et le
goût de l'anéantissement, mais non pas encore cet état

même. Et comme par le passé, il s'est ceint lui-même,
et est allé où il a voulu, il viendra un temps ou un autre
le ceindra et le fera aller où il ne voudrait pas. » (17 février 1764.)

N'y aura-t-il pas ici une réclamation du sens moral à
l'occasion de ces chutes qui, d'après le système, doivent
être bien moins un sujet d'humiliation et de douleur
qu'un sujet de joie, puisqu'elles annoncent un progrès,
un pas bienheureux dans la voie où l'on doit désirer si
fort d'avancer? Malgré le respect que nous inspire la
sincérité des hommes dont nous nous occupons, nous
ne pouvons nous abstenir de signaler ici des erreurs qui
nous paraissent bien dangereuses au point de vue d'une
sanctification vraiment évangélique. S'ils avaient l'espoir
de ne pas abuser eux-mêmes de pareils principes, comment n'y avait-il pas lieu de craindre que tels de leurs
disciples n'y trouvassent des piéges auxquels ils ne sauraient pas résister?

Nous terminerons cet article en citant encore quelques
réflexions de M. de Fleischbein au sujet des progrès qu'il
s'attendait à voir faire à M. Dutoit dans la voie intérieure :
« J'espère que le cher frère Théophile entrera maintenant sans empêchements et de plus en plus dans le
désert de la foi obscure. Oh ! qu'il sera surpris, lorsque
les nombreuses richesses spirituelles qu'il possède encore lui seront ôtées, et qu'il reconnaîtra seulement
alors qu'il les a possédées ! Dans l'état de perte, il ne
nous en reste pas plus que n'en pouvait avoir Nébucad-
netzar pendant ses sept ans passés au milieu des bêtes

sauvages. Ce cher frère se trouve comme *écrasé*, mais ce n'est qu'un assoupissement qui le conduira peu à peu là où Dieu veut l'avoir. Ce grand Dieu a fait ici un vrai miracle, non par moi, car je n'ai rien fait pour cela, j'ai seulement rendu témoignage de ce que j'ai éprouvé et reconnu comme une vérité incontestable, mais en ce qu'il a donné à ce cher frère de renoncer à son esprit propre et à ses prétendues lumières. Par là, non-seulement il a sauvé son âme, et l'a préservé d'une chute bien grave qui était imminente, mais il a retiré de leur dangereuse voie de lumière les âmes qui étaient unies à la sienne et qui se confiaient en lui, pour les faire entrer dans la route bénie de la foi obscure. » (24 avril 1764.)

« Ce cher frère Théophile est maintenant effroyablement humilié, non pas à nos yeux, car j'estime son état actuel bien supérieur à son élévation précédente, mais dans son propre jugement et d'après le sentiment qu'il en a. Si l'on venait aujourd'hui lui indiquer des choses qui le mettront bien plus bas encore (au point de vue humain et surtout selon ses propres appréciations), sa nature ne le supporterait peut-être pas. Si d'une autre part, l'on cherchait à le consoler, cela lui serait encore plus intolérable, parce que la générosité de son sacrifice se réveillerait et le contraindrait à repousser bien loin toute consolation. Il doit être à nos yeux tel que Job sur le fumier, couvert de plaies, ne pouvant recevoir aucun soulagement pour les coups qu'il a reçus de la main de Dieu. Il juge bien de sa situation actuelle et reconnaît tout le danger de son précédent état de lumière. Chercher à le lui faire voir plus clairement et plus à fond, ce

ne serait qu'accroître sa confusion et sa douleur. Le
mieux est de ne plus du tout lui en parler, et de laisser
Dieu agir. D'ailleurs, comme il porte l'image de Job,
tout lui serait douloureux dans ce qu'on tenterait pour
panser ses plaies, fût-ce le baume le plus précieux. »

« Le cher frère Ballif que j'aime de tout mon cœur
marchera, je crois, désormais avec fermeté et fidélité
dans la voie de la foi obscure. Momentanément séduit
par l'amour de sa femme pour l'extraordinaire, il s'y est
laissé entraîner, de même qu'il s'est attaché avec admiration au *brillant* des lumières de Théophile. Il doit, en
conséquence, avoir été comme *déplacé* pendant tout le
temps où il n'a pas été pleinement dans sa voie, mais
maintenant qu'il a reconnu son erreur, qu'il se plonge
de nouveau dans l'obscurité de sa précédente voie ; c'est
là qu'il retrouvera son repos d'autrefois. Il en est de lui
comme d'un homme à qui l'on a remis une articulation
déboîtée, il est calme et n'éprouve plus aucune douleur,
s'il se tient tranquille et sans mouvement. »

« Mais il en est tout autrement de notre cher frère
Théophile. En lui s'accomplissent ces paroles de Jésus-
Christ : *Je ne suis pas venu apporter la paix, mais l'épée.* Il
endure l'opération, non pas de la remise en place, mais de
la rupture d'une articulation, et son imagination se remplit en outre de la pensée des choses qui doivent encore
arriver. Tout cela ne sert qu'à le crucifier. C'est un état
tout autre et bien plus élevé. Théophile doit marcher de
nouveau dans ces états de perte où l'on ne voit ni terme
ni mesure. M. Ballif au contraire est dans le commencement d'un dépouillement, où il a encore beaucoup de

vêtements à ôter, avant de pouvoir bien connaître sa
nudité. Il serait tout aussi peu à propos de mettre sur
le même rang la conduite de l'un et la conduite de l'autre,
que si l'on voulait conclure du premier état de privation
où se trouva Job lorsqu'il perdit ses troupeaux, à l'état
subséquent où il fut sur son fumier, ou si l'on mettait
en comparaison la douleur qu'il ressentit dans le premier
état, et celle qu'il éprouva dans l'autre. Je me sens intimement uni dans mes prières à ces deux chers frères.
Tous deux marchent très bien et s'avancent dans la voie
où Dieu les veut l'un et l'autre, mais chacun d'après son
état et son degré. » (22 mai 1764.)

Il nous a paru intéressant de mentionner à l'occasion
de la vie intérieure , ces fragments de correspondance
propres à faire pénétrer dans l'une des crises les plus
graves , par lesquelles a dû passer M. Dutoit sous la direction de M. de Fleischbein, et à donner la clef de plusieurs des enseignements fournis par lui aux âmes dont
il a dû à son tour , être le directeur mystique. — Lui
aussi parlait à ses amis « de la foi lumineuse devant
faire place à la foi obscure, puis à la foi nue, puis de dépouillements en dépouillements aux néants partiels, pour
arriver enfin au néant total. » C'est, comme nous venons
de le voir, à l'influence de M. de Fleischbein qu'il avait
dû de faire ces rudes expériences, auxquelles il attachait
pour son compte une importance dont, pas plus que son
guide, il ne croyait s'exagérer la valeur.

Quant à la crise elle-même, à laquelle nous avons dû
déjà faire allusion, nous en reparlerons plus loin, et l'on
comprendra mieux quelle en fut la nature , et quelle en

dut être la portée. Quoique la cause déterminante en ait
été, non pas un point particulier relatif à la vie intérieure, mais le jugement porté par M. de Fleischbein sur
des doctrines théosophiques et des théories spéculatives
énoncées par notre auteur, c'est bien sur le domaine de
la vie intérieure que le contre-coup s'en fit sentir chez
lui avec puissance.

CHAPITRE VI.

Visions et directions providentielles. Communications avec le monde invisible.

Au sujet des états intérieurs, objet de l'étude et des préoccupations constantes de M. Dutoit, se rattache par des liens intimes, celui des directions providentielles et des visions, qui eurent sur lui, tant à l'extérieur que dans le domaine spirituel, une influence marquée. Nous avons eu déjà l'occasion de signaler quelques exemples des unes et des autres, et l'on comprend aisément comment l'application constante de son esprit à l'étude de ce qui se passait dans son âme, et la méditation habituelle des ouvrages de ses auteurs favoris, l'ont conduit à nourrir la pensée d'une intervention immédiate et ininterrompue de la main du Seigneur dans tout ce qui concerne la vie de son enfant.

D'après celui de ses disciples qui l'a assurément le mieux connu, et qui, sur ce point, exposait moins ses propres pensées, que les théories du maître, M. Dutoit a fait de nombreuses expériences psychologiques, se rattachant à ce don de voir et d'entendre des choses surnaturelles, *supranaturales*, que quelques philosophes considèrent comme un sixième sens qu'ils appellent *sensorium universale*. Les personnes qui en sont douées sont principalement celles qui ont atteint un grand degré de mortification à l'endroit des cinq autres sens. C'est une sorte de compensation qui leur est accordée pour les violences qu'elles se sont faites, en refusant à leurs sens la satisfaction de leurs appétits. Plus cette mortification a été profonde et universelle, plus ceux qui l'ont subie sont gratifiés de ce don de voir les choses qui sont au delà du principe visible de ce monde élémentaire. On comprend aisément le danger d'une pareille théorie, au sujet de laquelle Zimmermann, le docteur de Hanovre, l'ami infortuné de Haller et de Tissot, écrivait à ce dernier « qu'il connaissait un homme qui était tout à la fois platonicien, pythagoricien, etc., et qui en outre, avait des visions. » C'était M. Dutoit qu'il désignait ainsi. Le pauvre docteur si tourmenté dans son âme, ballotté entre Candide et la Bible, était loin de pouvoir lui-même apprécier sainement un état spirituel si profondément différent du sien [1].

Quant aux directions providentielles dont M. Dutoit s'est reconnu l'objet, outre celles que nous avons indiquées, il en eut une qui lui parut très frappante. Dans l'hiver de 1776, époque où il était en proie à de cruelles souffrances morales, un jour qu'il était tout particulièrement angoissé, il sentit le besoin de sortir de son appartement pour chercher à distraire sa douleur, et descendit au

[1] Voyez Ch. Eynard, *Essai sur la vie de Tissot*, page 197.

bûcher où deux ouvriers étaient occupés à fendre du
bois. Au moment où il approchait d'eux, le fer d'une de
leurs haches se détacha violemment et vola contre lui en
effleurant sa tête. Tandis que les bûcherons demeuraient
frappés de stupeur à la pensée de l'horrible accident qui
avait été sur le point d'arriver, M. Dutoit, lui qui, dans
ce moment même soupirait après la mort, dit : « Seigneur,
tu ne veux rien de moi encore, tu ne veux pas qu'on me
tue. » Repris dans sa conscience à l'égard de ce désir
d'être délivré de ses angoisses spirituelles, il reconnut
dans cet événement une direction tout à fait miraculeuse
et une leçon formelle qui lui était donnée d'en haut.

Il en était évidemment de même au sujet des visions
et des inspirations immédiates par lesquelles il pensait
être éclairé de la part du Seigneur. Plusieurs de ces
choses rappellent d'une manière frappante des traits
analogues signalés dans la vie de Luther par ses biographes et surtout dans les écrits du réformateur. Ainsi
il racontait qu'un jour à Céligny, il eut à lutter corporellement avec le diable ; une autre fois, à Lausanne, il
vit cet ennemi lui apparaître dans sa chambre, sous la
forme d'un affreux crocodile. Saisi de terreur, il dut
s'abandonner à la merci du monstre, ce qui bientôt eut
pour effet de contraindre celui-ci à s'arrêter et à disparaître [1]. Dans une autre circonstance il eut une vision
bien différente, propre à le remplir d'autant de consolation que la précédente l'avait saisi d'épouvante ; il vit

[1] Comment se concilie le système mis ici en pratique, avec cette
recommandation si expresse de l'Apôtre : *Résistez au diable, et il s'en-
fuira loin de vous?* Jaques IV, 7.

dans cette même chambre, où il avait eu à lutter contre
l'adversaire, le Seigneur Jésus attaché à la croix, au
milieu d'une resplendissante lumière, et lui donnant ainsi
un précieux témoignage de son amour.

Ses souffrances corporelles furent à diverses reprises
l'occasion d'expériences encourageantes. Un jour qu'il
était extrêmement malade, après une nuit d'angoisses,
il lui sembla qu'une main invisible lui versait dans la
bouche un breuvage restaurant dont le goût ne ressem-
blait à rien de terrestre, mais si excellent et si fortifiant
qu'il n'avait pas de termes pour en exprimer la douceur.
Il se sentit merveilleusement reconforté, pour continuer
à souffrir avec courage.

A l'égard des angoisses morales, il éprouva bien plus
souvent et bien plus sensiblement encore la protection
miséricordieuse de son Sauveur. Un jour, en particulier,
qu'il endurait un tourment inexprimable, et qu'il avait
l'affreuse conviction d'être destiné à la perdition, il dit
aux amies qui l'entouraient alors de leurs soins et des
témoignages de leur sympathie : « Hélas ! je descends
en enfer. » A peine ce cri de détresse fut-il sorti de ses
lèvres, qu'il entendit dans le fond de son cœur la voix
du Seigneur Jésus lui disant avec un accent de charité
profonde : « Hé bien ! j'y descends avec toi. » Puissamment relevé et fortifié par cette sainte assurance, il sentit
s'opérer en lui un changement total d'impressions, et il
put s'écrier avec ravissement, à la joie des témoins de
son agonie : « Maintenant, je ne crains plus ni Satan, ni
l'enfer tout entier, puisque Dieu est avec moi. »

Nous ne rapporterons pas un plus grand nombre de

ces traits appartenant au sujet si délicat et si mystérieux
de l'expérience chrétienne. Ceux-ci suffisent pour compléter sous ce rapport le portrait de l'homme que nous
cherchons à connaître, et nous nous faisons un devoir
de nous borner en cette occurrence à notre rôle de rap-
porteur. La chose nous est d'autant plus indiquée que
ce que nous savons à cet égard, du moins pour la plus
grande partie, ne nous vient pas directement et sans intermédiaire de M. Dutoit lui-même. Si, dans celles de
ses lettres qui ont été conservées, il a fait allusion à
quelques-unes de ses expériences intimes, de manière à
confirmer pleinement l'authenticité des récits qui nous
en sont faits, il n'en est pas moins vrai que les détails
en ont été généralement consignés par la plume de ses
amis. Nous ne sommes donc pas absolument certains de
posséder ces détails dans les termes mêmes dont il aurait
fait usage pour les exposer. Malgré la bonne foi parfaite
des intermédiaires, malgré leur fidélité scrupuleuse, il
peut y avoir quelques nuances provenant de leur propre
caractère et de leur individualité. En matière aussi délicate, il est prudent et juste d'user de la plus grande
réserve.

Toute cette matière des visions, et en général des
communications de l'âme humaine avec le monde invisible ou supersensible, se rattache naturellement chez
M. Dutoit, à la théorie soigneusement développée par
lui de l'*esprit astral*, ou lumière inférieure, à laquelle
l'homme s'attacha après sa chute, dans son besoin de
remplacer la pure, sainte et haute lumière divine que

son péché lui avait fait perdre. Cet esprit astral, ou feu en analogie avec la lumière des astres, quintessence de feu par rapport au feu matériel, mais très impur et inférieur quant au feu ou à la lumière qui émane de l'Esprit de Dieu, est très difficile à distinguer de la raison. Agissant par intervalles en absolue abstraction des sens extérieurs, il devient ce qu'on peut appeler l'extase astrale, ressemblance inférieure et impure des extases pures, qui ont eu lieu en beaucoup de saints concentrés en abstraction par le pur Esprit de Dieu. Ces extases astrales sont la vraie origine de toutes les prophéties des païens et des choses étonnantes qu'on a vues dans les Sibylles, oracles et mystères, etc. A son plus haut degré l'esprit astral touche presque à l'Esprit de Dieu ; aussi lorsque les extases astrales ont lieu dans un sujet moins impur et plus dégagé des passions, elles peuvent recevoir et communiquer aux autres d'étonnantes vérités, inférieurement analogiques aux vérités et aux visions ou révélations pures et célestes et assez peu différentes d'elles. Ces cas de pureté astrale sont infiniment rares, et il s'y mêle toujours de l'impur en rapport à l'état d'impureté où est l'homme, récipient passif dans ces extases. Mais les derniers degrés sont horribles, et peuvent être du pur domaine de l'ennemi. Les degrés de pureté ou impureté astrale sont innombrables.

Les anciens philosophes, quoique ne connaissant guère de réalités que les corps, pensaient cependant que les âmes des hommes avaient pour origine un cinquième élément, une espèce de quintessence, *quintam essentiam*,

qu'ils faisaient plus ou moins céleste et divine, parce
que d'un côté, ils ne connaissaient pas le vrai céleste
et divin, et de l'autre, ils ne pouvaient comprendre que
la matière formée des quatre éléments pût penser, raisonner et avoir la perception ou la connaissance d'elle-
même. Ils n'ont pas connu le pur Esprit de Dieu, tel
qu'il était uni à Adam avant la chute et tel qu'il s'unit
au vrai régénéré, mais ils ont connu l'esprit astral,
source de la raison, substitut qui a remplacé dans l'homme
après sa chute et dans sa postérité, ce pur esprit qui,
durant l'innocence, lui servait d'allumement, de lumière
et de vie.

Nous ne suivrons pas plus loin l'exposé de cette doctrine, que nous avons présentée dans les termes mêmes
employés par M. Dutoit dans sa *Philosophie divine*. Qu'il
nous suffise d'ajouter que cette théorie psychologique
lui servait à expliquer les miracles d'Apollonius de
Thyane, le démon de Socrate et les succès de Mahomet,
les visions de Swedenborg et de tous les illuminés, et
les guérisons de Michel Schouppach, la magie et l'alchimie, ainsi que tous les phénomènes du magnétisme et du
somnambulisme. Cagliostro, Mesmer et les convulsionnaires du tombeau du diacre Pâris sont également pour
lui des preuves de l'action de cet esprit astral, pouvant
servir au développement du bien comme du mal, selon
la nature morale de l'agent soumis à son influence. *Vous*
les connaîtrez à leurs fruits. Cette parole s'applique à
tous ceux en qui l'esprit astral a déployé son efficace
d'une manière sensible. Chez Voltaire, par exemple,

l'esprit astral, source de son génie et de ses séduisantes productions, était d'une espèce raffinée et diabolique. C'est aussi l'esprit astral qui a fait *le Télémaque*, et comme il était mélangé en Fénelon avec un cœur vertueux et aimant, le pieux auteur ne s'est servi de son génie qu'au profit de la vertu et de l'amour de Dieu. Dans le premier, c'est le diable qui réchauffait l'esprit astral en rapport avec lui, pour faire de lui son instrument et un tentateur d'autant plus efficace, qu'en embellissant son génie, il a fait d'autant mieux recevoir et avaler ses séductions. Dans le dernier, Dieu s'est servi de l'esprit astral pour faire goûter l'esprit de la religion, pour élever les pensées et les sentiments à leur véritable objet et à l'inflexibilité du devoir.

C'est également à l'esprit astral que M. Dutoit attribue la sagesse et les lumières dont ont joui les plus éclairés d'entre les païens. « Je ne ferai mention, dit-il occasionnellement sur ce sujet, que de l'illustre philosophe Pythagore, que je regarde comme celui qui mérite d'être mis au premier rang des philosophes païens, à cause de la suréminence de sa doctrine, qui surpasse celle de tous les autres, et dans laquelle, parmi les ombres dont, selon le caractère du temps d'alors, elle était enveloppée, on voit un grand nombre de vérités ressemblantes et parallèles à la sûre, divine et indubitable doctrine répandue dans nos Saints-Livres. On trouve dans ses ouvrages assez de traits pour exciter l'admiration, et pour le faire regarder comme le plus pieux et le mieux instruit de tous les anciens sages de la gentilité. Il n'y a aucun d'eux qui ait eu l'esprit astral aussi exalté et ennobli, et qui ait vu par cet esprit d'aussi hautes et d'aussi profondes vérités que lui [1]. »

On peut comprendre, d'après les indications précéden-tes, la place que cette théorie occupe et le rôle qu'elle joue dans la philosophie de notre auteur. C'est elle qui lui sert à pénétrer dans toute la sphère mystérieuse des relations de l'âme avec le monde supérieur. Nous n'a-vons pas la prétention de la juger. Pour le faire, il fau-drait entrer dans des développements hors de toute pro-portion avec le but que nous avons dû nous proposer dans cet écrit. Ce que nous venons de dire suffit pour en faire apercevoir du moins l'intérêt et l'originalité. Remarquons seulement encore qu'en condamnant d'une manière aussi formelle qu'il le fait « le magnétisme, les horreurs du somnambulisme et toutes les abominations pareilles renouvelées des Cananéens, » il a, par le fait, donné à l'avance le jugement qu'il aurait porté, s'il eût vécu jusqu'à nos jours, sur telles choses extraordinai-res que notre siècle a vues surgir : homœopathie, tables tournantes, spiritisme, mormonisme et autres préten-dues religions nouvelles. La théorie de l'esprit astral les aurait aussi directement embrassées dans ses cadres, que l'une quelconque des matières formellement indi-quées dans le livre de la *Philosophie divine*, comme ren-trant dans le domaine de cet esprit. Ceci ne peut pas sans doute être allégué comme démontrant la vérité du système de M. Dutoit, mais l'on comprendrait que ses adhérents, s'il en est encore, se crussent autorisés à en

[1] *Philosophie chrétienne*, tome II, page 299.

prendre acte, pour constater que, depuis soixante et dix ans, il ne s'est rien produit qui ait manifestement dépassé ce système et qui en ait démontré la fausseté d'une manière absolue. Après toutes les expériences tentées de nos jours, avec des moyens scientifiques bien supérieurs à ceux des siècles précédents, après tous les travaux des savants et des philosophes sur le merveilleux dans les temps modernes, sommes-nous en réalité beaucoup plus avancés que ne l'était le théosophe lausannois ?

Quoi qu'il en soit, notons encore, avant de terminer sur ce sujet, la prudence que M. Dutoit sentait le besoin de recommander à ses disciples, pour tout ce qui tenait à cette sphère mystérieuse. « Il peut y avoir de l'illusion dans les voix extérieures ou intérieures que l'on pense entendre, comme dans les visions, les prophéties et les révélations, et ce peut être un agent du mal qui les articule. Lors même que ce serait un bon et saint ange qui parlerait au dedans ou au dehors, on pourrait encore se tromper dans l'interprétation de ses paroles. Il vaut donc mieux ne repousser ni ne recevoir par soi-même, mais se reposer sur la bonté de Dieu, qui enseignera lui-même dans le temps opportun ce que désigne cette voix. Il est des cas cependant où l'on est averti sur le champ de ce qu'on a à faire [1]. » Ce sage avertissement était chez l'auteur le résultat d'une observation assidue et réfléchie et de nombreuses expériences individuelles bien propres à lui donner un grand poids.

[1] *Philosophie divine*, tome III, page 58.

Dans le nombre de ces dernières, il aurait cité sans
doute l'apparition qu'il crut avoir de Mme Guyon, venant
le rassurer contre l'esprit de M. de Fleischbein, qui le
talonnait pour lui faire brûler ses écrits mystiques. M. de
Fleischbein n'eut pas de peine à lui faire comprendre
que, dans cette occasion, il avait été le jouet de sa propre imagination ou la victime d'un esprit impur qui,
ayant pris d'abord son nom et sa figure, puis ensuite la
forme et le nom de Mme Guyon, avait voulu le prévenir
contre lui et contre ses sentiments, et cela dans le but
de faire décrier les voies intérieures. Quelle apparence
y avait-il, en effet, que Mme Guyon fût venue se montrer
à lui pour le rassurer contre des conseils entièrement
conformes à ses doctrines à elle-même? Quant à M. de
Fleischbein, il avait trop en horreur toutes les opérations magiques, pour qu'on pût supposer qu'il eût cherché à se mettre en rapport avec M. Dutoit par quelque
voie mystérieuse, ou à s'unir à lui autrement que par
la prière, ou par une communication directe et tout ordinaire. L'acquiescement de M. Dutoit aux directions de
M. de Fleischbein, à ce moment important de sa vie,
prouve qu'il reconnut l'erreur dans laquelle il était tombé
dans cette occasion.

CHAPITRE VII.

Mode d'écrire. Composition.

Si, chez tout écrivain, l'inspiration dépend pour beaucoup de ses dispositions morales, on comprend que, pour un homme aussi impressionnable que M. Dutoit, aussi enclin à se sonder, à s'examiner scrupuleusement jusque dans les moindres détails, la facilité à écrire devait subir des phases bien distinctes. Quelques passages de sa correspondance avec ses amis particuliers, en donnant des preuves de l'entraînement auquel cédait souvent sa plume, fournissent un certain nombre de détails, soit sur les ouvrages mêmes dont il était occupé, soit sur sa manière de composer.

Quant aux ouvrages qu'il a publiés, nous en avons déjà donné l'indication, en faisant le récit de sa vie, et nous ne les énumérerons pas de nouveau, mais nous consignerons quelques renseignements relatifs à leur publication.

Nous trouvons, par exemple, qu'avant l'époque de sa liaison avec M. de Klinckowström, il n'avait pas eu l'idée de donner au public les écrits qu'il avait composés.

Ce sont les sollicitations de ce nouvel ami qui lui en ont
fait concevoir la pensée et prévoir la possibilité. « Si mes
petits écrits, lisons-nous dans une des lettres qu'il lui
adressait, sont destinés à être publiés un jour, je crois
que c'est vous qui êtes destiné à en être l'instrument. »
La chose s'est réalisée, car il écrivait un peu plus tard
à un autre ami : « J'ai confié à l'amitié de M. de Klinckowström la commission de faire partir au plus vite tous
les manuscrits mystiques pour M. de Fleischbein, qui
les fera imprimer, et dès lors je me sens un peu soulagé. Ces gens ont la magie de me mener grand train et
forcent en moi secrètement pour l'impression de ces ouvrages plus promptement que je ne le croyais. »

Ce n'était pas seulement à la promptitude de la publication que le baron visait; son admiration pour M. Dutoit le poussait à le solliciter d'écrire encore, d'écrire
beaucoup, de donner essor à cette inspiration, source
de lumières si précieuses. Aussi lit-on encore dans la
même lettre : « Il faudra se hâter de dégorger ensuite
une douzaine de volumes, ce qui fera, je présume, en
tout vingt; et puis mettre un petit intervalle entre la vie
et une mort dont l'époque se fixe chez moi de jour en
jour avec plus de clarté. Peut-être y aura-t-il auparavant vingt-quatre volumes, mais je pense que ce sera le
plus. J'ai répondu à M. *** que j'étais donc le ver en-
fermé dans son cocon, faisant sa soie, et qu'il la ferait
dévider et mettre en œuvre. » — « J'ai envoyé, écrivait-
il également à la même époque, quelques volumes qui
s'impriment à Leipzig. Ils peuvent servir d'introduction
au mysticisme. J'ai encore donné quatre volumes d'œu-

vres mystiques qui s'imprimeront à leur tour. Actuellement, j'ai sur le bureau un *Traité de Dieu*, où les états
mystiques sont déduits et les directions. »

Diverses circonstances, et surtout l'intervention de
M. de Fleischbein, ne permirent pas que ces vastes pro-
jets de publications eussent leur accomplissement. Nous
entrerons plus loin dans quelques détails à ce sujet, et
l'on verra pourquoi l'impression tentée à Leipzig n'eut
pas lieu, non plus que celle qui fut commencée plus
tard à Lyon. Un seul volume parut, ainsi que nous l'a-
vons rapporté, en 1764, et fut imprimé à Francfort sous
le titre de *Sermons de Théophile.*

M. Dutoit se trouvait à cette époque tout particulièrement en train de composer. C'était, comme nous l'a-
vons vu, après qu'il eut été contraint de renoncer à la
prédication. « Dieu me donnera d'écrire, disait-il dans
l'effusion de sa reconnaissance pour les grâces spirituelles qui lui étaient accordées, la facilité devient de
jour en jour plus merveilleuse, et le trésor d'inspiration
qui m'est ouvert, toujours plus pur. » —. « Ma seule occupation est d'écrire, lorsque le robinet s'ouvre. Que
mon Dieu fasse de mes écrits ce qu'il lui plaira, et bé-
nisse le tout, s'il veut bien ne pas regarder à la toute
indignité de l'instrument. La profondeur y est extrême,
et quand je relis, quelquefois je suis étonné moi-même,
car je commence à écrire sans esprit propre, ni images,
ni espèce, et pour ainsi dire par le cœur, et dans ces
ténèbres qui font la très sûre lumière. »

Mais si ce premier jet lui coûtait peu, il n'en était pas
de même du travail de révision et de correction exigé

par la perspective de la publication de ses ouvrages. Autant il écrivait aisément, quand il pouvait le faire sans
autre préoccupation que celle de donner cours aux
pensées et aux sentiments qui se pressaient dans son
âme et débordaient de son cœur, autant il avait de peine
à revenir sur ce qu'il avait écrit. Le *limœ labor* des rhé-
teurs et le *nonum prematur in annum* du poëte ne lui étaient
en aucune façon sympathiques. On peut le conclure, entre autres, du passage suivant de l'une de ses lettres :
« Croyez-vous que, malgré les effroyables états de mort
et d'anéantissement auxquels je suis appliqué, je sens
que j'aurais une certaine peine à consentir à ne plus
écrire. Peut-être aussi que ce *retro* n'est qu'une pelli-
cule qui disparaîtrait s'il le fallait, et peut-être aussi que
c'est parce que telle est la volonté de Dieu que j'écrive,
malgré ce qu'il sait lui-même que cela me coûte en douleurs intérieures et en déchirements, et avant que d'en-
fanter, et puis quand tout est écrit avec la dernière facilité,
lorsqu'il s'agit de produire au jour pour l'impression. »

Indépendamment des preuves qu'en donne sa correspondance familière, ainsi qu'on peut en juger d'après
les fragments que nous en avons cités, ses ouvrages imprimés révèlent dans son style un degré d'incorrection
parfois assez sensible. Il attachait évidemment fort peu
d'importance à la forme, l'essentiel était toujours pour
lui le fond même des pensées qu'il avait à énoncer.

Ce n'est pas que, dans sa libre allure, il ne rencon-
trât souvent des expressions heureuses. L'absence de
préoccupation quant à la manière dont il rendait ses
idées révélait fréquemment d'un trait particulier sa fa-

çon de s'exprimer. Nous ferons, pour donner le moyen
d'en juger, une seule citation qui nous tombe sous la
main, à l'ouverture du livre dans la *Philosophie divine.*
Il s'agit de l'usage et des abus de la raison dans les
sciences : « Le grand historien des insectes, M. de Réau-
mur, avait une fois assemblé quatre-vingt mille arai-
gnées ; il voulait tenter d'en tirer de la soie. Le résultat
en fut le carnage et la destruction ; elles se massacrè-
rent toutes. Image infiniment juste ; je voudrais bien
qu'on mît ensemble quatre-vingt mille déistes ; qu'on
assemblât les Voltaire, les Rousseau, les Buffon, les
d'Argens, les Toussaint, les Diderot, les Helvétius, les
Shaftesbury, les Bolingbroke, les, les, les, etc. On ver-
rait beau jeu. Vous verriez la belle soie que ces arai-
gnées vous fileraient [1]. »

Malgré sa répugnance à corriger ses expressions et à
châtier son style, il avait bien compris la nécessité que
lui imposait à cet égard la publication de ses ouvrages
par la voie de la presse. La comparaison des éditions diverses de ceux de ses livres qui ont été réimprimés
montre que le respect du public lui faisait un devoir
d'améliorer, tant sous le rapport de la forme que sous
celui du fond, les écrits qu'il lui soumettait. Un petit
volume que nous avons sous les yeux, présentant à
chaque page de nombreuses corrections à la plume,
faites par la main même de l'auteur, dans la prévision
d'une réimpression, montrerait à lui seul avec quel soin
M. Dutoit revoyait ses ouvrages, lorsqu'il sentait l'uti-

[1] *Philosophie divine,* tomé Ier, pag. 126

lité d'une telle révision. Ce petit volume renferme les deux homélies sur le lavoir de Béthesda, faisant partie des *Sermons de Théophile*.

Les nombreux sermons et homélies qui subsistent en manuscrits, sans avoir jamais été imprimés, portent de même la trace de corrections réitérées faites tant par l'auteur que par les amis qui y prenaient non moins d'intérêt que lui-même. Diverses copies, préparées essentiellement par les soins de MM. Bazin, gendre de M. Grenus, et Petillet, collationnées par eux et par MM. Calame et Meuron, portent un assez grand nombre de notes, pouvant donner l'idée du travail analogue qu'ont dû subir les discours imprimés. On voit que dans le premier jet de sa pensée, M. Dutoit n'indiquait guère les divisions de son sujet et ménageait peu les transitions. C'est à marquer les subdivisions, de manière à venir en aide au lecteur, que tendent principalement les corrections proposées par M. Bazin. Quant au fond des idées émises par l'auteur, il est évident qu'il a constamment été respecté avec le scrupule le plus consciencieux [1].

En lisant les ouvrages de M. Dutoit, on a lieu d'être frappé de la masse de lectures qu'il avait faites et de l'érudition solide et de bon aloi qu'il avait su acquérir. Outre les auteurs classiques, dont les études de sa jeunesse l'avaient naturellement conduit à s'occuper, il s'était approprié la littérature contemporaine, de façon à être parfaitement au courant de toutes les idées qui s'a-

---

[1] Voyez à ce sujet la note ajoutée par les éditeurs au *Discours préliminaire* de la *Philosophie chrétienne*, tome Ier, pag. 114 à 118.

gitaient dans le monde intellectuel, et son esprit original
donnait aux citations et aux allusions qui s'offraient
abondamment sous sa plume un à propos et un caractère tout particuliers. La tournure philosophique de sa
pensée lui faisait découvrir dans les poëtes anciens des
vues profondes et comme des révélations de la vérité supérieure. C'est ainsi qu'il allègue le triple feu dont parle
Ovide dans ses *Fastes*, comme s'appliquant à de hautes
pensées de purification spirituelle. « Ces païens, ajoute-
t-il à cette occasion, Ovide, Virgile, etc., ont dit de grandes choses, quoique cet Ovide d'ailleurs fût un petit sujet pour les mœurs. » Un bon nombre des citations qu'on
rencontre dans le livre de la *Philosophie divine* révèlent
chez lui le même point de vue. Il applique à la sphère
des vérités évangéliques ce que les auteurs anciens ont
dit dans un sens tout terrestre. Ses opinions théosophiques et la vie religieuse dont il était animé étaient comme
un prisme au travers duquel il lisait les ouvrages de l'an-
tiquité païenne. On peut en juger par les paroles suivantes : « Il n'est rien de plus beau et de plus vrai que le
tableau présenté par Ovide des dégradations de la nature d'après la dégradation de l'homme dans les fables
troisième et quatrième du premier livre de ses *Métamor-
phoses*. Les plus grandes vérités se trouvent sous l'écorce
de la fable. Et cela ne peut pas être autrement, vu que
ces poëtes païens ont connu ces vérités par l'esprit astral qui, comme on l'a vu, est en analogie inférieure du
pur esprit, et ainsi ils ont pu montrer la vérité, mais
sous des ombres [1]. »

[1] *Philosophie divine*, tome II, pag. 98.

On péut retrouver ici quelque analogie avec la manière dont le pieux John Newton se plaisait dans sa correspondance, à appliquer au Dieu de l'Evangile, les expressions de respect et d'adoration dont Horace et Virgile se servaient en s'adressant à l'empereur Auguste, à ce prince que l'un et l'autre désignaient comme leur dieu. Il pouvait bien y avoir chez Newton, comme chez M. Dutoit, sans qu'ils s'en rendissent compte à eux-mêmes, un piége secret dans cette manière de sanctifier à leurs propres yeux les richesses de leur science classique. Outre les applications forcées et radicalement fausses qu'ils faisaient ainsi des pensées exprimées dans les beaux vers ou dans la prose sonore de leurs auteurs favoris, n'y avait-il pas quelque lieu de redouter la complaisance même avec laquelle ils nourrissaient encore leur esprit de cet aliment mélangé d'une façon si profane, malgré tout le soin qu'ils pouvaient mettre à en purifier la saveur pour leur propre usage? Mentionnons à ce propos une expérience faite par l'un de nos anciens professeurs de l'Académie de Lausanne, riche aussi de souvenirs classiques, expérience qu'il peut y avoir quelque intérêt à signaler. Ayant eu, pendant une grande partie de sa vie, l'habitude de porter dans sa poche, pour s'en nourrir dans ses promenades, un petit exemplaire des poésies d'Horace, il sentit un jour le besoin de remplacer ce livre par les psaumes de David, qui devinrent dès lors et jusqu'à sa fin les compagnons de ses heures de solitude.

Quoi qu'il en soit, M. Dutoit, pour en revenir à lui, sentit aussi le besoin de rompre avec ses goûts classi-

ques. Il exprima vivement, dans ses entretiens intimes
des dernières années de sa vie, la peine qu'il avait à se
défaire des richesses de son esprit, de la fécondité de
son imagination, des acquisitions nombreuses de sa mémoire. Ce dépouillement-là lui coûtait plus que tout autre, et comme on peut aisément le comprendre, il ne
parvint guère à l'opérer. Ses derniers écrits portent aussi
bien que les précédents le sceau de ses richesses intellectuelles. C'était sans doute comme un moyen d'avancer
dans ce renoncement qu'il employait la raillerie contre
lui-même et contre son savoir. « Il s'enterrera bien de
la science avec moi, dit-il un jour à son médecin. Que
de belles, que de profondes choses vont s'ensevelir avec
ma dépouille ! C'est incroyable la littérature qui va se
porter en terre ! »

A la même époque où ce sage désabusé des séductions
de la science s'écriait ainsi après Salomon : Tout est vanité ! un jeune homme, un poëte, enivré encore de toutes
ces beautés littéraires que lui avaient révélées les auteurs
classiques, se frappait le front en montant sur l'échafaud
révolutionnaire, et disait : « Il y avait pourtant quelque
chose là. » Que n'a-t-il pu, cet infortuné Chénier, connaître ce bien supérieur à toutes les fumées de la gloire
terrestre, dont la perspective assurée l'aurait puissamment soutenu à l'heure lugubre de sa mort sanglante !
Le philosophe chrétien de Lausanne était plus heureux
que lui.

CHAPITRE VIII.

Théosophie. Jugement porté par M. de Fleischbein

Si, comme nous l'avons rappelé, M. Dutoit avait été puissamment encouragé à écrire par l'amitié et par l'admiration de M. de Klinckowström, et si c'était à lui qu'il devait la pensée de faire imprimer ses ouvrages mystiques, la question de cette publication se présenta à son esprit sous un tout autre point de vue, lorsqu'il connut à cet égard l'opinion de M. de Fleischbein. Ce dernier, qui n'avait lu encore que les *Sermons de Théophile* et ne connaissait les autres écrits de son nouvel adepte de Lausanne que par les pompeux éloges de leur ami commun, avait paru d'abord disposé à accueillir ce qui sortait de cette plume zélée. Mais lorsqu'il eut entre les mains un cahier de discours communiqués par M. de Klinckowström, il n'hésita pas à désapprouver entièrement ce genre de compositions. « Si les écrits de Théophile, comme je ne puis pas en douter, sont fondés sur des principes conformes à ceux des discours, et principalement s'ils contiennent des mots et expressions extraordinaires, s'il s'y trouve des choses qui ne soient

pas fondées et autorisées par les saints mystiques reçus
et approuvés par l'Eglise, le meilleur sera de brûler ces
écrits. Les expressions extraordinaires, les mots inusités
sont toujours la marque d'un état de lumière, dans lequel on voit les choses de loin, sans les posséder réellement. »

Outre ce qu'il connaissait des principes émis par M.
Duloit, ce qui était pour M. de Fleischbein un vif sujet
d'inquiétude et un sérieux motif à la défiance, c'était le
désir qu'avait l'auteur de livrer ses ouvrages à l'impression. Ce désir lui paraissait aussi une preuve certaine
qu'il les avait écrits dans cet état de lumière qui, au
point de vue mystique, est encore si inférieur. « La
marque infaillible d'un état consommé est l'extinction
de tout désir, de toute volonté et de toute propre sub-
sistance de l'âme. Théophile ayant encore ce désir, c'est
une marque certaine qu'il n'est pas encore dans l'état de
consommation. Mᵐᵉ Guyon écrit que le seul désir de travailler à la gloire de Dieu et au salut des hommes rend
celui qui l'éprouve indigne que Dieu se serve de lui. Il
faut être mort à tout. Et si c'est Dieu qui pousse une
âme à désirer l'avancement de son règne et de sa gloire,
il lui donne en même temps un acquiescement réel à sa
sainte volonté et aux ordres de sa providence, en sorte
qu'elle ne fera pas le moindre pas pour avancer le moment divin en l'accomplissement de ce que Dieu lui a fait
connaître comme sa volonté. » — « J'estime donc que le
cher Théophile ferait bien de brûler tous ses écrits qui
ont de l'extraordinaire, et d'entrer de bonne foi dans la
voie de perte. Quand je prie pour lui, je demande à Dieu

qu'il lui fasse ouvrir les yeux pour voir le grand danger
de sa voie de lumière, et qu'il le conduise dans la voie
de la foi obscure et nue, et cela pour son propre bien et
pour celui de toutes les âmes que Dieu lui a adressées ;
car il est certain que s'il persiste dans sa voie et si les
autres le suivent, cela aboutira, sinon à une chute et à
un scandale manifestes, du moins à entraver la grande
œuvre qu'il semble que Dieu veut se préparer en Suisse.»

« Mme Guyon, notre sainte mère spirituelle, avait, comme
sa vie le montre, des rapports avec des âmes qui étaient
pareillement dans un état de lumière, comme le frère
Anselme par exemple. Elle les estimait beaucoup et les
révérait comme des personnages réellement saints, quoique non encore consommés en Dieu. Nous pouvons donc
et nous devons faire grand cas de notre cher frère Théophile et le vénérer, mais sans nous laisser enlacer dans
son état de lumière, et sans approuver les lumières et
les vues qui ne sont pas d'accord avec l'enseignement
général des saints auteurs mystiques de l'Eglise catholique. Pour ce qui me concerne, je ne puis absolument
pas adopter ces vues ; je dois, au contraire, m'y opposer
et les combattre. Elles feraient un horrible ravage si on
les publiait, et je n'y donnerai jamais mon assentiment.
Quant à ce qu'il écrit au sujet des premiers Elohims ou
Unné, je n'ai aucune idée à cet égard, et de telles recherches ne sont pas mon affaire. »

Bien que le cahier des discours, objet de cette correspondance, ne subsiste plus, nous sommes cependant en
mesure de savoir quelles étaient ces vues de M. Dutoit

qui déplaisaient si fort à M. de Fleischbein. Une lettre adressée par ce dernier au baron de Klinckowström le 3 janvier 1764, et destinée évidemment à être communiquée au docteur lausannois, nous permet de nous faire une idée assez exacte de ces opinions qui lui paraissaient si dangereuses, en même temps qu'elle nous introduit mieux que tout ce que nous avons vu jusqu'à présent, dans cette sphère de recherches théosophiques qui, à cette époque, avaient un si grand charme pour M. Dutoit. Ces études indépendantes sur Dieu, sur l'homme, sur l'univers, qui ouvraient un si vaste champ aux spéculations philosophiques, qui introduisaient la philosophie dans la religion et la religion dans la philosophie, étaient, au point de vue de notre auteur, le travail le plus intéressant auquel l'esprit humain pût s'appliquer, et en même temps le plus utile qu'un chrétien pût entreprendre en face de l'incrédulité du siècle. Nous avons vu le cas qu'il faisait de ce *Traité de Dieu* dont il était alors occupé. L'approbation de ceux qui l'entouraient avait dû concourir à l'encourager dans la voie où son zèle l'avait poussé. Jusqu'où serait-il allé dans cette direction, s'il eût été laissé à ses seules tendances? Où aurait-il conduit ceux qui avaient une confiance implicite en son grand savoir et en son caractère, si M. de Fleischbein ne fût pas intervenu à ce moment même, à l'heure où tous ces écrits théosophiques allaient être livrés à l'impression? La terreur du danger qui le menaçait aussi bien que ses adhérents est clairement révélée dans les efforts faits par le strict disciple de Mme Guyon pour l'arrêter. La diffusion d'enseignements si différents

des doctrines généralement professées par les auteurs
mystiques, reconnus comme constituant la saine école,
ne pouvait avoir lieu sans les plus graves inconvénients.
Les discours envoyés à M. de Fleischbein comme spé-
cimen étaient au nombre de cinq. Le premier avait pour
sujet *Jésus-Christ sacrificateur éternel*. Le texte des trois
suivants était le vingt-deuxième chapitre du premier livre des Rois, ou la révélation de Michée sur les *esprits
menteurs*, s'exprimant par la bouche des prophètes
d'Israël pour la condamnation d'Achab. Le cinquième
traitait *des âmes contemplatives* et de *l'esprit de l'homme*.

Résumant ses observations sur les erreurs renfermées
dans ces dissertations, M. de Fleischbein les rattache
aux quatre points suivants qui lui ont paru mériter particulièrement d'être mis en saillie : 1° L'auteur des discours prétend que Jésus-Christ, notre Dieu Sauveur, doit
prendre la nature des êtres vivant dans d'autres globes
pour les sauver, en admettant que ces êtres sont tombés
en état de déchéance. 2° Il affirme que les êtres formant
la cour céleste doivent être anéantis quant à leur corps
subtil, pour être reçus purement en Dieu, afin que Dieu
soit tout en tous. 3° Il admet que les anges et les hommes bienheureux pourront être de petits Jésus-Christs
et s'immoler en la béatitude, afin d'être anathème pour
les hommes ou autres créatures semblables. 4° Il établit
que les anges et les bienheureux ont la vie en eux-mêmes,
ou que ce privilége leur est donné par grâce.

Puis reprenant ces propositions dans l'ordre inverse
de celui qu'il vient de leur assigner, le critique les ré-
fute comme étant contraires à son sentiment intime, à.

son fonds (Grund) ou à son centre (Centrum) et aux enseignements de la sainte Ecriture. Sans entrer dans tous
les détails de cette réfutation, nous croyons cependant
devoir en donner un aperçu succinct, puisque c'est là
que nous pouvons trouver des lumières sur ce qu'étaient,
à l'époque où elle fut faite, les vues théosophiques propres à M. Dutoit.

Quant à la dernière proposition, c'est une prérogative
donnée à Jésus-Christ seul comme homme, d'*avoir la
vie en lui-même*. En tant que Verbe, il est le principe de
toute vie dans toutes les créatures. Comme Fils de Dieu,
selon sa très sainte humanité, Fils unique, naturellement né de son Père céleste, il lui est donné par cette
génération éternelle et légitime d'avoir la vie en lui-
même. C'est lui qui, selon sa divinité et selon son humanité, rend les bienheureux, soit anges, soit hommes,
participants de cette vie, dont ils jouissent bien en eux-
mêmes, mais sans la posséder en propre, pas même par
grâce; ils ne la possèdent que comme en fief et condi-
tionnellement. Il en sera ainsi dans toute l'éternité des
éternités. Jamais ils n'auront rien en possession propre ;
ce qu'ils auront ne sera qu'une jouissance gratuite. S'ils
avaient la vie en eux-mêmes, ils seraient indépendants
de Dieu, ce qui ne peut être.

Passant à la proposition troisième, M. de Fleischbein
fait observer qu'on doit user d'une extrême réserve quant
à l'emploi de l'expression de *petits Jésus-Christs* appliquée aux hommes et même à ceux qui sont dans la béatitude, et tout d'abord parce que tous les saints, anges,
archanges, esprits bienheureux, ne sont en eux-mêmes

que de purs néants; s'ils peuvent porter ce nom sublime
de Christ, ce n'est pas comme leur propriété, ce n'est
qu'autant que Jésus-Christ vit en eux, et conséquem-
ment c'est Jésus-Christ en eux qui mérite seul ce nom.
Pour ce qui concerne les hommes en ce monde, à peine
entre plusieurs millions y en a-t-il un seul qui, parvenu
au véritable état apostolique, ait été fait participant de
cette grâce éminente que Jésus-Christ *vive* véritablement
en lui.

Quant à la question de savoir si les esprits bienheureux qui sont au ciel, anges et hommes, peuvent souffrir
pour les hommes d'ici-bas, et être faits anathème pour
un temps, et si une telle immolation peut être méritoire
pour les hommes en ce monde, cette question est tran-
chée par Mme Guyon dans ses réflexions sur Apocalypse
VII : « Les hommes, dit-elle, ont un avantage sur les
anges, qui est de pouvoir souffrir pour Dieu ; mais les
anges ont un avantage sur les hommes, qui est de ne
pouvoir pécher. Cet avantage vient de ce qu'ils sont dans
un anéantissement continuel et de ce qu'ils ne peuvent
sortir de cet anéantissement. Si l'homme arrive à cet
état, il participe au bonheur de l'ange. Le salut est de
Dieu, il est à Dieu, en Dieu, pour Dieu. La créature ne
doit voir d'elle, à elle, en elle, pour elle, que perte la
plus étrange, misère et péché. Les saints dans le ciel ne
pourront jamais voir de salut en eux, ni rien qui ait ap-
puyé et assuré leur salut. C'est ce qui fera le motif de
leurs actions de grâces éternelles ; ils chanteront sans
fin que le salut est en Dieu. » Que l'on compare ces paroles avec ce que notre cher frère Théophile a écrit sur

les anges et sur les hommes bienheureux, et l'on verra
combien ses doctrines sont diamétralement opposées aux
enseignements de Mme Guyon. Les esprits bienheureux
ne peuvent plus souffrir, ils ne peuvent donc pas s'offrir
en anathème, ni être faits anathème pour un de nous.

La seconde des propositions énoncées ci-dessus représente, selon M. Dutoit, les anges et les esprits bienheureux formant la cour céleste, comme ayant des corps
subtils qui, quoique ne tenant à la matière que *par le
plus petit bout*, n'en sont pas moins par ce fait impurs
en quelque degré. Mais Jésus-Christ leur faisant faire
des progrès toujours nouveaux en sainteté, en spiritualité, en amour, ils arrivent au point où, ne pouvant plus
faire de progrès, ils se perdent dans l'être immuable de
Dieu. C'est ce que désignent ces paroles appliquées aux
anges : *Il remettra le royaume* (le royaume des intelligences, dont il est le roi) *à Dieu son Père, afin que Dieu
soit tout en tous.* Après cette économie de perte en Dieu,
pour une quantité déterminée d'intelligences, il s'en ouvre une nouvelle pour un nouvel ordre. Ainsi les créations iront à l'infini, et dans l'éternité; à mesure que les
places se vident par la perte des intelligences en Dieu,
elles sont remplacées par d'autres, car il faut toujours
une cour céleste, qui subsiste autour du trône de Dieu.

Il est aisé de démontrer, poursuit M. de Fleischbein,
que de pareilles vues ne sont ni en harmonie avec le décret éternel de Dieu, ni propres à le glorifier véritablement, ni conformes aux paroles divines de Jésus-Christ.
Les créatures ont bien été de toute éternité dans la volonté de Dieu, en qui elles existaient avant qu'elles fus-

sent créées. Mais c'est au moment de leur création que Dieu leur a donné une existence séparée et distincte. En les tirant du néant, il a voulu qu'elles fussent éternellement créatures existantes et subsistantes, non pas seulement comme antérieurement dans sa volonté et dans son décret éternel, mais réellement, comme un écoulement de lui-même, et il a imprimé en elles l'image de son Verbe, image qui doit être éternelle comme lui. Les anges et les esprits bienheureux qui n'étaient que des néants physiques quant à leur existence, avant que d'avoir été faits créatures subsistantes et distinctes de Dieu, perdraient donc cette existence distincte et redeviendraient de purs néants physiques, si l'opinion de Théophile était fondée. Ainsi serait anéanti le décret éternel de Dieu, quant à l'existence de créatures distinctes de lui; ainsi disparaîtrait pareillement l'image du Fils de Dieu dans ces créatures physiquement anéanties; et comment subsisterait la vérité de la sainte Ecriture qui dit que les bienheureux vivront éternellement?

On ne peut nier sans doute que la matière, quelque subtile qu'on la suppose, n'ait en elle-même une sorte d'impureté, si on la compare à l'esprit qui est purement immatériel, Dieu trouvant, selon l'Ecriture, de la souillure même dans les anges. Mais cette souillure ou espèce d'impureté dans les anges rehausse la pureté infinie de Dieu; elle est la base de l'anéantissement mystique de la créature; elle la fait être le marchepied de la grandeur infinie de Dieu. Le Verbe Dieu vivant dans un ange ou dans un homme bienheureux, le sanctifie de telle sorte que, même son corps subtil devient semblable au

corps glorifié de Jésus-Christ, pour servir de couverture
à l'Esprit, image de Dieu dans la créature. Les *ailes* dont
les Séraphins *se couvrent le visage* (Esaïe VI) ne sont-elles
pas cette matière subtile de leur corps, dans laquelle ils
se plongent en s'anéantissant devant la majesté de Dieu,
pour rester prosternés devant lui, pour l'aimer dans leur
bassesse, sans vouloir pénétrer la profondeur de la divinité, autrement qu'en ce que Dieu leur découvre, non
dans une vive lumière, mais par leur amour et en leur
amour pur et divin? Quiconque a expérimenté quelque
chose de l'anéantissement mystique reconnaîtra la vérité
de cette déduction.

Reste enfin la première des propositions extraites des
discours. Il y a, selon Théophile, des mondes à l'infini,
car une innombrable quantité de créations se sont suc-
cédé. Or dans ces globes, si l'être qui en est le roi a
péché comme Adam, de même que les êtres tels que lui,
ils ont besoin du Fils pour Rédempteur, il faut donc qu'il
prenne leur forme et s'immole pour leur acquérir le retour dans l'ordre de la justice divine; c'est ce que fait
Jésus - Christ comme *Sacrificateur éternel.* Ici M. de
Fleischbein déclare que son cœur et son fond (son sentiment intime) répugnent à cette proposition et que c'est
avec indignation qu'il la rejette. Quoi! un homme, un
ver de terre, s'élève contre Christ pour lui faire quitter
son royaume éternel, acquis par tout son sang et par la
mort la plus ignominieuse et la plus douloureuse, pour
le replonger dans la misère, quasi une infinité de fois et
autant de fois qu'il plaît à sa fantaisie de l'y ramener !
Quoi! Dieu Sauveur! vos mérites infiniment infinis ne

suffisaient-ils donc pas pour sauver des milliers de mondes, et tous les mondes possibles?

Y a-t-il eu d'autres créations? Nous l'ignorons; Dieu ne nous l'a pas révélé. Mais quand il y en aurait eu d'autres et que des êtres innombrables fussent tombés dans la rébellion, la passion de Jésus-Christ en ce monde et ses mérites infinis ne seraient-ils pas plus que suffisants pour sauver tous ces mondes et pour ramener leurs habitants dans l'ordre de leur création, sans qu'il soit nécessaire qu'il souffre encore une fois? Cela est même entièrement contraire à l'Ecriture Sainte, qui dit (Hébr. IX, 25, 26) que *Christ ne s'offre pas plusieurs fois soi-même; autrement il aurait fallu qu'il eût souffert plusieurs fois depuis la création du monde* (expression qui, dans l'Ecriture, désigne le commencement de toute création. Voyez Jean XVII, 5, 24). Qu'on lise encore ce que dit l'ange Gabriel (Luc I, 33), qu'*il n'y aura point de fin à son règne.* Ces textes sont positifs, tandis que ceux que l'auteur des discours allègue ne prouvent absolument rien de ce qu'il veut établir. Comment, en particulier, a-t-il osé citer le dernier verset de l'Evangile de St. Jean à l'appui de sa thèse? Si les incrédules Toland, Morgan, Tyndall, Voltaire et tels esprits diaboliques se servaient de ce passage pour soutenir leurs impiétés, qu'aurait-il à leur répondre? Avec cette manière de faire, ne pourrait-on pas tordre toute la sainte Ecriture et la faire servir à soutenir toutes les hérésies [1]?

---

[1] Ce passage a toujours eu, au jugement de M. Dutoit, une très haute importance. Dans un chapitre de la *Philosophie divine*, où l'on retrouve plusieurs des doctrines considérées par M. de Fleischbein

Comment n'a-t-il pas reculé devant la pensée d'un Dieu infiniment sage, détruisant de ses mains ses propres ouvrages, rendus parfaits par le sang de son Fils éternel? Il ne l'entend pas ainsi sans doute, mais c'est la conséquence nécessaire de son système. Qu'il le comprenne et qu'il se hâte de brûler ses écrits. Car si de telles compositions devaient voir le jour, les libertins et les athées s'en prévaudraient pour insulter à notre sainte religion et à ses saints mystères. Ils s'en serviraient pour s'affermir dans leur incrédulité en disant : « N'avons-nous pas raison, au témoignage des mystiques eux-mêmes? N'enseignent-ils pas que tout, en définitive, aboutit au néant physique? Le corps, selon eux, retourne aux éléments; quant à l'âme ou à l'esprit, ils ignorent quelle en sera la destinée. »

comme si funestes, il dit à l'occasion de la destination de l'homme à « redevenir un petit Dieu ou Jésus-Christ lui-même : » « Des milliers de volumes ne suffiraient pas pour présenter cette divine théorie, toute contenue dans l'Écriture Sainte, en ses détails. Et on pourrait, en quelque sorte appliquer ici, à la vérité dans un sens inférieur, le beau mot par lequel l'apôtre St. Jean termine son Évangile, mot très peu compris, et dont la profondeur est infinie, comme j'espère le montrer quelque jour : *Que le monde entier ne pourrait pas contenir les livres qui donneraient le détail des choses que Jésus a faites;* mot enfin littéralement vrai, sans exagération, sans exception, et dans le sens le plus universel, et le plus précis, puisque, pour le dire en bref, c'est le Verbe Dieu infini, éternel et humanisé dans le temps, qui a fait sortir du néant par degrés, toutes les créations de tous les globes, de tous les univers, de tous les êtres successifs et coexistants, dès le moment simple de l'Éternité antérieure. Je n'indique que ce seul sens, mais il en est bien d'autres. » (*Philosophie divine*, tome I, page 223.)

Nous verrons plus loin d'autres preuves encore du retour de notre auteur aux vues condamnées par le docteur de Pyrmont.

Après cette réfutation des propositions qu'il jugeait erronées, M. de Fleischbein insiste sur le danger qu'offrent toutes ces recherches où l'imagination joue le rôle principal. Ce danger, il le connaît par sa propre expérience, ayant dû lutter lui-même contre des tentations pareilles et brûler nombre d'écrits provenant de tendances analogues. Même cet examen qu'il vient de faire, en le jetant du centre à la circonférence, du fond intérieur dans la région de l'imagination, l'a déplacé momentanément et l'a mis dans le trouble, bien qu'il ne manquât pas d'arguments solides pour rejeter les erreurs de Théophile. Il faut que ce cher frère, sentant qu'il est tombé dans les rêts du prince des ténèbres, renonce à ses fausses lumières et fasse le sacrifice de tous ces produits d'une imagination dévoyée.

Si Dieu permettait que ces discours et autres écrits semblables de Théophile fussent imprimés, ils causeraient plus de dommage que les productions des Toland, des Morgan, des Edelmann et de leurs pareils. Car les livres des athées ne sont lus que par les hommes pervers qui se sont endurcis et veulent s'endurcir encore, tandis que les ouvrages de Théophile seront recherchés par les gens pieux, même par les âmes intérieures, dont un bon nombre, au lieu de persévérer dans les voies de la foi obscure et de l'amour, se laisseront entraîner dans le domaine de la spéculation, du curieux, de l'extraordinaire, dans cette région périlleuse où l'imagination s'égare. Et ceci n'est pas une vaine conjecture. Des faits trop nombreux sont là pour l'attester.

Origène, chez les anciens, avait certainement de

grandes lumières, et dans le nombre d'excellentes. Personnellement c'était un homme d'une vie sainte, et de
son vivant il a amené beaucoup d'âmes à la conversion.
Mais après sa mort, ses écrits ont fait cent et cent fois
plus de mal qu'il n'avait pu faire de bien pendant sa vie,
en poussant les âmes intérieures enseignées par les saints
anachorètes, à entrer dans la spéculation, à s'élever à
leurs propres yeux, et à faire bande à part. Aussi les
pieux solitaires se plaignaient-ils des Origénistes, en inter-
disant aux âmes fidèles tout commerce avec eux. Albert
le Grand était vraisemblablement de la même trempe qu'O-
rigène. Il a écrit un petit livre intitulé : *De l'adhérence
à Dieu*, qui est bon et intérieur, et plusieurs ouvrages
de spéculation. On recherche les derniers ; quant au
premier, à peine est-il connu de nom. Théophraste Paracelse était du même caractère. Ses œuvres contiennent
de bonnes choses, mais ce n'est pas pour cela qu'on les
recherche, c'est pour ce qui s'y trouve de curieux,
d'extraordinaire, même d'extravagant ; c'est pour y apprendre les arts magiques, et pour ce qu'il dit des esprits
intermédiaires qui, selon lui, sont dans l'air, dans le feu,
dans la terre, dans les eaux, etc. Rien n'est dangereux
comme de se laisser induire au commerce avec ces esprits, du nombre de ceux que l'Ecriture appelle *Kako-
dæmones*. Bien des gens ne lisent que pour cela les
ouvrages de Paracelse. Les écrits de Portadge renferment
aussi des choses curieuses et induisent à la spéculation.
J'estime que le baron de Metternich à qui Mme Guyon a
écrit tant de lettres ne s'est arrêté que pour avoir traduit
ces livres et être entré lui-même dans de telles recher-

ches curieuses. Jacob Böhme était certainement un saint
homme, j'entends d'une sainteté personnelle ; il a été
un prophète et une lumière parmi les protestants en Allemagne, dans le temps où ils n'avaient pas encore le véritable intérieur, qui n'était ni connu, ni établi parmi
eux. Il y a de très excellentes choses dans ses livres,
bien qu'il s'y trouve aussi des erreurs; il y a de grandes
lumières, mais extrêmement spéculatives. Des milliers
de personnes lisent encore ses ouvrages avec délectation.
C'est sur ses écrits que se fonde la secte des Gichtéliens
qui l'idolâtrent. Parmi ses sectateurs il y a des gens
pieux, mais ils entrent dans la spéculation et dans la
magie, ce qui est une barrière insurmontable à l'intérieur. Il est des âmes simples qui, tout en lisant les
œuvres de Böhme ont aussi d'autres livres mystiques,
en sorte qu'elles peuvent suivre la vie intérieure et même
y faire des progrès, et Dieu ne manque pas de leur envoyer quelque Moïse pour les dégager des voies de la
spéculation et les faire entrer dans celle de la foi obscure. Mais leur petit nombre est cent et cent fois sur-
passé par celui des âmes qui passent toute leur vie dans
la spéculation, en méprisant et même en rejetant la simplicité des moyens qui introduisent dans les voies intérieures véritables. Ces exemples sont hors de toute contestation et prouvent le danger extrême des livres qui
introduisent dans la spéculation. Ceux-ci causent en
réalité plus de dommage que les écrits des mondains et
même que ceux des athées, parce que toute âme pieuse
évite ces derniers avec horreur.

En exprimant ainsi ses sentiments à l'égard des ouvrages de piété qui poussent à la spéculation et en particulier au sujet de ceux de M. Dutoit, M. de Fleischbein espère que ce dernier brûlera tout ce qu'il peut avoir écrit dans ce genre et entre autres ce discours sur Jésus-Christ Sacrificateur éternel, qui ne vaut absolument rien. Il se flatte que le cher Théophile renoncera entièrement à ses vues erronées, et en particulier à ses opinions sur la métempsychose, suffisamment indiquées dans les discours, pour qu'on puisse s'en rendre compte, ainsi qu'à ses idées sur l'existence d'esprits intermédiaires. Il sent, en achevant l'accomplissement de cette tâche pénible que sa conscience lui a imposée, le besoin d'exprimer sa tendre affection pour le cher frère dont il a dû réfuter et condamner les erreurs, et il termine en disant à M. de Klinckowström : « C'est à vous, mon cher baron, que j'envoie cet écrit contenant mes sentiments touchant ceux de Théophile. Vous pouvez en faire ce que vous jugerez à propos. Je laisse à Dieu d'ordonner ce qui sera sa sainte volonté et ce qui peut servir à sa gloire. »

Que fit M. de Klinckowström à la réception de cette lettre dont le contenu fut assurément aussi douloureux pour son cœur qu'il devait l'être pour celui de l'ami vénéré auquel il était appelé à le transmettre? Quelque peine qu'il dût éprouver à la pensée de l'affliction qu'il allait causer à M. Dutoit, quelque humiliation qu'il eût à ressentir lui-même, en voyant condamner comme des erreurs dangereuses, ces choses qu'il avait admirées en tant que produits de la science supérieure et divine de son bien-aimé directeur, son entière sincérité et sa par-

faite droiture ne lui permirent pas d'hésiter à expédier
à Lausanne le jugement porté par M. de Fleischbein. Il
le fit, nous pouvons en être certains, en l'accompagnant
de tous les témoignages d'affection et de sympathie propres à adoucir le coup dont il était l'intermédiaire obligé,
en prenant sa part de l'épreuve, et en s'associant à la
condamnation de ces écrits qu'il avait approuvés, prônés
et envoyés lui-même à l'homme éminent dont il comptait
exciter l'admiration à leur sujet. Ah! il était bien de
moitié dans les sentiments douloureux qu'allait éprouver
son respectable correspondant, l'auteur de ces dissertations profondes qui semblaient destinées à jouer dans
le monde religieux un rôle d'une si grande importance.

Il est assurément plus aisé de se représenter qu'il ne
le serait de décrire l'effet que dut produire sur M. Dutoit
dans les circonstances et dans la disposition d'esprit où
il se trouvait à ce moment-là, dans ce feu de composition
que nous lui avons vu dépeindre, alors que le « robinet »
s'ouvrait si largement, la condamnation formelle prononcée par le grand directeur de Pyrmont contre tout
ce qu'il était en train d'écrire. Il dut y avoir dans son
cœur une lutte, une crise violente, non sans quelque
analogie avec celle que subit Fénelon, en face de la bulle
papale condamnant son livre des *Maximes des Saints*.
Le résultat ne fut pas non plus sans rapports. Après un
combat dont on peut regretter que les détails secrets
n'aient pas été conservés, mais dont on retrouve cependant quelques traces, M. Dutoit entra résolument et
humblement dans cette voie de perte, de renoncement,

de dépouillement qui lui était indiquée. Bien qu'il eût déclaré qu'il y avait certaines vérités qu'il ne rétracterait que devant le trône de Dieu, ni le *Traité de Dieu*, ni aucun de ses écrits théosophiques de cette époque ne vit le jour. Là où le directeur avait parlé, la volonté du disciple plia en faisant taire toute résistance. Mais sa soumission quelque sincère qu'elle fût, ne nous apparaîtra-t-elle pas, comme celle du pieux archevêque de Cambray, plus extérieure et matérielle que bien réellement foncière ? ne prendra-t-elle pas, du moins, à nos yeux, un caractère temporaire, provisoire en quelque sorte, si nous ouvrons le livre de la *Philosophie divine*, et si nous parcourons les manuscrits qu'il a laissés ? Ses principes exposés et développés dans le grand ouvrage que nous venons de nommer, nous semblent être précisément de la nature de ces théories théosophiques que M. Dutoit avait dû s'abstenir de discuter, après que M. de Fleischbein les eut condamnées. Le temps, dans son évolution, ramena chez le premier ces tendances scientifiques qui étaient si visiblement les siennes et dont il avait fait le sacrifice. Après la mort de M. de Fleischbein, notre philosophe, ne subissant plus cette pression à laquelle il avait cédé, revint insensiblement et peut-être sans s'en rendre bien compte à lui-même, à la pente naturelle de son esprit. De sorte que si, sur l'invitation de son guide spirituel, il a brûlé le *Traité de Dieu* et les autres ouvrages mystiques auxquels il travaillait avec ardeur en 1764, nous avons tout lieu de croire que la substance même de ces compositions n'a pas été perdue, et que la publication de 1790 les a fait revivre, sous une forme

autre sans doute que celle qu'elles avaient originairement
revêtue, mais les mêmes au fond. Qu'aurait pensé M.
de Fleischbein du livre de la *Philosophie divine*? Pourrait-on croire et serait-il possible que M. Dutoit lui-
même ne se le soit jamais demandé?

Sans attendre l'analyse que nous donnerons un peu
plus loin de cet ouvrage, dans lequel sont exposées les
dernières vues théosophiques de notre auteur, nous
mentionnerons ici un petit nombre d'indications propres
à jeter du jour sur la question qui vient de se poser
devant nous. « Le plus grand de tous les mystères de la
religion, lisons-nous au livre V ; le plus palpable du
moins, et absolument universel dans la nature, c'est la
croix. C'est par elle et par l'amour infini du Verbe Dieu
et homme pour l'homme qui l'y a attaché, que s'est
opéré le salut de l'humanité. J'ajouterais volontiers que
c'est ainsi que s'opèrent éternellement le salut, les ré-
habilitations, les réunions de *tout ce qui dans le total de
l'univers s'est dégradé*, si ce n'était que cette idée immense me plongerait dans des détails et des profondeurs
d'analogies sans fin. Il me faudrait montrer comment ce
Verbe-Dieu, par la croix, rachète dans les temps mar-
qués en son conseil et sa sagesse éternelle, les *morphismes dégradés* (on va voir ce que l'auteur entend par
là), s'il en est d'autres que l'homme, ainsi qu'on peut parfaitement l'augurer ; car tout ce qui tient, ne fût-ce que
par un petit bout au physique, est suspect non-seulement
de la possibilité de la dégradation, mais de son actualité
même. » Plus loin nous lisons encore : « Les *Elohims*,

ou ce qui est appelé ainsi dans l'Ecriture, sont émanés
par le Verbe Un, infini, d'après les modèles que sa suprême intelligence a vus en soi, et les portraits ou premières et supérieures idées des êtres qui y sont peintes.
Ces Elohims ne sont point le Fils unique, Verbe créateur,
tout seul, mais sont tous contenus en lui, et sous lui
recteurs premiers, et miroirs premiers, *chacun de son
globe*, auquel il répond et dont il est le premier portrait
ou premier morphisme. L'homme, par exemple, ou
l'Adam supérieur, ou le prototype de l'homme, est un
des morphismes contenus dans le Verbe infini, où il est
peint. Et ce morphisme dans le Verbe, est un des Elohims, qui tous sortent du Verbe en distinction (distincts
de lui), quoique toujours tous contenus en lui infiniment,
incompréhensiblement et sans distinction. L'Adam supérieur ou le morphisme de l'homme, en tant qu'émané
en distinction ou distinct, a en Jésus-Christ, un temps déterminé pour *remonter à sa première origine* et retrouver
dans le Verbe le point ou le principe, le premier état
d'où il est descendu ; et ce temps déterminé dans nos
Livres Saints est marqué par l'expression des « siècles
des siècles. » Ces siècles des siècles, comme on comprend, sont un temps très long, et c'est celui qui doit se
passer avant la fin de ce monde-ci, qui n'aura lieu que
lorsque ces siècles des siècles seront épuisés. Et alors
le morphisme de l'homme sera tout entier repompé, pour
ainsi dire, aura remonté et reflué dans le Verbe qui l'a
ennaturé; et cet Elohim, l'Homme, sera alors lui-même
assujetti, dit St. Paul, à celui qui lui a assujetti toutes
choses, c'est-à-dire au Verbe infini, dans lequel il *ren*—

trera pour l'éternité ; afin, ajoute l'apôtre, que Dieu, ce
Verbe-Dieu, soit tout en tous. Et à l'occasion de ces
siècles des siècles, je remarque que, pour raisonner en
analogie avec notre globe, il est apparent et à soupçonner que *tous ces morphismes* ou *Elohims*, à les envisager
dans leurs descendances, ont *dans les autres globes*, des
temps fixés et déterminés pour *refluer et remonter dans
le Verbe* Un, leur Créateur. Voilà selon moi, l'infiniment
admirable jeu de l'Univers. »

Les expressions que nous avons soulignées dans ces
citations textuelles, sont suffisantes à elles seules pour
constater la ressemblance frappante, si ce n'est l'iden-
tité des vues théosophiques énoncées dans la *Philosophie
divine,* et de celles que M. de Fleischbein condamnait si
formellement en 1764. Rapprochées des propositions
extraites par ce dernier des discours qui lui avaient été
soumis, elles confirment la permanence des opinions de
M. Dutoit sur ces matières si délicates, au travers de la
crise que le jugement de son vénéré directeur lui a fait
subir. Il semble que l'on voie ici Galilée se relever après
sa soumission à l'autorité ecclésiastique, en prononçant
comme involontairement ces mémorables paroles, cri
d'une conscience invaincue : *E pur si muove.*

CHAPITRE IX.

La Philosophie divine.

Quoique nous ayons donné en diverses occasions et notamment dans le chapitre précédent, un aperçu des sujets traités dans le livre de la *Philosophie divine*, on doit s'attendre à ce que nous entrions dans quelques détails plus précis sur cet ouvrage de prédilection de notre docteur. L'importance qu'il y attachait, indépendamment de l'intérêt de curiosité que sont propres à exciter les recherches qui en font la substance, suffirait à elle seule pour nous faire un devoir d'en mettre le contenu en abrégé sous les yeux de nos lecteurs.

Malheureusement il ne serait pas aisé de donner par le moyen d'une analyse régulière, une idée exacte et satisfaisante de ce livre. Pas plus dans l'une que dans l'autre des publications qui en ont été faites, la division des matières en livres et en chapitres ne correspond à une conception logique propre à présenter un système harmonieux et bien lié. L'auteur lui-même ne paraît pas avoir eu l'intention de rien donner de semblable, preuve en est que le livre IIIe, par exemple, le plus important

par son étendue, et qui a été divisé en trois livres distincts dans la deuxième édition, est intitulé *Digression*,
que le livre VIII° porte le titre de *Supplément au livre de
la Foi*, et que le IX° se présente avec cet en-tête : « Pour
varier un peu les matières, et avant d'en venir aux différentes sectes dont j'ai à parler, je mets ici un supplément sur ce que j'ai dit plus haut des sens mystiques de
l'Ecriture sainte. Et à cette occasion, je donnerai un
grand éclaircissement sur la chronologie des Egyptiens
et autres nations, qui remontent à une origine incroyable. »
Dans l'intérieur de chaque livre, on aurait peine à trouver généralement un fil directeur, et plusieurs chapitres
portent eux-mêmes le titre de *Digression*, sans que l'on
puisse bien saisir pourquoi ils l'ont reçu préférablement
à d'autres qui y auraient eu assurément un droit égal.
Les divisions et subdivisions de l'ouvrage ne doivent en
réalité être considérées que comme des points de repos,
mais ne donnent pas le cadre d'une analyse.

Les titres généraux que nous allons transcrire ne la
présentent pas mieux, malgré leur longueur. Ils ne sont
qu'un résumé de la table des matières. Voici l'intitulé
complet de la première publication : *De l'origine, des
usages, des abus, des quantités et des mélanges de la Raison
et de la Foi. De l'évidence morale ; causes de son peu d'effet. Objections des incrédules réfutées. Des cieux purs et
impurs. De l'esprit astral. Des cinq espèces de magie. De
l'immortalité de l'esprit. De la puissance du prince de l'air.
Du magnétisme et du somnambulisme. Prophéties et pro-
diges des païens. Des sages d'entr'eux. Des trois Révélations. De la croix, loi universelle. De Mahomet. Des*

*passions. De l'amour-propre. De la sensibilité. Des Ins-
pirés et des Illuminés modernes de tous les degrés. Des
sens mystiques. Chronologies égyptiennes éclaircies. Des
Moraves, Piétistes, Anabaptistes et autres. Du serment,
etc.* Tels sont en effet les sujets principaux successivement traités dans les deux volumes de la première édition, qui forment également, avec l'addition d'un assez
grand nombre de notes, et la tripartition du livre III°
que nous avons mentionnée, les deux premiers tomes de
la seconde édition. Celle-ci, nous l'avons dit déjà, porte
un titre nouveau. L'ouvrage est intitulé : *La philosophie
divine appliquée aux lumières naturelle, magique, astrale,
surnaturelle, céleste et divine, ou aux immuables vérités
que Dieu a révélées de lui-même et de ses œuvres, dans
le triple miroir analogique de l'Univers, de l'Homme et de
la Révélation écrite.* Le tome troisième contenant un
ouvrage distinct a pour titre: *La Philosophie divine appliquée à la liberté et à l'esclavage de l'homme ; au certain ;
à l'infaillible ; à la grâce naturelle, surnaturelle, efficace,
universelle, résistible, irrésistible, et au péché originel.*

Tel étant le peu de secours que nous fournissent par
leur abondance même, les titres de l'ouvrage, il faut
donc, si nous voulons nous rendre un compte un peu
précis de celui-ci, que nous abandonnions les indications
données par l'auteur, et que nous cherchions à démêler
et à dégager de toute cette richesse d'accessoires qu'il
s'est plu à y joindre, les idées essentielles, bases de ses
théories théosophiques.

Pénétré des dangers qu'offre pour la vérité, l'influence

de cette orgueilleuse raison humaine toujours en commerce avec les passions, toujours inquiète et mécontente de ses bornes, voulant tout envahir dans le domaine de la lumière, l'auteur veut enlever à cette téméraire sa fausse couronne. Le temps est venu, selon lui, où il faut choisir entre la divine philosophie, la philosophie chrétienne, et cette philosophie de tout temps assez illusoire, mais qui, en dernier lieu, est devenue un véritable véhicule à l'impiété, telle qu'une épée destructive également funeste à l'esprit et au cœur. Oui, il faut choisir entre la foi et la raison. La divine lumière de la première est le guide assuré du philosophe chrétien, et le conducteur infaillible pour le mener à Dieu même, son principe et sa fin. La lumière de la raison, au contraire, est l'infidèle guide du philosophe du monde. Ce sont comme deux lignes qui s'écartent à l'infini, dont l'une ne fait qu'égarer l'homme et l'éloigner de sa destination éternelle, tandis que l'autre le conduit à Dieu. Ce sont deux pilotes, dont l'un mène infailliblement au port, tandis que l'autre, parcourant avec la plus trompeuse boussole, une mer orageuse et pleine d'écueils, conduit enfin au plus triste naufrage.

Dans son état primitif d'innocence, Adam, notre premier père, était éclairé de la lumière du Saint-Esprit même, qui alors lui était uni, et allumait de cette pure lumière, le point simple qui fait le primitif ou le fond de son esprit. En lui avait été jeté un instinct, un appétit immense de cette lumière pour laquelle il avait été fait, de même que selon St. Paul, toutes les créatures soupirent et sont comme en travail, jusqu'à ce qu'elles obtiennent la fin pour laquelle elles ont été créées. C'était donc l'Esprit de Dieu qui, s'unissant à ce point simple, était tout à la fois la lumière et la vie du premier homme. La pureté de cette vie se répandait dans toutes ses facultés inférieures, l'âme sensitive, l'imagination, la mémoire et les sens.

Après la chute, l'Esprit-Saint se retira de cet être si privilégié qu'il animait. Mais Dieu ne voulant pas que son but dans la création de l'homme fût totalement détruit par la révolte dont ce dernier s'était rendu coupable, à mesure qu'il retira sa lumière dédaignée, lui abandonna et lui laissa prendre pour son usage nécessaire, une lumière très inférieure à la vérité, mais proportionnée au rôle qu'il avait à remplir dans ce monde, qu'il avait préféré à Dieu, sans apercevoir d'abord sans doute les sinistres et déplorables conséquences de cette préférence. Qu'a donc fait l'homme, et qu'est-ce que Dieu lui a laissé prendre en remplacement de sa pure, sainte et haute lumière ? Dans le besoin absolu qu'il en avait, soupirant après la lumière avec une faim dévorante, il descendit' dans ses facultés inférieures, dans l'imagination, la mémoire et les sens, et se nourrit de toutes les lueurs que ces facultés pouvaient lui donner en substitut de l'union avec Dieu, pour être en relation avec les objets de la terre. Voilà donc la lumière divine perdue, et à sa place un feu moins pur, moins subtil, moins céleste, qui l'allume et qui l'éclaire. C'est ce que de profonds philosophes appellent l'*Esprit astral*, ou feu en analogie avec la lumière des astres, une quintessence de feu par rapport au feu matériel, mais très impur et inférieur quant

au feu ou à la lumière qui émane de l'Esprit de Dieu.
Nous ne répéterons pas ici ce que nous avons eu déjà
l'occasion d'exposer plus haut sur ce sujet.

Considérant cette raison de l'homme, dont le plus haut
point est l'esprit astral, selon la définition qu'en donne
le vulgaire des philosophes, c'est-à-dire comme la fa-
culté d'apercevoir les rapports ou l'enchaînement des
vérités accessibles à la lumière naturelle, notre auteur
s'attache à en constater les usages légitimes et à en
signaler les abus, afin de la réduire à ses justes bornes.
Faite pour ce monde plutôt que pour le ciel, elle épuise
son énergie dans les affaires humaines et ne peut guère
aller plus loin, en sorte que l'homme, pour regagner ce
que notre premier père a perdu, et nous avec lui, doit
retrouver un principe plus haut et plus pur que la raison.
En lui enlevant ses prétentions et la fausse couronne
qu'elle se met sur la tête, ne lui refusons cependant pas
les éloges qu'elle mérite. Elevons donc la raison au plus
haut point où elle peut atteindre, et tout en arrêtant la
la hardiesse de son vol, ne lui coupons pas les ailes.

Une raison droite peut avoir dans cette économie terrestre, quatre et même cinq genres d'utilité. Elle sert de
flambeau : 1° dans les affaires de la vie ; 2° pour toutes
les sciences humaines et les arts ; 3° pour les vertus
naturelles et du second ordre ; 4° pour arriver à la croyance
de l'Evangile, croyance qu'il faut distinguer de la vraie
foi ; 5° enfin, pour découvrir le sens littéral de l'Ecriture.

La discussion des quatre premiers de ces usages de la

raison, et des abus auxquels ils donnent lieu, fait la matière du livre second , et l'exposé du dernier remplit à
lui seul en entier le livre VIIe, auquel le IXe sert encore
de supplément.

Nous ne nous arrêterons pas aux trois premiers usages
de la raison, sur lesquels nous ne trouvons rien de sail-
lant à signaler. Mais il n'en est pas de même du suivant.
A l'occasion de ce quatrième usage, savoir la possibilité,
lorsque la raison veut en bonne foi se servir de ses
forces, d'arriver à la croyance d'Evangile, l'auteur distingue deux genres d'évidence, l'évidence mathématique
et l'évidence morale, ce qui le conduit à traiter expressément dans le livre IIIe des causes qui , dans l'esprit des
incrédules et des mondains énervent la force de l'évidence morale et en font avorter le fruit, et à réfuter les
objections des déistes. Ces causes sont, outre la corruption et les passions , à l'égard desquelles il est superflu
de s'étendre, 1° l'inattention, la légèreté et la dissipation
perpétuelle dans lesquelles vivent la plupart des hommes;
2° l'éloignement qu'éprouvent les gens du monde pour
la morale de l'Evangile ; 3° les mystères qui sont une
pierre d'achoppement pour la raison corrompue et sen-
sualisée.

A ce même usage de la raison se rattache dans la conception de M. Dutoit les sujets qu'il traite comme expli-
cations et développements dans les livres IVe et V^e, for-
més, ainsi que nous l'avons rappelé, de matériaux contenus
primitivement dans le IIIe. Ce sont essentiellement au
livre IVe, les trois grands miroirs de la Divinité, miroirs

dans lesquels le Verbe-Dieu s'est peint et révélé à sa créature, savoir l'Homme, l'Univers et la Révélation; l'Homme, appelé avec raison par les vrais philosophes, le *microcosme* ou petit monde, parce qu'il reproduit les idées, le modèle, les traits du grand monde, et qui aurait pu être appelé *microthée* ou petit dieu, si en repoussant la lumière divine, il n'avait pas défiguré cette image de Dieu, à laquelle il avait été créé; le Monde ou l'Univers, reproduisant pareillement, dans ses grands traits comme dans ses plus petits détails, l'image du Verbe-Dieu dont il a reçu l'existence; et la Révélation donnée par l'Esprit-Saint pour manifester la gloire et la vérité de Dieu, afin de rouvrir le ciel à la créature dégénérée.

Puis vient le livre V° qui traite du plus grand mystère de la religion, la croix. Cette croix se trouve dans chacun des trois miroirs dépeints ci-dessus; dans la révélation qui en parle partout; dans l'homme qui lui est assujetti et, par elle, doit remonter et refluer dans son principe et dans sa fin; et enfin dans la nature entière. A la théorie de la croix se rattachent celles des nombres, de l'infini, du néant, du mal métaphysique, de la durée du mal, des siècles des siècles, etc.

Le livre VI° est encore une dépendance de ce quatrième usage de la raison, auquel se relient les trois précédents livres, en même temps qu'il est une préparation nécessaire pour l'étude du cinquième usage, dont s'occupent les livres suivants. Le sujet en est la foi et la croyance mises en regard. Au témoignage des hommes qui peut donner la croyance, doit se joindre ou se superposer le témoignage de Dieu qui seul produit la foi. Au

témoignage extérieur, indirect, doit succéder le témoignage intérieur, direct, qui vient de Dieu seul par son
Esprit versé dans le chrétien. Ceci conduit, on le comprend, au sujet de la *vie intérieure, cachée en Dieu*, ou du
vrai quiétisme ou mysticisme, qui n'est autre chose que
la religion du cœur et de l'amour.

A ce sujet se rattachera, en outre, le contenu du
livre VIII° expressément désigné comme servant de supplément au livre traitant de la foi. Ici l'auteur distingue
nettement entre ce que St. Jean appelle *croire au Fils*,
πιστεύειν εἰς τὸν υἱόν, et ce que St. Paul appelle *la foi du Fils
de Dieu*, ἡ πίστις τοῦ υἱοῦ τοῦ θεοῦ, en particulier dans ce
passage : « Je suis crucifié avec Christ, et je vis, mais
ce n'est plus moi, c'est Jésus-Christ qui vit en moi ; et ce
que je vis encore en cette chair, je le vis en la foi du
Fils de Dieu qui m'a aimé, et qui s'est donné lui-même
pour moi. » (Gal. II, 20.) La *foi au Fils* est le germe,
le commencement de la régénération ou de la nouvelle
naissance ; la *foi du Fils* en est la consommation, le terme
et la fin. La première va de progrès en progrès et est
élevée *de foi en foi* ; la dernière est la *révélation de Jésus-
Christ* même. (Apoc. I, 1.) La foi au Fils et la foi du
Fils sont toutes deux une véritable foi, et en un sens,
sont de même nature ; elles ont la même origine, ce qu'il
est essentiel de bien faire remarquer, pour ne pas con-
fondre la foi au Fils avec la croyance à l'Evangile ; mais
elles n'ont pas une perfection semblable, ni la même
consommation et plénitude. Toutes deux ont pour origine le Saint-Esprit ; mais dans l'une on n'a que le don,
dans l'autre on a le donateur lui-même. Le plus haut

point de la première et son plus heureux effet est de
produire en celui qui l'a, une vie *conforme* à la vie de
Jésus-Christ; la foi du Fils amène une vie *uniforme* avec
la sienne. La première n'emporte pas que le chrétien
soit absolument mort à lui-même; mais la foi du Fils,
plus pure et plus parfaite, ne peut avoir lieu que quand
l'être propre a cédé la place et que le fidèle est mort au
péché, au monde et à lui-même. Lorsque ce chrétien
est véritablement mort de la mort mystique, alors son
fond purifié est comme une Vierge, un vide de tout être
propre, et le Saint-Esprit qui, par le principe de sa fécondité infinie et de son amour, ne manque jamais de
remplir les vides où il les trouve, écoule, émane sur cet
être, non plus le rayon ou le don, qui faisait la Foi au
Fils, mais le Fils lui-même et l'être de Jésus-Christ, lequel naît ainsi invisiblement, mystiquement, et très
réellement dans le chrétien, préparé par tous les degrés
précursifs de la foi, et par la mort à soi-même, à le recevoir.

C'est parce que St. Paul avait cette foi du Fils qu'il a
pu dire: « Je suis crucifié avec Christ. » Jésus n'était
plus sur la terre; cette expression, *avec Christ*, emportait donc une union interne, et même une unité propor-
tionnelle, selon ce que cet adorable Sauveur disait lui-
même: « Qu'ils soient un avec moi, comme toi et moi,
ô mon Père, nous sommes un. » Paul portait alors les
états de Jésus-Christ, il portait, selon le degré et la mesure de sa vocation, la crucifixion de Jésus-Christ, ainsi
qu'il le disait ailleurs : « J'achève de souffrir en ma chair
le reste des afflictions du Christ pour son corps, qui est

l'Eglise. » (Col. I, 24.) « Ce n'est plus moi, disait le
saint apôtre, c'est Jésus-Christ qui vit en moi. « Ma
propre vie, cette vie infectée et propriétaire que j'ai reçue d'Adam pécheur, a été chassée, et la vie de Jésus-
Christ s'est établie sur les ruines de ma vie propre, que
j'ai laissé vider, expulser par l'opération crucifiante de
la grâce. Et c'est ici le mystère de ces infiniment belles
paroles : « *Celui qui voudra sauver* ou retenir *sa vie, la
perdra ; mais celui qui la perdra pour l'amour de moi,*
c'est-à-dire qui aimera mieux ma vie que la sienne,
celui-là *gagnera son âme* ou *sa vie,* parce que la mienne
lui deviendra propre. » Tel est, selon St. Paul, « le mystère caché dans les temps anciens, mais maintenant
manifesté aux saints, c'est que Christ est *en nous.* »
(Col. I, 27.)

De cette foi du Fils, qui est en quelque sorte ici-bas
la rivale de la vue ou de la vision béatifique, sort, comme
de la séve la plus divinement féconde, l'amour de Dieu
tout pur, et au-dessus de tout, victorieux dans les combats et dans les épreuves, et avec cet amour, et dans cet
amour, toutes les vertus, fruits de l'arbre de vie. L'homme
de foi possède Dieu sans le voir, « participant dès ce
monde à la nature divine, déjà fait une même plante
avec Christ, » il est selon le roi prophète « tel qu'un arbre planté près des ruisseaux d'eaux, qui rend son fruit
dans sa saison et dont le feuillage ne se flétrit point. »

Ainsi que nous l'avons vu, c'est dans le livre VIIᵉ que
se trouve l'exposé du cinquième usage de la raison, relatif à l'intelligence du sens littéral de l'Ecriture Sainte.

C'est à cette sphère en effet que la raison humaine est
bornée ; toute seule, elle ne peut voir dans le livre divin
rien de plus haut ni de plus profond. La foi, au contraire,
procédant du Saint-Esprit, perce par lui dans les profondeurs et dans l'interne caché sous le sens littéral. Prenant un exemple pour éclaircir sa pensée, l'auteur suppose deux prédicateurs traitant le sujet de la résurrection
de Lazare. Le premier n'ayant que la croyance, établira
la certitude du miracle ; il le prouvera par la crédibilité
et la force du témoignage ; ensuite il en tirera des conséquences en faveur de la vérité de la religion, et ter-
minera le tout par des réflexions utiles et pieuses, tirées
d'une raison éclairée. Le prédicateur doué de la foi, ne
s'arrêtera pas au sens littéral, mais tirera de ce fait réel
la moelle cachée propre à nourrir son auditoire ; il mon-
trera que ce miracle se répète invisiblement sur les âmes
que Jésus-Christ fait passer de la mort du péché à la
vie de l'esprit, et dévoilera ainsi une des routes, un des
procédés de la grâce. Il généralisera l'idée en faisant
voir que tout ce qui s'est passé sur la terre littéralement,
pendant que le Seigneur y conversait, était en même
temps une figure de ce qui se passe réellement, spirituellement et invisiblement dans l'économie et l'œuvre
du Saint-Esprit pour le salut des âmes que Jésus-Christ
a rachetées sur la croix. On voit par là ce qu'on doit entendre par le sens mystique des Ecritures qui, contenu
sous le littéral, ne l'exclut point et ne lui est point opposé. Ces deux sens, au contraire, se soutiennent et
s'appuient réciproquement, tout comme l'écorce est nécessaire à l'arbre pour sa conservation, mais cette écorce

indispensable n'est point la séve elle-même, qui est bien
plus noble que l'écorce et est la vraie vie de l'arbre.
Ainsi encore en est-il de l'enveloppe du fruit relativement au germe, et du fondement à l'égard de l'édifice.
L'esprit de la foi interprète le texte de l'Ecriture et en
révèle les profondeurs, et il y a des règles pour reconnaître les vrais sens mystiques et les allégories légitimes.

C'est au livre IXe qu'il faut se transporter pour trouver
la suite de ce qui concerne les sens mystiques, les faux
jugements auxquels donnent lieu les préjugés généralement répandus à leur égard, les principes qui démon-
trent la vérité et l'existence des sens cachés dans l'Ecriture, la signification réelle et légitime des mots *mystique*,
intérieur, *vrai spirituel*, absolument synonymes de celui
de *chrétien*.

Quant à la continuation du livre VIIe, l'auteur y re-
prend, après les trois premiers chapitres, le sujet de la
différence entre la croyance et la foi. En en signalant de
nouveaux exemples, il est conduit à parler de la clarté
et des obscurités de la foi. Tandis que les théologiens
disent que la foi doit être *éclairée*, ce en quoi ils ont
parfaitement raison, on rencontre dans les écrits des
auteurs mystiques, les expressions de *foi obscure*, de *foi
nue* ; ils disent qu'il faut être *aveuglé*, qu'on doit *marcher
à l'aveugle*, etc. Ces choses ne sont pas aussi opposées
ni aussi contradictoires qu'elles paraissent l'être au premier abord. De même que la raison a ses épreuves, dans
les mystères de la nature qu'elle ne peut point approfondir, et qui ont toujours pour elle un côté obscur ; de
même qu'elle en a dans la croyance à l'Ecriture qui,

quoique certifiée par le témoignage, renferme des choses
si étonnantes pour elle que, lorsqu'elle veut raisonner et
chercher l'évidence, elle est tentée de les révoquer en
doute, en sorte qu'elle doit se soumettre, sous peine de
renoncer à la certitude du témoignage, ainsi la foi, pur
don de la grâce, quelque éclairée qu'elle soit par la lumière divine qui en est la source, a pareillement ses
épreuves qui servent à l'affiner, à l'ennoblir, à la spiritualiser de plus en plus, jusqu'à ce qu'elle aille se perdre
dans l'amour, qui doit absorber en soi, sans les détruire,
la foi et l'espérance. Un exemple éclaircira la question.
Abraham, appelé le Père des croyants, cet homme si
illustre par sa foi, ne l'a-t-il pas vu mettre à la plus
rude, à la plus terrible des épreuves? Comment concilier
les promesses à l'accomplissement desquelles son fils
devait servir de moyen, avec l'ordre de le sacrifier? Non-
seulement la raison d'Abraham a dû se taire, mais sa foi
aux promesses insignes qui lui avaient été faites a dû
perdre l'appui de la vue des moyens de leur exécution.
Ces moyens avaient servi jusqu'alors d'appuis à sa foi.
Il faut qu'il les perde, pour se confier à Dieu seul, à sa
fidélité, à sa toute-puissance. Voilà la foi pure, entière
et parfaite, indépendante de tout moyen, qui se confie
en Dieu à l'aveugle. Voilà la foi ennoblie par l'épreuve,
la foi qui croit sans voir, la foi nue, qui fait disparaître
tous les intermédiaires entre Dieu et elle. « Bienheureux,
a dit Jésus-Christ, ceux qui n'ont pas vu, et qui ont
cru! »

On comprend par là pourquoi les mystiques donnent
à la foi ainsi épurée les épithètes d'*obscure* et de *nue*,

pourquoi ils parlent de la *nuit de la foi*, pourquoi ils
appellent les dépouillements des appuis sensibles une
perte. Conduits dans le domaine de la foi et de la vie intérieure et cachée en Dieu, non par la raison, ni par
eux-mêmes, mais par l'Esprit de Dieu, ils se sentent
sous la bénédiction de cette promesse : « Je conduirai
les aveugles (qu'on remarque l'expression, *les aveugles*),
par un chemin qu'ils ne connaissent point, et moi, l'É-
ternel, je ne les abandonnerai point. » (Esa. XLII, 16.)

Cette obscurité, ces nudités de la foi, dont parlent les
mystiques, se rapportent aux moyens subalternes, et ne
détruisent point le grand moyen, Jésus-Christ ou Dieu
même, auquel elles tendent au contraire à donner pleine
gloire. La lumière de la raison s'efface et disparaît devant celle de la grâce, de même que celle des astres
s'éclipse au lever du jour et est absorbée par l'éclat du
soleil. Ainsi s'explique encore cette parole de l'apôtre
déclarant que « la paix de Dieu *surpasse toute intelligence.* » La raison ne peut en effet, ni percevoir, ni comprendre la paix des élus de Dieu, cette paix que Jésus
donne, qu'il *laisse* aux siens, mais qu'il *ne donne pas
comme le monde la donne.* Qu'on se garde donc de con-
fondre la paix du monde, les joies de la nature, avec la
paix de Jésus et les joies de la grâce ; et si une âme ré-
cemment convertie goûte ce genre de paix que l'on peut
appeler une paix *savoureuse*, accordée au commencement
de la vie chrétienne, pour *attirer en douceur* le fidèle
faible encore, pour l'encourager à marcher et le dé-
prendre par ce goût agréable et intérieur, des objets
terrestres et des affections mondaines, qu'elle veille à

ne pas s'abuser. Cette paix dont elle jouit doit se spiritualiser par le progrès. On se tromperait si on la prenait pour la paix de Dieu toute pure, qui ne peut être telle que pour l'âme arrivée au pur amour de Dieu. Il ne faut donc pas s'arrêter à cette paix savoureuse, et en jouir de façon à la retenir et à en faire son propre ; elle n'est pas donnée comme la fin, mais comme un moyen temporaire pour arriver à la vraie paix de Dieu.

Tous ces détails que nous venons de signaler se relient à ce qui a été le sujet principal des recherches de M. Dutoit, savoir les différences essentielles et fondamentales entre la croyance à l'Evangile qui est du domaine de la raison, et la foi dont l'origine est toute divine. Il en est de même du livre X° de la *Philosophie divine*, qui traite des ouvrages de morale et de piété, et des différentes sectes qui se voient dans la chrétienté. Le but de l'auteur est de faire sentir comment dans la plupart de ces ouvrages et de ces sectes, c'est la vie intérieure et cachée en Dieu qui manque, et par conséquent la vraie foi qui est absente. De là l'inutilité et le danger de ces prétendus livres de piété, et les erreurs de ces sectes.

Le nombre des ouvrages de religion est infini. Sermons, livres de morale proprement dite, ouvrages de controverse inondent les bibliothèques. Mais dans cette multitude, combien il en est peu qui soient vraiment conformes à l'esprit du pur christianisme, enseignant à s'unir à Dieu au dedans, prêchant le vrai détachement, ne *bandant* pas *la plaie à la légère*, allant à la source du mal, montrant à l'homme son insondable misère, et ce

qu'il serait sans la grâce, le faisant *soupirer dans cette
tente*, aspirer à la grâce divine, lui inculquant le vrai
recueillement, et substituant l'acte de la présence de
Dieu à l'éternelle dissipation des gens du monde ! C'est
ce que font les vrais livres mystiques ou ascétiques, où
tout est onction, où tout est vie, où tout est fait pour le
cœur. Mais ces livres-là ne sont pas en faveur dans le
monde, l'orgueilleuse raison les repousse, et préfère
ceux qui la flattent. Les ouvrages qu'elle produit montrent, à la vérité, plus ou moins bien les devoirs, mais
n'enseignent point la vraie manière de gagner et d'obtenir la force de les accomplir. Ils parlent bien de la
prière, mais ne connaissent pas la véritable prière. Le
principe de la régénération leur fait défaut.

Quant aux sectes, particulièrement à celles qui se sont
manifestées parmi les protestants, telles que les Illuminés, les Inspirés, les Moraves, les Anabaptistes, les Piétistes, les Séparatistes, les Quakers, etc., l'auteur attribue leurs schismes et leurs erreurs à ces quatre causes :
1° une foi incomplète ; 2° la raison qui intervient dans
les cas où elle ne devrait pas le faire ; 3° l'orgueil spirituel ; 4° les passions que cet orgueil réveille et amène
après lui. Or de même que le pur rayon émané de la
lumière du soleil, est obscurci et nuancé de diverses
manières par les brouillards dont l'atmosphère est chargée, la foi, pur rayon du Saint-Esprit, est altérée par
les causes ci-dessus mentionnées ; et, par l'effet de l'obs-
curcissement qui en résulte, on n'est plus en état de lire
l'Ecriture Sainte avec l'Esprit même qui l'a dictée, ni

d'y voir la vérité pure et entière. On la lit selon son propre sens, on en désunit le divin ensemble, et ainsi l'on en tire ce qu'on veut absolument y voir. De là chez les hommes ces diversités d'opinions religieuses dont le nombre est incalculable; de là aussi l'origine de toutes les hérésies.

. Ce livre X⁰ dont nous venons d'indiquer les idées générales sert de clôture au deuxième volume de la *Philosophie divine*. La matière qu'il contient terminait également l'ouvrage dans la première édition, sans que l'auteur ait jugé à propos de le faire suivre d'un résumé ou d'une conclusion générale. Il finit assez brusquement par un chapitre destiné à combattre l'erreur des personnes qui se font scrupule de prêter serment.

Le tome troisième, nous avons eu déjà l'occasion de le dire, renferme moins une suite de la *Philosophie divine*, qu'un ouvrage entièrement nouveau, sur *la liberté et l'esclavage de l'homme*. La plupart des exemplaires contiennent même encore un second ouvrage, d'une étendue moins considérable, que nous avons aussi mentionné, ayant pour titre : *Les trois caractères primitifs des hommes, ou les portraits du froid, du bouillant et du tiède.* Nous allons donner de l'un et de l'autre une idée succincte.

Le titre du premier ouvrage, tel que nous l'avons transcrit plus haut, indique déjà les idées essentielles que l'auteur s'est proposé de mettre en saillie. Des recherches sur la liberté et sur l'esclavage de l'homme conduisent à l'examen des doctrines jansénistes sur la grâce et des enseignements de Calvin sur la prédestination. On pourrait conclure que ce sont bien ces doctrines-là auxquelles il faisait allusion, lors même que M. Dutoit ne l'aurait pas fait entendre dans son avant-propos, en rattachant son travail à ce qu'il avait dit sur les différentes sectes. Et quoiqu'il n'en nomme ici aucune, qu'il ne parle dans cet écrit, comme il le fait remarquer, ni de Jansénistes, ni de Jésuites, ni de Calvin, ni de tel autre théologien, il est bien évident que c'étaient eux qu'il avait en vue. L'exposition de la vérité était selon lui, une réfutation suffisante de l'erreur. Or voici quelle est, à son jugement, cette vérité sur ces points si longtemps et si longuement controversés. Nous conservons les expressions qu'il a lui-même employées.

1° Dieu concourt d'un concours général aux actions de ses créatures, et même aux actions du méchant, en tant qu'il le conserve et lui continue la force d'agir.

2° Ce concours général suit, selon l'économie ordinaire, les états particuliers, les pas, les procédés et les dégradations, où s'amène d'abord très librement l'être moral ou l'homme à qui ce concours général est appliqué, et en un mot tous les changements qui préparent et amènent ses actions libres.

3° Cet acte invisible de la conservation fixe par intervalles les actes, d'abord libres et réitérés, en habitudes. Ces habitudes s'unissant au fond de l'être moral, et s'y amalgamant, pour ainsi dire, constituent en lui une seconde nature, et dans le pécheur une fausse nature entée sur la nature primitive. C'est, dans l'économie ordinaire, ce qui fait les préparations et les pas à l'endurcissement.

4° De temps en temps et en certains intervalles, l'acte de la conservation remet en équilibre le pécheur qui a vendu sa liberté, lui envoie des moments lucides, lui ménage une lumière et une force secrètes, afin qu'il puisse, dans ces moments heureux et non mérités rompre ses chaînes et se dégager de l'esclavage où il s'est mis, et qu'il soit libre de nouveau de résister aux penchants et au mal dont il s'est fait une habitude.

5° Non content de cette économie interne de miséricorde, Dieu, qui ne veut pas la mort du pécheur, mais sa conversion et sa vie, fait concourir le dehors à ce charitable but. Il le fait avertir en une multitude de manières, et continuellement, en lui présentant à l'extérieur de perpétuels moyens et des motifs toujours renaissants de retour à lui. Tous les moyens sont employés, toutes les ressources sont épuisées, jusqu'à ce qu'enfin l'obstination absolue amène l'endurcissement et l'impénitence finale.

6° Ainsi par ces théories bien déduites, on voit le parfait accord entre la justice divine et l'infinie miséricorde. On voit que Dieu ne réprouve jamais, que c'est l'homme seul qui opère sa réprobation. On voit que Dieu ne rejette le pécheur que lorsqu'il s'est librement, délibérément, obstinément rejeté lui-même, qu'après qu'il a vendu la vérité, contristé la lumière, qu'après qu'il s'est roidi contre les moyens toujours renaissants et les secours perpétuels, internes et externes, et les voix innombrables qui lui ont si hautement crié au dehors et au dedans.

7° Il est des élus parmi la masse des hommes appelés,

et il est pour ces élus une grâce irrésistible; mais cette grâce n'est rien moins que continuellement irrésistible; il lui faut le consentement libre et le concours de la volonté.

Tels sont les principes dont le développement forme la matière de l'ouvrage, que l'auteur termine par un article sur le péché originel, et par l'exposé de ses vues sur la conciliation des deux économies de la loi et d'Ezéchiel, quant à la transmission de la punition des péchés des pères sur les enfants. Les développements dans lesquels il entre sont à bien des égards la reproduction des théories exposées dans les deux premiers volumes.

Quant à l'appendice sur les *trois caractères primitifs* des hommes, on comprend qu'il consiste en une dissertation sur Apoc. III, 15 et 16. Le *froid*, l'homme calme, marchant en intégrité devant Dieu, ne sortant pas du cercle de ses devoirs, mais sachant les remplir, sans grandes tentations, mais aussi sans vives joies, et le *bouillant*, l'homme plein de zèle et d'ardeur, porté au dehors tel qu'un vaillant guerrier, exposé par son activité même à de douloureuses luttes, à de sérieux combats, à des chutes affligeantes, et capable d'éprouver aussi de célestes ravissements, sont opposés au *tiède*, à l'homme sans consistance et sans caractère, moitié faux et moitié vrai, faible de cœur, voyant la route et ne la suivant qu'à demi, timide, plein de réserves, n'ayant jamais le courage de se donner à Dieu, lequel, en retour de sa lâcheté, déclare qu'il *le vomira de sa bouche*. Cette

dissertation édifiante , d'une soixantaine de pages, se
rattache à divers chapitres de la *Philosophie divine*, auxquels elle peut servir de développements.

L'exposé que nous venons de faire du contenu des
trois volumes de l'ouvrage capital de M. Dutoit, confirme
ce que nous avons dit en commençant, que les divisions
du livre lui-même, telles que l'auteur les a conçues et
exprimées , prêtent peu à une analyse satisfaisante. Le
fil des pensées est moins indiqué par l'ordre de succession des livres et chapitres, qu'il n'est en réalité plusieurs fois brisé par l'enchaînement relatif des matériaux
dont l'ouvrage est composé. Ce qui peut expliquer jusqu'à un certain point l'arbitraire des divisions générales,
et la place assignée à tel ou tel sujet spécial, c'est le fait
que ces matériaux avaient été premièrement élaborés en
vue d'une publication d'une forme toute différente. C'est,
nous l'avons vu , sous forme de discours que les écrits
mystiques de notre philosophe avaient été soumis au
jugement de M. de Fléischbein. Or dans plusieurs chapitres de la *Philosophie divine* se révèle clairement cette
contexture primitive. C'est, ce nous semble, une con-
firmation assez expresse , des conclusions auxquelles
nous avons été amenés , quant à l'emploi fait par notre
docteur , dans la composition de son livre de 1790, des
écrits que son ami de Pyrmont avait moins jugés dignes
de voir le jour que de subir le feu un quart de siècle
auparavant. Quoi qu'il en soit , et précisément à cause
de cette résurrection , à laquelle il les a appelées après

un long temps d'épreuve, nous avons comme une double certitude que les opinions théosophiques énoncées dans la *Philosophie divine* étaient bien foncièrement et après mûres réflexions celles de M. Dutoit.

CHAPITRE X.

Opinions sur les Moraves.

Si, comme nous l'avons vu déjà, et en vertu même de ses théories, il en coûtait peu à M. Dutoit de faire abstraction de ce qui sépare ici-bas les diverses églises, si c'était pour lui un besoin de regarder au-dessus des parois mitoyennes construites par les hommes entre Jérusalem et Garizim, il n'en était pas moins très contraire à l'esprit de secte et très exclusif pour tout ce qui touchait à ses vues particulières sur la vie intérieure.

Nous en avons une preuve frappante dans la manière dont il envisageait l'Eglise des Frères Moraves. N'eût-il pas été naturel de penser que l'amour dévoué de ces humbles chrétiens pour leur Sauveur aurait excité en lui une véritable et cordiale sympathie, que les efforts de Zinzendorf pour soumettre les âmes à Jésus l'auraient vivement réjoui, que tant d'œuvres de dévouement, d'abnégation, de renoncement, qu'un tel esprit de sacrifice, auraient répondu aux fibres secrètes de son cœur ? Eh ! bien, il n'en a point été ainsi. Nous voyons au contraire à bien des reprises dans ses écrits et dans ceux de ses

amis, une opposition marquée aux Moraves, soit quant
à leurs doctrines, soit quant à leurs manières d'agir. Il
dit par exemple, dans une de ses lettres que « le Sauveur
des Moraves n'est guère moins illusoire que le faux Sauveur de la plus grande partie du genre humain, » et ailleurs, à l'occasion d'un Quaker venu à Genève, qu'il y
avait chez lui « à peu près la même illusion que parmi
les Moraves, quoique d'une manière différente. » Dans
une autre de ses lettres il dit encore : « Je suis mortifié
que les Moraves se multiplient tant à B. (Berne). » M. de
Fleischbein va plus loin dans l'expression de sa répugnance. « Il ne faut avoir, dit-il, rien à démêler avec
tous les Moraves, il faut les éviter au possible, et ne
parler d'eux qu'aux amis de confiance. »

Il serait intéressant de rechercher au sujet de cette
opposition, quels ont pu être les premiers rapports des
petits groupes mystiques, soit à Neuchatel, soit à Genève,
soit dans le pays de Vaud, avec ceux qu'avait pu former
peu de temps auparavant, le comte de Zinzendorf, dans
les séjours plus ou moins prolongés qu'il avait faits en
ces contrées[1]. Il serait également curieux de suivre une

---

[1] On sait que Zinzendorf avait passé quelques mois à Genève en 1741,
avec une quarantaine de membres des différents chœurs de l'*église
des pèlerins*, qui l'avaient suivi dans le but de travailler, dans cette
capitale de la réforme, à l'union des diverses branches du protestantisme. Il y revint, mais pour cinq jours seulement, en 1757. A cette
époque il fit un séjour d'un mois à Montmirail, et y vit nombre de personnes pieuses de toutes les contrées environnantes. Il trouva à Lausanne, à Berne, à Arau, à Bâle, de petits groupes de fidèles plus ou
moins affiliés à l'église des Frères. Six ans auparavant, il avait déjà ho-
noré de sa présence l'établissement fondé par cette église à Montmirail.

pareille enquête en Allemagne, dans les lieux mêmes et
dans le milieu religieux où les établissements de Herrnhut prenaient naissance, et de déterminer dans quels
rapports de filiation et de fraternité les deux tendances,
morave et mystique, pouvaient être, chacune de leur
côté, avec le piétisme des Spener et des Franke. Mais
tout cela nous entraînerait bien loin. Bornons-nous à
signaler comme indication, les relations momentanées
qui ont existé entre le comte de Zinzendorf et M. de
Marsay, ainsi que les circonstances et les motifs de leur
rupture. Les rapports de ce dernier avec les mystiques
allemands et suisses donnent à ses expériences personnelles un intérêt spécial au point de vue de la question
que nous effleurons ici.

En 1730 le comte de Zinzendorf avait envoyé à Schwarzenau deux membres de sa communauté pour lier connaissance avec les gens pieux de la contrée. Accueillis
par M. de Marsay, auquel ils vantèrent beaucoup l'unión,
l'ordre et la discipline de Herrnhut, les deux frères qui
devaient se rendre en Suisse, reçurent de lui des lettres
de recommandation auprès de ses amis de ce pays. Quelques mois plus tard, en septembre, le comte arriva lui-
même en Westphalie, et comme il était déjà très renommé à cause de sa piété et des grands dons qu'il
possédait, on fut dès l'abord favorablement disposé à son
égard. Après quelques prédications qu'il fit entendre au
château de Berlebourg chez la comtesse de Wittgenstein,
il proposa à M. de Marsay de fonder une église ou communauté semblable à celle de Herrnhut. On réunit les

personnes pieuses, et en deux ou trois conférences tout
fut réglé selon le vœu du comte. Il proposa les lois, ordres et règlements, sur lesquels la communauté serait
fondée, distribua les emplois, établit les ministres pour
prêcher dans les assemblées, les anciens, les diacres, etc.,
exactement sur le modèle de Herrnhut. M. de Marsay
lui-même fut appelé à la charge de *Verwarner* (Admo-
nesteur) pour adresser aux frères des exhortations ou
répréhensions particulières selon les cas qui se présen-
teraient. On fit à Schwarzenau exactement comme à
Berlebourg. Deux jours suffirent au comte pour instituer
une communauté pareille, dans laquelle M. de Marsay fut
revêtu du même emploi. Puis Zinzendorf partit, ayant
passé seulement huit à dix jours dans ces quartiers, et
promettant d'envoyer deux de ses gens pour affermir et
mettre en ordre ce qu'il avait fondé.

Mais dès le second dimanche après le départ du comte,
le sieur Sebach, qu'il avait établi comme prédicateur à
Schwarzenau, s'étant permis de prêcher contre la Trinité, en dévoilant l'arianisme le plus prononcé, la communauté se divisa, et une scission pareille s'opéra à
Berlebourg. Les envoyés de Zinzendorf, Dober et le médecin Klinstett, ne parvinrent pas à rétablir l'union entre
les éléments trop dissemblables que leur chef avait cru
pouvoir fondre ensemble sous l'efficace de sa règle extérieure. M. de Marsay sur lequel il avait le plus compté,
eut lieu de concevoir des doutes sur la pureté absolue
des motifs qui dirigeaient le nouvel apôtre. Certaines observations et le témoignage même des disciples de ce
dernier le conduisirent à reconnaître que les entreprises

dont on faisait tant de bruit pouvaient bien être moins
le fruit d'un principe divin que celui d'un esprit propre,
fort actif et résolu ; que Zinzendorf n'était point au fond
si humble ni si simple qu'il le paraissait au premier
abord, que son goût naturel pour la domination le poussait à chercher à se rendre maître absolu en toutes choses et à pouvoir disposer à son gré, tant pour le spirituel
que pour le temporel, du sort de chacun de ses adeptes.

Bien que le comte eût professé l'impartialité la plus
complète et se fût engagé à respecter pleinement l'indépendance des autres, ni lui, ni ses agents ne se montrè-
rent disposés à tenir à cet égard la parole donnée. Une
règle de fer devait au contraire faire ployer toutes les
volontés individuelles. M. de Marsay eut à en faire l'expérience personnelle, en apprenant de Dober qu'il avait
été désigné pour aller en mission auprès des réformés
cachés en France, et que l'année suivante le premier ancien de Herrnhut, le charpentier Christian David, vien-
drait le prendre pour accomplir cette œuvre avec lui.
Fort surpris de ce que le comte de Zinzendorf, qui lui
avait montré des lettres du cardinal de Noailles, reçues
quelques années auparavant, au sujet des réformés de
France, ne lui eût rien dit alors de ses intentions sur sa
personne, M. de Marsay, accoutumé par toute la direction de sa vie religieuse à n'agir que sous une impression profonde de la volonté de Dieu, écrivit à Zinzendorf
que n'ayant point la certitude d'être appelé du Seigneur
à une œuvre de cette importance, il ne croyait pas devoir l'entreprendre. Blessé sans doute de cet acte d'ino-
bédience, et peiné de ce qu'il regardait comme un man-

que de foi, le comte ne répondit point à M. de Marsay. Ce ne fut que plus tard, après une nouvelle tentative faite par l'envoi de son laquais, chargé d'emprunter auprès des frères quelques milliers d'écus pour remettre ordre à ses affaires, que Zinzendorf apprenant que M. de Marsay s'était entièrement séparé de l'assemblée, lui écrivit enfin une lettre dans laquelle il lui témoignait son mécontentement de la manière la plus hautaine et la plus méprisante. M. de Marsay ne répliqua pas et dès lors tout commerce fut rompu entre eux.

Mais ces frottements extérieurs ne furent pas la seule ni même la principale cause de la rupture. Une différence trop absolue existait entre les systèmes religieux de ces deux hommes pour qu'ils pussent marcher longtemps d'accord. M. de Marsay s'en aperçut promptement. Accoutumé à la retraite, à la solitude, à une vie absorbée autant que possible dans l'intérieur, il n'y avait rien dans les allures de Zinzendorf qui ne heurtât ses habitudes intellectuelles et qui ne froissât son sentiment intime. Aussi, après de longues et pénibles angoisses, il crut reconnaître que c'était pour avoir perdu de vue la manière dont Dieu opère dans l'âme et oublié ses précédentes expériences de la direction divine, qu'il s'était laissé enlacer dans les liens de ces esprits, cherchant à dominer par l'extérieur en s'adressant par les sens à la partie la plus basse de l'âme, pour se mettre en réalité à la place de Jésus-Christ. « Quelle absurdité, écrivait-il à ce sujet, d'abandonner le Seigneur Jésus, qui est déjà dans le cœur, de l'en chasser pour y laisser entrer

une créature, sous prétexte qu'elle veut nous conduire
à lui ! » C'était là en effet ce qui le révoltait le plus dans
la façon d'agir de Zinzendorf et de ses acolytes. Il les
comparait à ceux que le Seigneur appelle des *larrons* et
des *voleurs*, parce qu'ils *n'entrent pas par la porte*, qui
est le centre de l'âme, dont il a seul l'accès, mais qu'ils
s'efforcent de pénétrer *par un autre endroit*, savoir par
les sens intérieurs, exerçant ainsi une sorte de magie
funeste qui livre les âmes à leur volonté. Ils ont beau
dire qu'ils veulent conduire les âmes à Jésus-Christ ;
ils mentent, soit par ignorance, soit de propos délibéré,
et s'ils ne disent pas ouvertement et en tout autant de
termes : « C'est moi qui suis le Christ, » ce qui serait
trop grossier, cela revient exactement au même. Car
lorsqu'ils cherchent à persuader aux âmes simples qu'en
observant leurs lois humaines, en s'assujettissant aux
pratiques de piété de leur invention, en subissant, en
un mot, leur joug, elles parviendront par là, comme ils
le disent, à la régénération, ils suppriment réellement
Jésus-Christ et se mettent à sa place. C'est là vraiment
croire se sauver par les œuvres d'une loi d'origine tout
humaine, ce qui est une erreur bien plus grossière que
celle des gens qui, étant sous l'économie de la loi de
l'Esprit, s'imaginent parvenir à la régénération par l'o-
béissance religieuse à laquelle ils se soumettent. Et
puisque cette loi, qui est cependant *la plus parfaite*,
étant la loi intérieure, *n'amène rien à la perfection* et
n'est qu'un pédagogue pour nous amener à Christ, combien moins le pourront faire des lois inventées par les
hommes !

On voit par ces détails quels étaient les motifs réels
et péremptoires de l'éloignement qu'éprouvait M. de
Marsay pour tout le système ecclésiastique du comte de
Zinzendorf. Après l'expérience qu'il en avait faite, et
malgré les avantages extérieurs que pouvait sembler
promettre l'union entre les âmes faisant profession de
piété, il retourna avec bonheur à son indépendance
spirituelle et à sa vie de retraite. Il jouissait de se laisser guider de nouveau par des inspirations, dans lesquelles il croyait reconnaître les réponses du Seigneur
à ses ferventes prières, sans avoir jamais à redouter
l'intension arbitraire et usurpatrice d'une volonté humaine s'interposant entre Dieu et lui.

On comprend sans peine que le récit de ce malheureux essai de fusion entre Zinzendorf et les mystiques
de la Westphalie est présenté par les amis et panégy-
ristes du premier sous une couleur différente et plus
favorable à leur héros. Mais le résultat ne fut pas
moins, selon eux, comme d'après M. de Marsay, ce que
nous venons de dire. L'un des derniers biographes du
comte dit en parlant des succès apparents de son ministère, à Berlebourg et à Schwarzenau : « Ces résolutions
ne furent malheureusement pas de longue durée ; on
les abandonna avec autant de facilité qu'on les avait
prises [1]. »

Mais revenons à M. Dutoit et cherchons à reconnaître
comment, de son côté, il justifiait au point de vue dog-

---

[1] F. Bovet, Le comte de Zinzendorf, tome I, page 223.

matique son opposition au système morave. Cet examen
nous conduira à apprécier d'une manière plus complète
et plus exacte les vues de notre docteur lui-même sur la
grâce et sur la justification.

Dans un chapitre spécial de la *Philosophie divine* [1],
M. Dutoit expose les motifs qui le portent à désapprouver
la doctrine des Frères de Herrnhut. A ses yeux, les
Moraves prennent une grâce inférieure, superficielle,
pour la vraie et pure grâce. Heureux du premier sentiment du pardon, de ce premier aperçu du salut, ils
s'efforcent de retenir cette grâce sensible, comme si elle
était la véritable paix de Jésus. Se contentant ainsi du
lait des enfants et n'aspirant point au pain des forts, au
pain sec de la croix, ils veulent la rose et non l'épine ;
et se croyant consommés, tout en s'appelant de pauvres
pécheurs, ils ne pensent pas avoir besoin d'être appliqués à la croix avec Jésus-Christ, ni de purification intérieure plus foncière. Il fardent ainsi le vieil homme au
lieu de l'attaquer, et bien moins encore de le détruire.
Ces sentiments de paix suave, dans lesquels ils se com-
plaisent, font éluder la lutte journalière du chrétien ; ils
laissent croire à celui qui en jouit que toute la plaie a
été bandée et que pour eux tout est fait, tout est dit,
qu'ils ont l'application du sacrifice de Jésus-Christ. Et
cependant, et par le fait de leur erreur même, cette application des mérites de Notre Seigneur est fausse et
illusoire. Ils abusent de la doctrine de l'acte judiciel

[1] Livre X, chapitre II. Voyez Tome II, page 812.

d'absolution, ou *justificatio forensis*, opérée sur la croix
par le Sauveur et laissent de côté toute l'économie de la
pénitence, et de la mort à soi-même, de la porte étroite,
de la crucifixion avec Christ. Ils sont ainsi dans une illusion des plus funestes.

Cet exposé bien abrégé nous permet de comprendre
sous quels rapports et sous quel point de vue la doctrine
des Moraves apparaissait à M. Dutoit comme si contraire
à la vérité évangélique. Il l'estimait propre tout au
plus à réveiller les mondains de leur léthargie, et à
exciter en eux une tendresse pour le Sauveur qui ne se
voit guère dans le monde, mais non à pénétrer dans le
réel et à faire recevoir intérieurement ce Sauveur qu'elle
prétend annoncer.

Si maintenant nous rapprochons ceci de ce que nous
avons eu déjà l'occasion de remarquer au sujet de la
disposition morale si habituelle de M. Dutoit, de cette
tristesse, de cet abattement, de cette absence de paix et
de joie sensible, que signalent sa correspondance et les
relations de ses amis, nous comprendrons comment l'esprit heureux des Moraves, leur confiance joyeuse, leur
foi naïve, s'épanchant en cantiques d'actions de grâces,
devaient n'être pour lui que la preuve d'une dangereuse
illusion. Leur regard vers la croix de Jésus-Christ n'é-
tait, à son jugement, qu'une chose purement extérieure,
leur paix qu'une paix trompeuse, lors même qu'elle
prétendait n'avoir pour base et pour moyen que cette
croix bénie. Pour lui il n'y avait de sûreté que dans
l'application profonde de la doctrine de la croix à

l'homme intérieur. Il y avait entre son point de vue fondamental et le leur le contraste le plus entier.

Si parmi les Moraves il s'est trouvé des gens (et il y en a eu sans doute, car de quoi les hommes n'ont-ils pas abusé?) si, disons-nous, il s'est trouvé des gens qui, sans avoir une foi réelle, séduits par leur imagination, ou même se contentant volontairement d'une apparence extérieure, se sont appliqué à tort les promesses du salut, sans que leur cœur en ait été touché et ait éprouvé le besoin d'une sanctification véritable, c'est une chose que les Moraves eux-mêmes auront été les premiers à déplorer profondément. Mais ne serait-il pas permis de regretter d'une autre part que M. Dutoit, sans rien perdre de ses besoins intimes de crucifixion du vieil homme et de vie intérieure sérieuse et réelle, n'ait pas eu en même temps quelque degré de cette paix confiante, de cet abandon joyeux à une miséricorde toute gratuite, à laquelle pourtant il croyait, lui aussi, de tout son cœur? On peut sans doute exprimer ce regret, lorsqu'on le voit, dans les dernières années de sa vie, gémir profondément de cet état d'angoisses morales auquel il est exposé presque sans relâche, et regarder avec un soupir douloureux vers les rares moments où il en a été délivré. « Je n'ai eu de paix un peu foncière, disait-il un an environ avant sa mort, que dans l'automne de 1787 et dans l'été de 1788. » Le mois de novembre de cette dernière année fut signalé de nouveau par les luttes les plus terribles, au point qu'il se croyait parfois rejeté de Dieu [1].

---

[1] Rappelons ici la note suivante de notre auteur : « Les peines qu'éprouvent les personnes exercées par les épreuves dans lesquelles il

Il en avait été de même pendant l'hiver de 1776 à 1777.
Dès le 8 décembre au mois de mai suivant, il fut dans ce
qu'il appelait un enfer spirituel, endurant de cruelles
souffrances et exposé en même temps à des frayeurs
mortelles, tellement que pendant ces six mois il fallut
que quelqu'un couchât toujours dans sa chambre. Cela
tenait du reste à une disposition qui lui était naturelle.
Bien longtemps auparavant il s'en ouvrait à M. de Klinckowström en lui disant : « J'avoue que pour moi je
n'ai pas pu tenir jusqu'ici dans une solitude complète.
Il me faut quelques distractions, parce que la profondeur de ma méditation me minerait. Mon état intérieur
est si prodigieusement douloureux et dévorant qu'il me
faut des moments de dissipation. »

Cet état d'âme si douloureux et la disposition confiante
des Frères Moraves constatent par leur contraste même
deux tendances légitimes qui, comme on peut le reconnaître en bien d'autres cas, doivent se compléter l'une
l'autre, se limiter, se servir réciproquement de correctif. Elles ont chacune leur raison d'être, en présence de
la croix de Christ, des exigences de la conscience et de
la révélation de l'amour infini du Dieu Sauveur. Qui,
parmi les cœurs chrétiens, n'adhérera avec sympathie

---

faut passer, pour arriver à une pureté parfaite, sont quelquefois très
grandes. L'état dans lequel elles sont mises consiste à se sentir sans
Dieu, à se voir puni et rejeté par sa majesté indignée et courroucée ;
l'âme alors craint et croit que c'est pour toujours. Il ne faut pas que
celui qui y passe soit trop soutenu, ni éclairé sur son état, car cela
empêcherait la mort entière à lui-même, et par conséquent la résurrection spirituelle qui doit venir à sa suite. » *Philosophie chrétienne,*
tome I, page 809.

aux sentiments exprimés par le bienheureux Adolphe
Monod, dans son beau cantique? qui ne se sentira dans
le vrai en s'approchant du trône de la grâce et de l'amour
divin,

> Avec la liberté d'un fils devant son père,
> Et le saint tremblement d'un pécheur devant Dieu?

Sachons unir ces choses en leur donnant à l'une et à
l'autre, dans notre cœur, la place que la sainte grâce du
Seigneur leur assigne, tremblants, si nous regardons à
nous-mêmes, fermes et inébranlables dans notre confiance quand nous regardons à Jésus.

M. Dutoit reprochait aux Moraves, comme une erreur
pratique dangereuse, de s'appuyer les uns sur les autres
au point de vue spirituel. Ne pas savoir s'abandonner
entièrement à la direction divine sans éprouver le besoin de secours extérieurs, lui paraissait une conséquence funeste de leurs principes. On jugera de son
impression à cet égard par le fragment suivant d'une de
ses lettres intimes au sujet d'une de ses disciples qui,
privée depuis longtemps de directions immédiates de sa
part, se plaignait avec douleur de l'abandon où il semblait la laisser : « C'est une misère que ces âmes qui ont
été avec les Moraves. Les états les plus purifiants où
Dieu les met, elles ne veulent pas les supporter. Il leur
faut toujours des appuis sensibles ou d'une manière ou
d'une autre. Elles ne veulent pas se laisser appliquer
nues à la croix, écorcher vives, mourir à petit feu, supporter les rebuts et l'abandon de Dieu, ses rigueurs et

l'épée douloureuse qui déchire le cœur. La nature est
alors désolée, ne peut ni ne veut supporter ces états,
qui sont les seuls réels et les seuls purifiants, et hors
desquels il n'y a qu'illusion, pour ainsi dire, et presque
que tromperie du démon. C'est un *faire le faut* absolument, ou bien on n'arrivera jamais. La B. croit-elle que
le Seigneur ait permis que je l'aie tirée des Moraves
pour l'arrêter à moi tout court ? Qu'elle aille non à moi,
mais à Jésus-Christ ; mais non pas au Jésus-Christ goûté
et senti des Moraves, mais à ce Jésus seul réel, qui a été
criblé d'angoisses intérieures au jardin de Gethsémané,
et par les états intérieurs duquel il faut absolument
passer du plus au moins pour être purifié et arriver à sa
stature. Ne sait-elle pas la perte irréparable qu'elle fait
en s'attachant à la créature ? A la bonne heure qu'elle
se confie selon Dieu en moi, comme instrument indigne,
pour la diriger lorsque la Providence n'y met point d'obstacle ; mais dans le temps qu'elle voit visiblement qu'elle
la veut priver de moi pour un temps, afin de lui apprendre à se passer de tout et à recourir à Dieu seul sans
appui des créatures, même de ce qui lui paraît le vrai
moyen de salut pour elle, elle doit amener son cœur à
dire avec Jésus-Christ : « Que ta volonté soit faite et non
la mienne ! »

S'il est aisé d'acquiescer à l'idée fondamentale des
conseils donnés ici par le sage directeur, qui veut que
l'âme s'appuie sur Dieu et non pas sur l'homme, il est
moins facile d'être d'accord avec lui sur l'accusation
qu'il porte contre les Moraves, attendu qu'il y a bien
assurément quelque injustice à les taxer de laisser en

arrière le Christ de Gethsémané. C'est en outre une
préoccupation singulière qui a pu permettre à M. Dutoit
d'oublier combien le système de direction individuelle
qu'il préconise d'une façon si expresse à l'égard des
âmes intérieures pousse plus au danger de faire de
l'homme un appui, que tout ce qui peut se rencontrer
dans cette sphère-là chez les Moraves. La confiance explicite et aveugle qu'il réclame en faveur de l'opinion du
directeur mystique, comme étant pour l'âme dirigée,
l'expression incontestable de la volonté même du Seigneur, bat en brèche le droit qu'il pense avoir d'incri-
miner les tendances des Frères de l'Unité à chercher ce
qu'il appelle des « appuis sensibles. » L'abus est ici,
comme en tant d'autres choses, bien près de l'usage, et
il est toujours plus facile de voir la paille dans l'œil de
son frère que de reconnaître la poutre qu'on a dans le
sien.

Il est encore un autre point au sujet duquel M. Dutoit
désapprouvait les Moraves, c'est ce qui concerne leurs
assemblées particulières. Mais ce blâme, il ne le jetait
pas sur eux seulement, il l'étendait à tous les séparatistes. « Je n'aime point les assemblées, écrivait-il à cet
égard, car quoique cela semble spirituel, c'est encore là
un appui et un fin aliment à la nature. » — « Elles ne
sont point de mon goût et je pense que leur utilité se
réduit à bien moins qu'on ne l'imagine[1]. » Et il expose
ou plutôt il indique sommairement les motifs ordinairement présentés en faveur du culte public.

[1] *Philosophie divine*, tome II, page 324.

On pourrait être tenté de voir ici une sorte de confusion, car d'une part il s'élève également contre les réunions d'édification, telles que les *collegia pietatis* institués par Spener, entre personnes qui ne se séparaient point de leur église, et contre les églises dissidentes célébrant leur culte à part, et d'un autre côté nous avons vu déjà que pour ce qui le concernait lui-même, s'il assistait au culte public à Lausanne, c'était par condescendance ; s'il donnait quelque « tribut à la communion extérieure, à laquelle sa naissance et même le ministère l'avaient engagé, c'était pour ne pas scandaliser. » Avec cela il avait en horreur toute espèce de séparatisme, et s'en défendait avec énergie, comme on peut le voir dans le Mémoire apologétique qu'il adressa à Leurs Excellences à la suite de l'enquête de 1769. Et ce qui était son mobile à cet égard comme à tout autre, ne l'oublions pas pour le juger sainement, c'était cette vie intérieure, cette recherche intime de Dieu, cette contemplation silencieuse hors de laquelle il n'y avait pour lui aucune piété réelle. Les assemblées lui paraissaient propres à distraire l'âme de cette concentration profonde, à la retenir au dehors, à être par conséquent un obstacle plutôt qu'un moyen pour se rapprocher du Seigneur.

Sans insister davantage sur cette opinion défavorable tant de fois énoncée par M. Dutoit à l'égard des Moraves, nous relèverons le fait assez remarquable que ses vues et ses impressions sur ce point, ne paraissent pas avoir été goûtées à l'égal de ses autres théories, par les partisans de ses tendances mystiques. Peu d'années après la mort de notre docteur, et malgré ses recommandations et ses répugnances si clairement manifestées, on a pu voir un rapprochement s'accomplir dans notre pays, de même qu'à Genève, à Neuchâtel et à Berne, entre les âmes pieuses ayant subi l'influence des Moraves, et celles qui se rattachaient au mysticisme, tellement que dans bien des cas, il eût été assurément difficile de discerner exactement les tendances propres aux unes et aux autres. Cette sorte de fusion a pu être salutaire sans doute, mais ce n'est pas M. Dutoit qui y a poussé. Il avait fait au contraire tout son possible pour détourner ses disciples d'un système religieux qui, comme nous l'avons vu, lui paraissait funeste et propre à entraver le développement du christianisme intérieur.

CHAPITRE XI.

Opinions sur le clergé.

A mesure qu'il s'élevait au-dessus des communions extérieures, pour se pénétrer d'autant plus de ce qui constitue la religion essentielle, la vraie moelle évangélique, M. Dutoit paraît avoir été conduit à faire progressivement moins de cas du ministère dont il avait été chargé dans l'une de ces communions. Le caractère ecclésiastique semble s'être amoindri à ses yeux, au profit de la *direction* spirituelle, bien plus nécessaire pour les chrétiens *intérieurs*. Rien jusqu'ici toutefois ne nous a mis sur la voie pour déterminer quelles étaient exactement ses vues quant au ministère évangélique. Depuis qu'il eut renoncé formellement en 1759 à la qualité d'Impositionnaire, l'idée même du ministère paraît avoir sensiblement pâli dans son esprit. Néanmoins il a toujours ajouté à sa signature l'épithète de Ministre. On lisait au pied de son testament celle de *Ministre de la Parole de Dieu*. Il a donc conservé jusqu'à la fin de sa vie le sentiment de cette charge, et n'a jamais répudié la qualité d'ecclésiastique que sa consécration par la main des hommes lui avait donnée.

Mais nous avons rencontré chez lui à plusieurs reprises une opposition assez marquée à l'égard du clergé. Il avait vu partout, dans tous les temps et dans toutes les communions, les prêtres et les ministres à la tête des adversaires de la vie intérieure ; Innocent XI condamnant Molinos, le grand Bossuet persécutant à outrance sa vénérée M*** Guyon et le pieux Fénelon ; il avait eu à subir dans sa propre expérience l'opposition des membres du clergé, soit dans la Compagnie de Genève, soit dans l'Académie de Lausanne, soit par un grand nombre de frottements individuels. C'en était assez pour le prévenir contre l'esprit clérical, et pour lui donner lieu de déplorer d'avoir à rencontrer des objections, des résistances, des entraves, là où il lui aurait paru naturel de trouver au contraire de zélés auxiliaires dans la propagation des saints principes de l'amour de Dieu et du christianisme intérieur. « Plût à Dieu, s'écriait-il, que les Protestants voulussent recevoir cette grâce exquise de l'intérieur, aujourd'hui persécutée dans l'église Romaine, et qui vient se réfugier dans leur sein et s'offrir à eux ! Mais hélas ! hélas ! et hélas ! encore, on trouve partout des docteurs [1] » — « Combien d'aveugles ecclésiastiques parmi eux ont voulu s'ériger contre elle en dictateurs, et ont blasphémé ce qu'ils ignoraient, montrant ainsi à leur tour leur profonde ignorance, leur orgueil et leur mauvaise foi ! » — « Rien au monde n'est

[1] *Anecdotes et Réflexions*, page 70.

plus simple, ni en soi plus aisé à saisir et à comprendre
que cette religion intérieure et du cœur qui est la seule
vraie,..... et elle serait parfaitement pour le peuple , si
dans toutes les communions, le clergé ne lui en défendait
pas les approches comme à l'envi..... Mais comme on
farcit le peuple de préjugés, sous bon prétexte, c'est ce
qui fait croire mal à propos et faussement qu'il n'est pas
capable de cette religion intérieure qui lui serait si accessible, et parce qu'on n'est pas en état de l'y introduire, on crie qu'elle n'est pas faite pour lui[1]. »

Ces citations suffisent pour montrer quelle était en général l'opinion de M. Dutoit sur le clergé relativement
au mysticisme. On en jugerait encore en lisant dans les
Anecdotes et Réflexions les allusions assez transparentes
qu'il faisait aux pasteurs de Genève, en leur demandant
de quel droit ils s'opposent à des idées , sentiments ou
opinions, qui ne seraient pas exactement conformes aux
leurs ; en les invitant à déclarer s'ils ont eux-mêmes une
règle d'opinions religieuses qui soit fixe et invariable,
si l'on ne trouverait pas parmi eux des supralapsaires,
des infralapsaires, des Ariens, des Arminiens, des Soci-
niens peut-être, s'ils pensent tous, et surtout s'ils disent
tous de la même façon ; en les sommant enfin de dire si
l'on veut et si l'on doit avoir des Papes dans la Réforme,
et si, en admettant cette inconséquence, ces Papes doivent tolérer tous les abus horribles de la raison qui a
enfanté toutes les hérésies, et ne se servir d'autorité ré-
primante que contre ceux que la grâce en a préservés,

[1] *Philosophie divine*, tome II, pages 270, 280, 307.

et qui ne respirent que l'amour de Dieu qu'ils voudraient inculquer aux autres [1].

Les luttes personnelles qu'il avait eu à soutenir avec quelques ministres, et l'opposition qu'avait rencontrée de leur part la diffusion de ses vues religieuses, l'avaient éloigné de ses anciens confrères, parmi lesquels il avait trouvé peu de sympathie, et il nourrissait en général fort peu d'espoir à leur endroit. Voici comme preuve ce qu'il écrivait au sujet d'un pasteur neuchâtelois que son cher correspondant du Locle avait été conduit à consulter. « J'ai ouï parler de M. Sandoz comme d'un homme qui a du sentiment. Si vous pouvez en faire quelque chose, ce sera miracle ; car avec le clergé il y a assez peu à faire. Toutefois si vous voyez qu'il morde le moins du monde, ne vous refusez point. Vous apprendrez avec le temps qu'il est des sujets qu'on ne peut pas gagner entièrement ; hé bien ! on gagne sur eux ce qu'on peut, et c'est toujours autant de pris sur l'ennemi. Il serait fort heureux que vous pussiez gagner quelques ministres, vu le bien qu'ils pourraient faire ; mais, comme je dis, cela est fort rare. Dieu peut tout, mais ces gens-là, pour la plupart, résistent à la vérité. »

Il est assez curieux de retrouver dans ces impressions, comme un reflet de cette antipathie pour le clergé que, malgré sa piété, le père de M. Dutoit avait conçue, ainsi que nous l'avons rappelé, et dont il n'est guère possible que dans ses jeunes ans, notre docteur n'ait pas subi

[1] *Anecdotes et Réflexions*, pages 129 à 132.

l'influence à un certain degré. Ce souvenir filial a-t-il eu quelque action sur son esprit, à son insu peut-être? Quoi qu'il en soit des causes qui ont pu le produire, sa manière de voir sur le clergé nous a paru devoir être signalée, comme un des éléments de l'étude de son caractère et de son développement.

Cette façon de penser, cette impression de défiance, cette répulsion à l'égard de tout homme portant un caractère ecclésiastique, ont dû être fortifiées en lui par l'opinion bien arrêtée de ses amis mystiques et en particulier de M. de Fleischbein. « Ayez toujours devant les yeux, disait celui-ci, et cela d'une manière générale et sans exception, les divines paroles de Jésus-Christ: « Donnez-vous de garde des docteurs de la loi et des Pharisiens. » Cette recommandation est applicable principalement en ces temps-ci, à l'ensemble du clergé de toutes les communions et de tous les partis religieux, quel qu'en soit le nom: Catholiques, Réformés, Luthériens, Mennonites, etc. Qu'on traite avec politesse et avec le respect convenable ces messieurs du clergé, mais qu'on évite, autant que possible, tout commerce et toute familiarité avec eux. Ce sont tous des loups vêtus de peaux de brebis; un jour ou l'autre on expérimentera leur malice. » Le grand directeur de Pyrmont écrivait encore: « Mademoiselle Bourrignon donnait aux prédicateurs protestants le nom de Consolateurs des malades. C'est en effet ce qu'ils font par leurs fausses consolations, ils consolent au lieu de guérir. Ils renvoient simplement aux mérites de Jésus-Christ, sans faire mention d'un vrai changement de vie, ou s'ils en parlent, c'est en s'appuyant sur des fondements si frêles, qu'ils laissent au vieil homme mille échappatoires pour continuer sa vie en Adam, et conserver fortement dans son cœur ses sentiments charnels et terrestres. »

Sans y mettre peut-être la rigueur que ces avertissements supposent, M. Dutoit était au fond tout disposé à s'y conformer. A l'exception de son ami Ballif, qui, du reste, partageait pleinement ses vues, et de de la Fléchère, le vénérable pasteur de Madeley, dont le système religieux était sur bien des points en rapport avec le sien, nous ne voyons pas qu'il ait entretenu de relations bien intimes avec aucun ecclésiastique, pas plus dans le pays qu'au dehors.

Son bon ami de Klinckowström, d'un caractère si doux, si bienveillant et si facile, était du même sentiment à l'égard du clergé. Voici en effet ce que nous lisons dans une lettre de lui adressée en mars 1766 à l'ami qu'on désignait sous le nom de Ptolémée, placé alors en Allemagne, auprès d'une digne princesse que l'on se flattait de voir attirée au christianisme intérieur. « Il ne lui manque qu'un guide. Car vous savez combien peu les meilleurs de nos ecclésiastiques méritent ce nom, la pratique de l'oraison, et ce qu'il y a de plus essentiel dans celle du renoncement leur étant entièrement inconnu. »

A l'occasion de l'expression de *Religion naturelle*, employée non pas seulement par les déistes, mais par des gens faisant profession de piété, et en en démontrant la fausseté, l'équivoque et la réelle contradiction, M. Dutoit s'élève avec énergie contre l'analogie qu'on croit voir et 'accord qu'on pense établir entre la prétendue religion naturelle et la religion révélée. Faisant évidemment allusion à l'ouvrage de Butler [1], il déplore ce « plâtrage, » ce faux mélange, propre à arrêter les âmes en leur faisant voir la religion sous le point de vue le plus trompeur. « C'est le cas singulièrement, dit-il, d'une partie du clergé d'Angleterre, qui n'a guère qu'une religion raisonnée et raisonnante, dès lors fausse, qui confond la croyance avec la foi, et la morale humaine ou simplement morale, avec le vrai esprit de l'Evangile, qui établit et inculque l'abnégation, l'attaque du fonds corrompu, le renoncement à nous-mêmes et à notre volonté propre, pour que la volonté de Dieu s'établisse sur les ruines de la nôtre, la mort à nous-mêmes pour que la vie de Jésus-Christ s'insinue en nous, à la défaillance de la nôtre. Et que ne pourrais-je pas ajouter ? C'est ainsi que ces faux Théologiens éludent le vif et l'essence du christianisme, pour lui substituer leur prétendue religion, et que, se bornant à la morale et à une application effleurée de la rédemption, qu'ils cousent ensemble, ils font leur accord ou connexion de la religion naturelle et révélée, montrant en effet l'accord de leur prétendu christianisme avec la morale qui ne fit jamais seule le chrétien [2]. »

[1] *The Analogy of Religion, natural and revealed, to the constitution and course of nature.* Cet ouvrage publié en 1736, avait pour auteur Joseph Butler, évêque de Durham, mort en 1752.

[2] *Philosophie divine*, tome I, page 114. En s'élevant avec tant de

Bien que dans ce passage notre auteur ait pris soin de ne mentionner qu'une partie du clergé d'Angleterre, laissant ainsi place dans la pensée de ses lecteurs, à la possibilité de nombreuses exceptions favorables, on sent qu'à son jugement, aucun clergé comme tel, n'est dans la voie du vrai christianisme, d'une religion vivante, intérieure et spirituelle. Le cléricalisme sous toutes ses formes et à tous ses degrés, lui paraît incompatible avec le développement de la vie intérieure. La raison envahira toujours chez les docteurs, et cela au détriment de leurs propres âmes et de celles de leurs disciples, la place qui, dans les vues miséricordieuses et toutes sages du Seigneur, appartient légitimement à la foi. Aussi l'Evangile du royaume oppose-t-il sans cesse à l'orgueil de la science et de la prétendue sagesse du siècle, l'œil simple de la confiance enfantine, comme moyen de recevoir la véritable lumière et d'être mis en communion réelle avec Dieu.

On reconnaîtra aisément, par tout ce qui précède, que l'on chercherait à tort dans l'opposition manifestée par M. Dutoit contre le clergé, ou plutôt dans la défiance que les ecclésiastiques lui inspiraient, des principes analogues à ceux que l'on a vus, en divers temps, se propager dans certaines portions de l'Eglise. Il ne s'agissait point pour lui d'un système ecclésiastique proclamant la négation du ministère ; nous avons vu que jusqu'à la fin de sa

raison contre la religion prétendue *naturelle*, M. Dutoit aurait-il pu songer que de nos jours on devrait lutter pour soutenir la légitimité du christianisme *surnaturel?*

vie, il a cru à la légitimité du titre de ministre de la
Parole de Dieu, que l'Académie de Lausanne lui avait
conféré au nom de l'Eglise du pays. Ce qu'il condamnait
chez les ecclésiastiques, c'était l'abus de la science humaine ; ce qu'il déplorait pour eux, c'était le danger à
peu près inévitable que leur faisaient courir leurs études
théologiques et leur position au sein des troupeaux. Il
n'y avait rien dans le caractère ecclésiastique en lui-
même, qui répugnât à sa conscience. Un ministre vraiment intérieur, bien instruit dans tout ce qui regarde le
royaume de Dieu, mais subordonnant toujours la raison
à la foi, eût été, à ses yeux, une grande bénédiction pour
l'Eglise. C'est l'idéal qu'il était affligé de voir si peu réa-
lisé. La rareté de la vie intérieure chez les ministres,
voilà quel était au fond son grand grief contre le clergé.

CHAPITRE XII.

Jugements sur les auteurs mystiques.

Après nous être rendu compte des sentiments de notre
docteur à l'égard des Moraves, et au sujet des membres
du clergé, nous sommes assez naturellement conduits à
consigner aussi les jugements qu'il lui est arrivé de porter sur les auteurs avec lesquels la disposition de son
esprit et ses vues religieuses le mettaient plus particulièrement en harmonie, savoir sur les mystiques de diverses catégories. Nous sommes loin de pouvoir présenter ici quelque chose de complet, attendu que nulle
part il n'a traité lui-même ce sujet d'une manière expresse. Ce n'est qu'occasionnellement, dans le cours
de ses ouvrages et dans sa correspondance, qu'on peut
voir par quelques énoncés ce qu'il pensait des opinions
particulières ou des systèmes de ceux qui, avant lui, et
souvent autrement que lui, avaient cherché dans la vie
intérieure ce qui pouvait répondre à leurs besoins spirituels et à leurs secrètes aspirations. Le rapprochement
d'un certain nombre de ces jugements servira à préciser

dans quelques détails les opinions et les impressions qui lui étaient particulières.

Nous pouvons sans doute nous dispenser de revenir sur ce qu'il a dit de Mme Guyon, au sujet de laquelle, comme nous l'avons suffisamment rappelé, il a constamment exprimé une admiration sans réserve. Nous ne signalerons pas non plus ce qu'il peut avoir écrit à l'égard du livre de l'*Imitation de Jésus-Christ*. La réimpression qu'il en a procurée en vue de toutes les communions chrétiennes, indique assez en quelle estime il tenait ce précieux document de l'ancien mysticisme.

Mais, ce qu'il peut y avoir quelque importance à remarquer, c'est la répugnance constante que lui inspiraient ces sectes, nombreuses de son temps, qu'il réunissait sous la dénomination générale d'*Illuminés*, parmi lesquels il comptait en particulier Swedenborg et les Martinistes. A réitérées fois il revient, soit dans le cours de son livre de la *Philosophie divine*, soit dans des notes expresses, sur le danger de ces vues qui peuvent aisément séduire les âmes pieuses par leur apparente spiritualité. « Je marquerai, dit-il entre autres, la très grande différence de voir et connaître les mystères, qui est entre les Illuminés et les vrais et saints mystiques. Les premiers les voient par intuition et objectivement. Ils se peignent en lumière astrale à leur imagination, c'est pourquoi il y a et il s'y mêle presque toujours des erreurs, comme dans Swedenborg et autres de son genre ou degré. Ainsi, quelque grand et éclatant que cela paraisse aux yeux vulgaires, c'est une inférieure manière

de voir et même qui peut être dangereuse en injectant
des hérésies sous ces apparences brillantes. C'est précisément ce qui a fait les hérésiarques. Ainsi, malgré le
brillant et même le bon qu'il peut y avoir, il faut s'en
défier. Au contraire, les vrais et saints mystiques ne
voient rien, mais ils expérimentent les mystères ; ils ne
voient rien, mais ils les connaissent avec la plus divine,
intérieure et parfaite certitude. Ils les connaissent en
eux dans les très sacrées ténèbres de la foi, et dans la
nuit obscure, comme l'appellent ces saints mystiques.
Obscure, parce qu'elle est au-dessus de tout opérer astral
et de la raison effacée par la lumière plus haute de l'Esprit de Dieu, qui la surmonte. C'est cette nuit pour la
raison, qui montre les saints mystères dans les sacrées
ténèbres, dont toute l'Écriture Sainte fait mention et
surtout David en plus d'un endroit : *La nuit même sera
une lumière tout autour de moi. La nuit resplendira
comme le jour, et les ténèbres comme la lumière. Une
nuit montre la science à une autre nuit* (Psaume CXXXIX,
11, 12 ; XIX, 2). Mais outre ces sacrées ténèbres très
claires par elles-mêmes, les vrais intérieurs connaissent
les divins mystères par expérience, ai-je dit, attendu
qu'il se fait en eux et dans leur plus profond centre, le
commerce ineffable de la très sainte Trinité, de même
que l'incarnation et la naissance de Jésus-Christ s'y est
exécutée. Voilà la toute pure, haute, sûre et non illusoire
manière de connaître les sacrés mystères sans être
trompé. Voilà ce que j'écris comme divinement sûr,
pour tous ceux qui ont le courage d'aller où la foi les
appelle, afin qu'ils ne s'y méprennent point et qu'ils ne

s'arrêtent pas avec les Illuminés, et au contraire qu'ils
laissent tomber toutes ces lumières distinctes. » — « Si
les Illuminés peuvent rendre croyants quelques incrédules, au moyen de leurs lumières et de leur art, ce n'est
pas là la vraie foi salutaire, il s'en faut encore infiniment. En général il faut absolument se défier de toutes
ces voies extraordinaires, de toutes ces visions, révéla-
lations, etc., dont la vraie, pure et simple foi n'a nul
besoin. Et si ces lumières et ces routes extraordinaires
sont souvent douteuses, incertaines, dangereuses même
chez les Illuminés de la meilleure ou de la moins mauvaise espèce, combien infiniment plus ne pourra-t-on
pas le dire des derniers degrés de ce domaine, tont à la
fois si éblouissant et si ténébreux, si séduisant et si funeste, si agréable à la curiosité et à l'insatiable déman-
geaison de savoir. On comprend que j'entends parler du
somnanbulisme, rameau impur issu de cette racine, et
sarment de cette vigne sauvage [1]. »

En cherchant à prémunir ses lecteurs contre les dangers de l'Illuminisme, M. Dutoit s'efforce également de
les mettre en garde contre les erreurs d'autres sectaires
qu'il désigne sous le nom d'*Inspirés*. « Ceux-ci ne doivent pas être confondus avec les Illuminés, car encore
qu'il y ait un point et même plus d'un point où ces deux
ordres peuvent se rapprocher, il est toutefois une grande
différence dans le total de leur route, et des nuances
très diverses [2]. » — « Les Illuminés marchent par la

---

[1] *Philosophie divine,* tome I, pages 154, 158.
[2] *Philosophie divine,* tome II, page 148.

voie des lumières objectives, vraies ou fausses, pures ou
impures, divines ou mélangées. Les Inspirés, vrais ou
faux, ont pour guide non pas tant les lumières dans le
genre et en la manière des autres, qu'une motion interne, un attrait qui les pousse à agir ou à n'agir pas.
Il en est à leur égard comme des Illuminés dans leur
genre, c'est-à-dire que cette inspiration peut être de
tous degrés de pureté ou de mélange, depuis la toute
haute, sûre et divine inspiration des saints prophètes et
apôtres, jusqu'au plus bas degré des mélanges que l'ennemi peut y injecter en punition de l'orgueil, qui mérite
d'être livré à l'erreur, et qu'il vient lui-même réchauffer
et animer. Voilà la différence entre les Illuminés et les
Inspirés. Les uns voient par une intuition objective, et
les autres sont mus sans voir. Il peut aussi y avoir parmi
eux des mélanges d'illumination et d'inspiration, mais
ce que je viens de dire est la ligne qui les distingue [1]. »
— « Les Inspirés voient leur route, ils vont parce qu'ils
croient des certitudes; ils ont aussi une vue, ou incer-
taine, ou dangereuse du moins, de la perfection de leurs
actes, et par conséquent leur route est, sinon toujours
opposée, du moins différente de la foi obscure et nue du
vrai régénéré. Et on peut comprendre par là combien
ces sortes d'inspirations que ces personnes croient sûres peuvent leur donner et d'appui en leurs œuvres et
d'orgueil spirituel; et combien encore ces certitudes
aperçues et retenties au-dedans sont éloignées de cette
simplicité, de cet œil simple dont parle le Seigneur, qui

[1] *Philosophie divine*, tome I, page 195.

fait le bien et l'ignore, et qui n'a jamais une certitude
de la perfection de son acte, ou du moins ne la voit pas
et n'y pense point. Et quoiqu'on ne puisse pas nier que
ces inspirés peuvent avoir des attraits très vrais, car la
grâce en donne par intervalles de tels, lors surtout qu'on
a à faire quelque chose qu'on ne ferait pas naturellement,
ou à quoi on ne penserait pas ; il est certain que l'ennemi qui ne dort jamais, cherche tôt ou tard à s'insinuer
dans cette voie, et enfin que pour l'ordinaire la lumière
qui nous vient du dehors est plus sûre que ces attraits
du dedans, et qu'on risque bien moins à aller en aveugle,
selon le moment et la circonstance qui sont présentés [1]. »

En consignant ces réflexions, auxquelles on pourrait
en joindre bien d'autres pareilles, tirées également de la
Philosophie divine, on est conduit à se demander si elles
se concilient bien en tous points avec les théories énoncées par M. Dutoit sur les visions et les directions intérieures, et avec ce que lui-même et ses amis nous donnent pour des expériences qui lui ont été personnelles.
Car, nous l'avons vu, il a eu des visions et des lumières
extraordinaires, il a éprouvé des attraits et des repous-
sements, en vertu desquels il a agi ou s'est abstenu
d'agir. A-t-il pu être bien certain que tout était incontestablement pur, divin et sans mélange d'imagination
dans ce qui s'est passé à cet égard en son être spirituel ?
C'est là une question que le sujet même qui nous occupe
nous conduit à poser, mais sans que nous ayons formellement les moyens de la résoudre.

[1] *Philosophie divine*, tome II, page 172.

Au nombre des Illuminés dont M. Dutoit a cru devoir
signaler spécialement la dangereuse influence, il a nommé à plusieurs reprises le chef et fondateur de la Nouvelle Jérusalem ou Nouvelle Eglise Jérusalémite, Ema-
nuel Swedenborg. « Les hommes mêmes qui seraient
désireux de s'instruire, écrit-il à son sujet, sont trop
affolés de la nouveauté ; par exemple, on court après
Swedenborg que les Illuminés regardent comme un co-
ryphée, tandis qu'on laisse remplir de poussière des
livres plus anciens, qui lui sont infiniment préférables,
et qui, tout en donnant autant à la curiosité, sont exempts
des erreurs de Swedenborg, et bien plus remplis de piété
et de ce qui peut donner et la vraie onction et les plus
excellentes directions pour la vie chrétienne [1]. » En faisant cette réflexion, notre docteur avait particulièrement en vue les ouvrages d'Antoinette Bourignon.

Ailleurs il dit encore : « Puisque j'ai parlé çà et là de
Swedenborg, j'ajouterai ici à son sujet qu'assez souvent
il porte une main destructive et trop téméraire sur le
sens littéral, auquel il faut rarement déroger, mais le
conserver au contraire. Malgré de grandes vérités qu'il
a dites, il n'avait guère que l'esprit astral qui les lui a
montrées, c'est pourquoi il y a aussi mêlé des erreurs.
Il faut être élevé au domaine tout pur de la foi, pour ne
voir et ne dire que la vérité sans mélange. Il était en
Angleterre un certain Volston qui faisait main basse sur
le littéral et allégorisait sans fin. » — « Ceux qui ne sont
que théosophes ont tous des erreurs. Swedenborg en

[1] *Philosophie divine*, tome II, page 285.

est un exemple. » Il entend par théosophes « les Illuminés de la meilleure espèce ou du meilleur ordre,
pour les distinguer de ces illuminations subalternes et
douteuses de tous les degrés inférieurs, dans lesquels le
diable peut insinuer des mélanges d'erreurs et de men-
songes, et qu'on peut appeler visions astrales, imitant
inférieurement et en analogie les visions surastrales et
divines. » — Ils ne sont que théosophes, en tant que
n'ayant pas « reçu la vraie onction dont parle Saint Jean,
n'étant pas vrais gnostiques, selon le mot des Saints
Pères grecs [1], vrais mystiques, vraiment intérieurs, ils sont
privés de la lumière infaillible de la foi obscure et nue.
En conséquence du mélange d'erreurs et de vérités
qu'ils renferment, les livres de Swedenborg et ceux de
ce genre font bruit et spectacle ; on les recherche, on
lit, on est étonné. Beaucoup même d'incrédules qui en
commencent la lecture dans l'intention de s'en moquer,
au bout du compte viennent à soupçonner du vrai, et
enfin, semblables au papillon, qui voltige longtemps au-

[1] « Par ce mot de *Gnostique*, les Pères entendent le régénéré, et non
les hérétiques qu'on a désignés plus tard sous ce nom. Il ne s'entend
ici que du chrétien parfait et de la connaissance qu'il a reçue par la
divine onction de l'Esprit, selon la définition donnée par Clément d'A-
lexandrie. » (*Stromates*, livre VII.) « La *gnose*, dit-il, est la perfection
de l'homme en tant qu'homme ; elle s'accomplit par la science des
choses divines ; et dans la vie , dans le discours , dans les manières,
elle est uniforme et d'accord avec elle-même et avec le Verbe divin.
Par elle la foi se perfectionne , et c'est par elle seule que le fidèle est
parfait. Celui qui a la foi gnostique sait tout, il comprend tout, il pénètre
par une sûre compréhension les choses sur lesquelles nous hésitons,
parce que les choses que le Seigneur a dites sont claires et découvertes
pour lui, entendant toutes choses d'une manière élevée et sûre. » (*Philosophie chrétienne*, tome II, page 125.)

tour de la bougie, s'y prennent comme lui. Voilà à peu
près le seul bien que les meilleurs ou les moins mauvais
de ces livres d'Illuminés peuvent faire. »

Ces remarques s'appliquaient sans doute aussi bien à
Gichtel et à Jacob Böhme qu'à Swedenborg.

Quant au jugement porté par M. Dutoit sur Saint-
Martin, *le philosophe inconnu*, il est exprimé, comme on
va le voir, d'une manière assez incisive et passablement
originale. C'est à l'occasion de la croix considérée comme
répandue dans toute la nature, dans tout l'univers astral
et physique. Tout en exposant à cet égard ses propres
théories, en attestant que « tout le jeu de l'univers physique s'exécute et s'accomplit par la croix ; que tout ce
qui vient à l'existence et à la vie y vient par la croix ;
que tout ce qui descend à la mort y descend par la croix ;
que les éléments se croisent l'un l'autre ; que le croisé
croise et est croisé à son tour, » etc., notre docteur
ajoute : « Je ne m'amuserai pas à considérer toutes ces
vérités et tous ces changements qui arrivent dans le visible, par la figure même de la †, qui pourtant nous
donnerait une infiniment belle théorie générale. Je laisse
ces sortes de discussions à l'auteur du livre intitulé :
Des erreurs et de la vérité, et aux écrivains de ce genre,
qui n'est pas le mien. » Puis il met en note : « Je suis
fâché pour cet auteur qu'il ait souvent fait filtrer la divine
vérité de l'Ecriture à travers son imagination, dont elle
a trop souvent pris la teinture et le vernis. Cette vérité
ne se montre jamais pure, lorsque pour y arriver il faut
se frotter le front, et gratter occiput et sinciput. Je ne me
permets que cela sur cet auteur, qui d'ailleurs a du bon. »

Dans un autre endroit où il parle des Elohims ou premières émanations du Verbe, en signalant la difficulté
qu'il y a à s'exprimer sur ces choses : « Quelles précau-
tions, dit-il, ne faudrait-il pas quand on parle d'objets
si relevés ! Comment l'oser ? Je suis moi-même attéré
de mon entreprise. Une frayeur religieuse me pénètre
jusqu'aux moelles, anéanti que je suis devant cette majesté infinie de laquelle nous pouvons à peine bégayer
quelques mots, d'après ce que nos livres saints nous en
montrent, car l'infini ne peut se connaître que par l'infini lui-même. Je frémis lorsque je pense que M. de
Saint-Martin a osé appeler ce Verbe adorable, cause se-
condaire [1]. »

Pour ce qui concerne M. de Marsay, l'auteur du *Témoignage d'un enfant de la vérité*, M. Dutoit le jugeait
assez sévèrement. Nous lisons dans une lettre à M. Calame combien à ses yeux les écrits mystiques de cet ancien directeur de M. de Fleischbein étaient inférieurs
aux ouvrages « tout divins et célestes de Mme Guyon,
ceux-ci ayant été écrits par le Verbe lui-même, tandis
que M. de Marsay n'a écrit que par la lumière d'un ange,
où l'esprit profane peut se fourrer, et même aussi l'ange
de ténèbres qui mélangent tellement que dans ses livres,
outre plusieurs fausses lumières, il y a des hérésies.
Aussi M. de Marsay a-t-il été arrêté pour n'avoir pas
voulu subir les dernières morts et a-t-il dégénéré dans
ses dernières années. » On a vu ci-dessus quel était le

---

[1] *Philosophie divine*, tome I, pages 343, 345.

crédit dont jouissaient les ouvrages de M. de Marsay auprès des personnes pieuses, tant à Neuchâtel qu'à Genève, à Berne et dans le pays de Vaud. L'appréciation
de M. Dutoit à leur égard acquérait de ce fait une importance toute particulière.

Nous avons signalé déjà l'opinion de notre docteur sur
le livre du *Mystère de la croix* de Douzedent, en mentionnant la réimpression qu'il en a procurée à Lausanne en
1791. C'est ici le lieu de donner plus en détail le jugement qu'il portait sur cet ouvrage : « Il contient, dit-il,
de grandes, importantes et très curieuses vérités ; et
j'ose dire que les prétendus philosophes et les vrais chi-
mistes singulièrement, peuvent y trouver beaucoup à
apprendre, outre le christianisme véritable qui y est
répandu. Cependant ce n'est point par son alchimie
qu'on en doit faire cas, et s'il ne contenait rien autre, il
serait dangereux ; car l'alchimie, même la plus haute,
la plus sûre et la moins mauvaise, est toute du domaine
astral, et a toujours pour le moins un tiers de diabolique,
comme je l'ai montré dans un autre endroit. Ainsi, ce
qui seul rend ce livre très recommandable, c'est le
christianisme qui y est répandu, et nombre de choses
saintement curieuses [1]. »

Sur Antoinette Bourignon, nous nous bornerons à citer
la note suivante : « Un excellent auteur, que Bayle a ri-
diculisé et que des ministres pleins d'orgueil et de mauvaise foi et de la plus crasse ignorance des choses di-

[1] *Philosophie divine*, tome I, page 345.

vines, ont prétendu réfuter, comme le savant et pieux
M. Poiret les en a convaincus (voyez ses préfaces sur
l'excellent livre intitulé la *Théologie germanique*), Mlle
Bourignon a dit sur le serpent tentateur des choses aussi
curieuses que vraies, mais on regrette qu'elle l'ait fait
aussi brièvement [1]. »

Ajouterons-nous ici le jugement bien différent porté
par M. Dutoit sur Marie Huber, la philosophe déiste ?
« C'est en confondant la gloire interne et essentielle de
Dieu, qui ne peut changer, ni augmenter, ni diminuer,
et la gloire externe ou accidentelle, qui est la manifestation de tout ce qui, de cette gloire interne, infinie, peut
rayonner en dehors ; c'est en brouillant, en confondant
ces deux points de vue, et faute de vouloir connaître
cette distinction, qu'une femmelette, dont l'orgueil s'est
avisé de bâtir un système tout hérétique, a fondé sa prétendue *Religion essentielle à l'homme,* où entre autres
impiétés, elle fait main basse sur tous les mystères. Et
à ce propos, il n'est pas vrai que M. Rousseau, plus impie
encore, puisse s'appeler novateur, comme ses sectateurs
le prônent ; car il a pris presque tout son système du
livre de la Religion essentielle, ou plutôt de ce que ce
livre a de plus mauvais. » — « Une femme, dit-il ailleurs,
dont j'ai parlé à l'occasion de la gloire externe et de la
gloire interne, qu'elle a confondues, s'est avisée de faire
un autre ouvrage intitulé : *Quatorze lettres sur l'état des
âmes séparées du corps,* où elle a brouillé et confondu

[1] *Philosophie divine,* tome II, page 285.

l'enfer avec la purification, et mis pêle-mêle les degrés
qui les séparent [1]. » — « Dites à votre M. Bourgeois,
écrit-il à son ami Calame, qu'il faudrait qu'il pût se
commander d'oublier tout ce qu'il a peut-être pris de
fausses lumières et faux préjugés dans les livres de Mlle
Huber, qui n'a écrit que par la raison, et dont les hérésies sont horribles. »

Mais il est temps de nous arrêter dans la transcription
de ces jugements qui suffisent bien pour donner l'idée
de ce que pensait M. Dutoit au sujet des ouvrages que,
de son temps, l'on rangeait avec plus ou moins de droit
au nombre des mystiques. Il est superflu que nous par-
lions des auteurs que, comme Jean de la Croix, ou Grégoire Lopez, il ne fait que citer avec admiration. Nous
préférons terminer par la conclusion que lui-même a
jointe à sa discussion au sujet des Inspirés, et qui, d'un
bon exemple, peut s'appliquer à toutes les contestations,
à tous les sujets de désaccord. « Il faut finir avec eux
en charité ; je l'ai bien fait avec les incrédules. Allons
notre chemin avec sincérité, en humilité, et en foi, et
ne regardons pas celui des autres. Nous avons appris de
notre Maître à ne juger, ni blâmer. *Ne jugez point afin
que vous ne soyez point jugés.* L'œuvre de Dieu est insondable, et ce qu'il permet ne l'est pas moins ; nous ne
connaissons pas le bord de ses voies, ne soyons donc pas
téméraires ; aimons la foi, la grâce et la vertu, là où nous
les pouvons remarquer. Et tout en appelant le péché,

---

[1] *Philosophie divine*, tome I, page 258 ; II, page 25.

péché, et le mal, mal, ne jugeons, ne blâmons et ne condamnons pas même le pécheur, nous qui sommes de
pauvres et misérables pécheurs nous-mêmes, et qui
avons besoin de tout le sang de Jésus-Christ et des miséricordes d'un Dieu ; vouons aux autres celle que nous
attendons, car, *bienheureux sont les miséricordieux, parce
qu'ils obtiendront miséricorde*[1]. »

[1] *Philosophie divine,* tome II, page 188.

CHAPITRE XIII.

Prédication.

La forme du discours oratoire étant celle dont M. Dutoit a revêtu le plus grand nombre de ses compositions, l'on ne sera pas surpris que nous nous arrêtions encore quelques moments sur sa prédication, soit pour nous rendre compte de ce que pouvaient être à cet égard ses théories, soit pour jeter un coup d'œil sur les sermons qu'il a laissés. La chose nous est d'autant plus indiquée que, comme on l'a déjà vu, cette forme oratoire était tellement dans ses habitudes d'esprit, qu'il la donnait en quelque sorte d'instinct à des dissertations qu'il a dû plus tard, avec beaucoup de peine, et pas toujours avec un égal succès, ramener à la forme didactique, pour les faire entrer dans son livre de la *Philosophie divine*. La prédication était positivement son élément. Depuis que sa santé ne lui avait plus permis de monter en chaire, il prêchait la plume à la main, comme jusqu'alors il avait été heureux de le faire de bouche, et sa prédication écrite avait conservé par son abondance, par la liberté de ses allures, par sa spontanéité, le caractère essentiel de sa prédication orale. Nous avons déjà rappelé quels étaient ses principes sur ce point. Chez lui, le fond l'emportait et devait l'emporter toujours sur la forme. La lecture de ses sermons le montre avec évidence.

La chose ressort clairement déjà des principes énoncés dans le *Discours préliminaire* placé en tête du volume publié par lui en 1764, et qui était comme le programme général de toute la série de sermons qu'il se proposait alors de faire paraître. En signalant le grand nombre de sermonnaires que l'on possédait, et le goût manifesté par le public pour ce genre d'ouvrages religieux, il s'élève, sans désigner nominativement les auteurs qu'il avait en vue, contre les défauts trop communs des prédicateurs de l'époque, « les uns dressant sans pudeur et sans frein l'étendard de l'hérésie, d'autres, sans être proprement hérétiques dans le dogme, l'étant jusques à un certain point dans la morale, d'autres, enfin, orthodoxes quant au fond, et sains dans leurs enseignements moraux, mais manquant de ce qu'on peut appeler une doctrine de pratique et de direction. La prédication de ces derniers, quoique bonne en soi, mène toutefois à peu de chose, et le fruit qui en résulte est ordinairement très petit. Pourquoi ? Parce qu'ils ne savent pas rendre leur doctrine usuelle, pratique, vraiment directoire pour le cœur. Il n'y aura, si vous voulez, point d'erreur dans ce qu'ils disent, ils seront même jusqu'à un certain point édifiants, ils ne seront point hérétiques sur les vérités essentielles ; ils établiront la doctrine de la Trinité, de l'incarnation de Jésus-Christ. Mais, ou bien ils s'en tiennent à cet

égard à une théorie assez bien déduite, et ce sont même
les meilleurs, ou bien ils ne vous donnent que des géné-
ralités de peu d'usage ; ils ne savent pas mener le chrétien dans les vraies routes de la grâce , dans ces routes
secrètes et intérieures qui déconcertent tous les systèmes
et étonnent la raison et tous les docteurs , qui ne sont
que docteurs et théologiens. Ces mêmes hommes n'auront aucune peine à vous avouer en général, qu'il faut
la grâce et le Saint-Esprit pour nous tirer de notre corruption naturelle; ils diront eux-mêmes là-dessus les
plus belles choses du monde, moyennant qu'on ne par-
ticularise point, et qu'on n'entre pas dans un détail, sur
lequel ils n'ont pas d'intelligence, parce qu'elle ne s'ac-
quiert qu'à l'école même de Jésus-Christ, et non à celle
des docteurs et des livres. Ils avoueront bien en général
que le Saint-Esprit agit en nous ; mais dites-leur, as-
surez-les, que Jésus-Christ parle très réellement dans le
régénéré, y fait entendre une voix très intelligible, quoique non articulée, une parole substantielle ; parlez-leur
d'une motion secrète et très réelle du Saint-Esprit avec
quelque détail et quelque expérience ; annoncez-leur
autant qu'on le peut, les ineffables merveilles qu'il opère
dans l'intérieur du chrétien, ils ne vous entendront plus
et vous prendront pour un cerveau aliéné.

» Il est en effet dans le sein même du christianisme
beaucoup plus de Juifs qu'on ne croit, j'entends de ces
Juifs dont parle l'apôtre, quand il dit que la croix de
Jésus-Christ leur est *scandale*. Ils parleront de la croix
extérieure sur laquelle il est mort, de la manière la plus
touchante ; mais ils sont bien éloignés de savoir déduire,

comment et à quel point cette croix doit passer du chef
aux membres, pour que la mort de Jésus-Christ ait une
efficace réelle, et qui nous soit vraiment appliquée. Que
fait-on donc? On relève la perfection du sacrifice de
Jésus-Christ. On dit qu'il faut y mettre toute sa confiance. Mais on ne sait guère comment. Car cette confiance est nulle, si nous ne sommes appliqués à la croix
avec lui, si nous ne souffrons avec lui, intérieurement et
extérieurement. Cette confiance à la croix extérieure de
Jésus-Christ est nulle, si son Esprit et son œuvre intérieure et toute-puissante, quand on la laisse agir, ne
vient premièrement en toute réalité nous dépouiller de
nous-mêmes par une opération que qui que ce soit au
monde ne connaît que celui qui la subit, et ne vient ensuite engendrer en nous un être très effectif, très réel,
qui n'est rien moins que Jésus-Christ, et qui seul est
destiné à mener ici-bas la vie divine, intérieure, cachée
en Dieu, pour prendre enfin dans le ciel un développement éternel.

» Voilà ce qu'on ne sait point déduire, voilà où l'on ne
sait point mener les hommes. Bien loin de là, on s'oppose à ces pratiques douloureuses qui coûtent à la chair
et au sang, et plusieurs âmes, même pieuses, s'efforcent
d'en détourner ceux qui les veulent embrasser. C'est ce
qu'on voit tous les jours, comme le Seigneur le disait à
ses disciples : *le temps vient que ceux qui vous feront mourir, croiront rendre service à Dieu.* On tue en effet les
âmes en les détournant de la vraie route, sous les plus
beaux prétextes du monde. On les tue, en les éloignant
du chemin de la vie, et en s'opposant à des pratiques

qu'on croit illusoires. Comment donc les prêcherait-on ?

» Aussi que substitue-t-on à cette vie intérieure et divine ? Je l'ai dit ; la confiance en la croix extérieure de Jésus-Christ, à quoi on ajoute ce qu'on appelle les bonnes œuvres et leur nécessité, et puis tout est fait, tout est dit, tout est accompli. Que de mécompte on y trouvera un jour !

» Et ces bonnes œuvres dont on parle, on méconnaît qu'elles sont bien plutôt œuvres de la loi qu'œuvres de la foi, quand même on leur donne ce nom. Les vraies œuvres de la foi , sont uniquement celles que le Saint-Esprit opère en nous, tandis que les œuvres extérieures, l'aumône, l'équité envers le prochain, peuvent être communes au chrétien et à l'irrégénéré. Ce n'est donc point ce qu'on appelle communément les bonnes œuvres qui font l'essence du chrétien. Ce n'est point parce qu'il accomplit de telles œuvres qu'il est chrétien , mais c'est parce qu'il a Jésus-Christ en soi, c'est parce qu'il est uni à Dieu par le Saint-Esprit, c'est parce qu'il devient fécond par ce principe.

» On fait donc assez peu en prêchant ce qu'on appelle la loi, quoique ce soit aujourd'hui le sujet perpétuel des prédications, selon ce qui est dit : *Pour Moïse, il est prêché dans les chaires.* On prêche le devoir général de la sanctification ou quelques devoirs particuliers de morale , on croit alors avoir beaucoup avancé ; et on ne voit pas que, sans compter bien des défauts dans la méthode dont beaucoup de prédicateurs prêchent ces devoirs , comme de les traiter d'une manière vague , de parler plutôt à l'auditoire qu'à l'auditeur, de ne pas

savoir amener l'auditeur à se dire : *Tu es cet homme-là* ;
sans parler de ces défauts et de beaucoup d'autres, on
ne voit pas, dis-je, que par là, on ne peut faire que des
légistes et non des *âmes de grâce*. On attaque les dehors
de la place, et la citadelle ne se prend point ; le dragon
demeure dans son gîte ; il se replie dans le cœur, tandis
que tout au plus vous émonderez l'extérieur.

» Le grand point serait donc d'amener les auditeurs à
l'esprit de régénération, qui, sans doute est un don de
Dieu, mais dont il faut indiquer les moyens. L'une des
grandes causes du peu de fruits des sermons, c'est qu'on
prêche le devoir à des hommes dont le fonds est corrompu. Que par une prédication forte sur l'habitude de
jurer, on ait produit sur un irrégénéré, jureur de profession, une impression assez vive pour l'engager à faire
effort pour se corriger, on aura gagné plus en apparence
qu'en réalité. La séve est mauvaise ; vous avez coupé
une branche, mais vous n'avez ni déraciné l'arbre, ni
supprimé la malice de la séve ; celle-ci portera la nourriture ailleurs, et un autre vice se substitue, qui tire plus
de force de ce qu'on a retranché au premier. Qu'on suppose en revanche une âme régénérée, voyez si vous avez
besoin de lui dire qu'il ne faut pas jurer, ni mentir, ni
être injuste. Non ! elle est hors du péché grossier, *l'arbre
est bon*, et *le fruit*, comme le dit le Seigneur, ne saurait
être *mauvais*. Tout dépend de là. Tout ce qui n'attaque
pas foncièrement la corruption et la tache originelle,
n'est qu'un palliatif, et ne guérit point l'ulcère malin qui
ronge les hommes ; et tout ce qui n'est pas en nous l'ouvrage du Saint-Esprit ne saurait subsister en jugement.

» Faut-il donc supprimer tous les sermons de morale ?
Non, qu'on la prêche quelquefois pour varier, mais qu'on
la pose sur les vrais motifs, et non sur des motifs humains, comme on ne fait que trop souvent. Qu'on prêche
la morale, mais qu'on prêche surtout et presque toujours l'œuvre de la grâce, ses routes dans les œuvres,
les changements qu'elle y opère, la manière dont on peut
l'attirer ; qu'on cherche à faire non des honnêtes gens,
mais des chrétiens ; qu'on indique les manières dont se
fait la purification intérieure ; qu'on y dirige les âmes ;
qu'on amène un homme qui se croit *riche*, à cause de
son honnêteté extérieure, qu'on l'amène, dis-je, au vif
sentiment de sa misère, à se voir *pauvre, aveugle et nu.*
Voilà surtout ce qui devrait être la matière des sermons.
Il faut amener les hommes à l'intérieur, leur apprendre
à se replier sur eux-mêmes, leur enseigner la pratique
de la présence de Dieu, leur apprendre la manière de
parvenir à cette prière ineffable du cœur, recommandée
par ces paroles : *Priez sans cesse.* Il faut leur apprendre
à faire tout en foi, leur rappeler vivement cette grande
doctrine, que c'est par la croix seulement qu'on arrive
à la gloire, et par le renoncement à la vie spirituelle. Il
faut les mener par la main aux sources de la grâce, leur
apprendre comment Jésus-Christ lui-même se forme, et
vient dans un cœur pour y habiter et y faire entendre
cette *voix* que les *brebis* seules *connaissent.* Voilà les vérités qu'il faudrait répéter sans cesse pour enseigner aux
pécheurs la voie réelle de la régénération.

» Au lieu de cela, que prêche-t-on ? Trop souvent hélas !
une doctrine, où l'on plâtre la grâce avec la nature, et

qui, par ce mélange, ne fera jamais un chrétien. On ou-
blie que le Saint-Esprit, tout en sanctifiant le chrétien,
le crucifie, et ne peut même le sanctifier, sans l'appliquer à la croix, sans le faire passer par les états de douleurs, d'angoisses, de sacrifices, qui seuls peuvent punir
en lui *le vieil homme* et *crucifier le péché dans la chair*
qui l'a produit. Voilà cette croix qui seule concilie tous
les passages de l'Ecriture et montre la merveilleuse économie du salut dans son enchaînement. Et c'est en la
prêchant qu'on enlèverait au monde cet oreiller de sécurité tiré de la fausse imputation de la mort de Jésus-
Christ, en lui substituant la véritable. Et c'est ce qu'on
prêche trop peu, ou plutôt ce qu'on ne prêche point, et
sous prétexte de relever les grandeurs de Jésus-Christ
et la perfection de son sacrifice, on multiplie à l'infini,
en ne sachant pas déduire toute cette doctrine, les illus-
sions les plus mortelles. »

Si nous nous sommes laissé entraîner à ce long extrait
de la théorie de M. Dutoit sur ce qui, à ses yeux, devait
constituer le fond permanent de la prédication chrétienne, ce n'est pas seulement à cause de l'intérêt propre
qu'offrent ces considérations, et de la lumière qu'elles
jettent sur le système religieux de l'auteur, c'est encore
en vue de l'époque où elles ont été exposées. Qu'on les
rapproche des sermons qui se prêchaient et se publiaient
il y a un siècle, et l'on verra qu'elles étaient alors bien
plus nouvelles qu'elles ne peuvent le paraître aujour-
d'hui. A la petite morale, trop souvent purement humaine, qui faisait le fond de la plupart des prédications,

M. Dutoit cherchait, on le voit, par un vigoureux effort,
à substituer cette grande théorie scripturaire de la régénération, liée à l'efficace de la croix de Christ, que le
réveil religieux de notre siècle est parvenu à faire revivre et à remettre en honneur dans les églises de la
réformation. S'il insistait plus qu'on ne le fait généralement de nos jours, sur la nécessité de la lutte intérieure
et de la crucifixion du vieil homme, sommes-nous bien
certains d'être à cet égard dans une plus juste mesure
qu'il ne l'était lui-même? Et si l'on estime trouver en
lui sur ce point un degré d'ascétisme, dans lequel on
reconnaîtrait quelque exagération, n'y aurait-il pas peut-
être dans la tendance inverse, aujourd'hui dominante,
quelque chose qui pourrait sentir l'antinomianisme en
une certaine mesure et donner la crainte d'une marche
vers l'affaissement moral? Nous nous bornons à poser
cette question, selon que nous semble le mériter le ton
de conviction de M. Dutoit sur ce point très grave, nous
laisserons à nos lecteurs le soin de la résoudre.

Quant à la forme de la prédication, notre auteur, nous
l'avons déjà fait pressentir, s'arrête fort peu à ce qui la
concerne. Dans un paragraphe de son *Discours préliminaire*, il préconise l'*homélie*, et cherche à la relever du
discrédit dans lequel elle était tombée de son temps.
« Je crois, dit-il, qu'il serait bien à désirer que ce genre
fût plus général. On aurait la Parole de Dieu expliquée
de suite, et non un tissu de raisonnements humains auxquels on fait plier le texte. Faites dans le vrai goût, et
par des hommes capables de les faire, les homélies se-

raient extrêmement utiles. On prend un morceau de l'Ecriture, et on l'explique dans son enchaînement ; on en développe le sens intérieur ; une infinité d'idées y entrent et viennent comme à la file ; nombre de devoirs y sont expliqués en peu de mots. Ce serait une façon de prêcher plus moelleuse, plus scripturaire, plus chrétienne. On apprendrait au peuple la manière dont il doit lire l'Ecriture. Mais ce n'est pas le goût moderne. Peu d'hommes d'ailleurs sont capables de paraphraser l'Ecriture selon le sens intérieur. » On le voit, même en traitant les questions qui touchent à la forme, c'est le fond de la prédication qui occupe en réalité toujours notre orateur.

« Mes sermons seront quelquefois un peu diffus ; il y a peut-être trop de mots ; mais j'ai à faire quelque chose de plus important que de les amener à cette précision, à cette symétrie qui met un esprit aux entraves. J'espère que ceux qui les liront du cœur y trouveront quelque édification ; c'est pour eux que je les donne, et non pour les frivoles, qui ne veulent que ce qui flatte l'esprit et les oreilles, et qui toisent tout par les règles de l'art. »

Pour ce qui regarde l'esprit général de la prédication chrétienne, indépendamment de ce qui touche directement au fond des idées, M. Dutoit le résume dans ce caractère unique, l'*onction*. « Ce mot, pris dans son étymologie et dans son acception primitive, ne désigne, comme le dit Vinet, aucune qualité spéciale de la prédication, mais plutôt la grâce et l'efficace qui y sont attachées par l'Esprit de Dieu, une espèce de sceau et de

sanction qui se constate moins par des signes extérieurs
que par l'impression que reçoivent les âmes. Mais comme,
en remontant à la cause de cet effet, on distingue particulièrement certains caractères, c'est à la réunion de ces
caractères qu'on a donné le nom d'onction. C'est le caractère total de l'Evangile, la saveur générale du christianisme ; c'est une gravité accompagnée de tendresse,
une sévérité trempée de douceur, la majesté unie à l'intimité ; vrai tempérament de la dispensation chrétienne,
dans laquelle, selon l'expression du psalmiste, *la bonté
et la vérité se sont rencontrées, la justice et la paix se sont
entrebaisées*[1]. » (Ps. LXXXV, 11.)

Pénétré du caractère tout spécial de cette qualité intime et mystérieuse, M. Dutoit a senti que pour en donner
l'idée il fallait se garder de la définition en forme. C'est
par les effets de l'onction et par des analogies qu'il cherche à la faire connaître, ou, pour mieux dire, à la faire
goûter. Citons quelques-unes de ses *maximes*, selon l'expression qu'il emploie lui-même.

« L'onction est une chaleur douce, qui se fait sentir
dans les puissances de l'âme. Elle fait dans le spirituel
les mêmes effets que le soleil dans le physique; elle
éclaire et elle échauffe. Elle met la lumière dans l'âme,
elle met la chaleur dans le cœur. Elle fait connaître et
aimer ; elle intéresse. — Son unique source, c'est l'esprit
de régénération et de grâce. C'est un don qui s'use et
se perd, si on ne renouvelle ce feu sacré, qu'il faut toujours tenir allumé; et ce qui l'entretient, c'est la croix

[1] Vinet, *Homilétique*, page 261.

intérieure, les renoncements, l'oraison et la pénitence.
— L'onction est dans les sujets religieux ce qu'est dans
les poëtes ce qu'ils nomment *enthousiasme*. Ainsi l'onction c'est le cœur et les puissances de l'âme nourris,
embrasés des suavités de la grâce. C'est un sentiment
doux, délicieux, vif, intime, profond, mellifiue. — L'onction sera donc cette chaleur moelleuse, douce, nourris-
sante, et tout à la fois lumineuse, qui éclaire l'esprit,
pénètre le cœur, l'intéresse, le transporte, et que celui
qui l'a reçue envoie sur les âmes et sur les cœurs ajustés
à la recevoir. — Elle ne dépend point du génie; elle
roule sur un autre pivot. Le plus beau génie et l'art ne
l'atteindront jamais. Sans esprit, on a de l'onction et on
porte coup. Voyez les Sermons de Nardin. — Comme la
manne, elle a tous les goûts. C'est une manne cachée,
qui se plie à tous les génies et aux talents même les plus
médiocres. En revanche, rien ne la corrompt tant que
l'esprit. Les ravages de l'esprit dans les sermons sont
inconcevables. L'auditeur ou le lecteur voit que le prédicateur ne s'est pas oublié; dès là il lui devient suspect;
il met le plastron ; la confiance diminue; il ferme tout,
excepté peut-être les oreilles, et il écoute la *chanson*,
comme dit l'Ecriture (Ezéchiel XXXIII, 32). Ainsi l'esprit ôte infailliblement ce que l'onction aurait donné. »
L'auteur termine sur ce sujet par ce résumé de sa pensée : « Toute éloquence de la chaire et tous les traités
qu'on en peut faire se réduisent pour les entendeurs
à ces deux mots : « Imitez le soleil ; il *éclaire* et il
échauffe. »

Nous ne quitterons pas ce discours préliminaire qui
nous a fourni ce qui précède, sans mentionner encore
un paragraphe qui est bien en réalité un hors d'œuvre,
mais qui présente un véritable intérêt. Nous voulons
parler de celui dans lequel M. Dutoit émet ses vœux sur
la réforme de la *liturgie* en usage dans les églises protestantes. En face des progrès de l'incrédulité du siècle,
il demandait en premier lieu qu'afin de lutter contre
l'abus du nom de Dieu, employé d'une manière si vague
par les déistes et par les philosophes du jour, on com-
mençât les prières par une invocation directe et expresse
à la très sainte Trinité, pour maintenir à cet égard la
perpétuité de la foi. Il exprimait le désir que le langage
des prières liturgiques fût corrigé en plusieurs endroits,
tant au point de vue de la clarté qu'à celui du nombre
et de l'onction, mais surtout qu'on substituât dans la
confession des péchés un langage plus vrai à ces sortes
de compliments choquants qu'elle renferme. Il aurait
voulu, par exemple, qu'au lieu de dire : « Toutefois
nous avons un grand déplaisir de t'avoir tant offensé, et
nous nous condamnons nous et nos vices avec une vraie
repentance, » on s'exprimât plutôt de la manière suivante : « Et néanmoins, Seigneur, nous sommes forcés
de convenir à notre confusion que nous n'avons pas un
assez grand déplaisir de t'avoir offensé, et que notre
repentance n'est ni assez vraie, ni assez vive, ni assez
profonde. » Il exprime encore le regret que la liturgie
ne soit pas plus nourrie, et ne fasse pas usage en particulier de litanies du saint nom de Jésus, tirées de ses
emplois, de ses titres, de sa grandeur, de sa puissance,

de ses divers bienfaits, etc. N'est-il pas remarquable que notre pieux auteur ait énoncé ces vœux, il y a cent ans, dans les termes mêmes et dans la mesure où nous les entendons encore formuler de nos jours?

Après avoir exposé, d'après M. Dutoit lui-même, quels étaient ses principes sur la prédication, nous avons à donner quelque idée des sermons qu'il a laissés. Un seul volume, avons-nous dit, fut publié par ses soins, c'est celui qui a pour titre *Sermons de Théophile*. Dans la publication en trois volumes faite en 1800 par les amis de l'auteur, intitulée *Philosophie chrétienne*, on retrouve tous les discours contenus dans l'édition première, à l'exception des deux homélies sur le lavoir de Béthesda, qui devaient n'être reproduites que plus tard, en compagnie d'autres compositions du même genre. Les deux premiers volumes renferment, outre un avertissement des éditeurs et la reproduction du discours préliminaire que nous venons de mentionner, dix-neuf sermons destinés aux principales fêtes de l'année. Parmi ceux-ci, deux furent composés en vue de circonstances particulières, l'un que l'auteur prêcha à Lausanne en 1755, à l'occasion de l'épouvantable désastre de Lisbonne, l'autre qu'il prononça le jour de la Saint Jacques, fête annuelle d'actions de grâces instituée par le gouvernement de Berne, pour célébrer les bienfaits de la paix. Les éditeurs ont réuni dans le troisième volume neuf sermons qui leur ont paru en rapport plus direct avec la vie intérieure, et propres à offrir en abrégé l'essence des vérités pratiques du vrai christianisme. Les principaux sujets

en sont : *Le respect humain*; *le sacrifice du chrétien seul
sanctifiant et agréable à Dieu; Marthe, ou la vie extérieure*; *Marie ou la vie intérieure ; la régénération; la vie
intérieure du chrétien édifiée sur les ruines du vieil homme.*

Deux volumes subséquents devaient contenir des discours moraux sur les principaux devoirs. On aurait
placé dans les suivants les homélies et des séries de
discours sur certaines portions de l'Ecriture Sainte.
Mais les circonstances de l'époque et le peu d'encoura-
gements donnés aux éditeurs ne leur permirent pas de
poursuivre activement cette grande entreprise, comme
ils l'avaient projetée dans leur amour respectueux pour
la mémoire de leur maître, et dans leur zèle pour sa
doctrine. Ce ne fut, comme nous l'avons dit plus haut,
qu'en 1819 que M. Petillet, comptant sur l'aurore du
réveil religieux qu'il voyait poindre, crut le moment favorable pour reprendre la publication interrompue.
Conformément au plan énoncé, il donna un volume destiné à faire suite à la *Philosophie chrétienne* et renfermant dix discours portant essentiellement sur des sujets
de morale, tels que le caractère et le bonheur du paci-
fique ; l'amour des ennemis, victorieux de l'esprit de
vengeance ; le pécheur en un seul point caractérisé et
condamné au tribunal de Dieu ; la religion pure et sans
tache ; le saint nom de Dieu profané par les jurements ;
le devoir de s'assembler au nom du Seigneur. Ce volume
ne fut suivi d'aucun autre. Tout le reste des sermons de
M. Dutoit demeura en manuscrits. Un petit nombre de
copies en ont été faites et conservées par les amis de sa
mémoire.

Celui de ces recueils qui nous a paru le plus complet se compose de quarante-cinq cahiers assez volumineux. Ce sont : 1° Vingt-deux sermons ou homélies sur le dernier tiers du Psaume cinquantième, soit du verset 16 au verset 23. La distribution des matières et le rapport établi entre le texte et le sujet de chaque discours offrent quelque chose d'assez curieux au point de vue homilétique. Nous allons chercher à en donner une idée en mettant en regard le sujet et le texte de ces vingt-deux discours.

1er SUJET : Le méchant indocile et profanateur. TEXTE : v. 16, 17. *Dieu a dit au méchant : Est-ce à toi de réciter mes statuts et de prendre mon alliance en ta bouche, puisque tu hais la correction et que tu as jeté mes paroles derrière toi ?*

2e SUJET : Le larcin spirituel (deux discours). TEXTE : v. 18 comt. *Si tu vois un larron, tu cours avec lui.*

3e SUJET : L'adultère spirituel. TEXTE : v. 18 fin. *Ta portion est avec les adultères.*

4e SUJET : Péchés de la langue. TEXTE : v. 19. *Tu lâches ta bouche au mal et par ta langue tu trames la fraude.*

5e SUJET : L'aise, l'orgueil, les habitudes et la sécurité du monde (deux discours). TEXTE : v. 20 comt. *Tu t'assieds.*

6e SUJET : Le pharisaïsme du monde et du faux chrétien (deux discours). TEXTE : v. 20. *Tu t'assieds, et tu parles contre ton frère, et tu charges de blâme le fils de ta mère.*

7e, 8e et 9e SUJETS : Le silence de Dieu à l'égard du

méchant. — Raisons de ce silence. — Raisons de l'abandon où Dieu laisse le méchant (trois discours). TEXTE : v. 21 com*. *Tu as fais ces choses-là, et je me suis tu.*

10e SUJET : Le paganisme du monde, ou l'illusion des mondains (deux discours). TEXTE : v. 21 milieu. *Tu as cru que j'étais véritablement comme toi.*

11e SUJET : La conduite finale de Dieu à l'égard des pécheurs (deux discours). TEXTE : v. 21 fin. *Je t'en reprendrai, et j'exposerai tout en ta présence.*

12e et 13e SUJETS : L'oubli de Dieu dans lequel vivent les hommes. — Quelle est la vraie intelligence ? (deux discours.) TEXTE : v. 22 com*. *Ecoutez maintenant ceci, vous qui oubliez Dieu.*

14e et 15e SUJETS : Le ravissement du juste en son Dieu. — Le pécheur ravi sans ressource et état de son âme après la mort (deux discours). TEXTE : v. 22 fin. *De peur que je ne vous ravisse et qu'il n'y ait personne qui vous délivre.*

16e et 17e SUJETS : Ce que c'est que la louange de Dieu. — Comment s'exécute la vraie louange de Dieu (deux discours). TEXTE : v. 23 com*. *Celui qui me sacrifie la louange m'honorera.*

Il manque évidemment un vingt-troisième et peut-être un vingt-quatrième discours sur la fin de ce dernier verset : *Je ferai voir la délivrance de Dieu à celui qui règle ses voies.*

Nous ne serions pas surpris qu'on demandât où est l'auditoire qui consentirait à suivre d'un bout à l'autre, de semaine en semaine, un commentaire aussi nourri.

Après cette série de vingt-deux discours nous trouvons :

2° Quatre sermons sur la *fornication*. (I Cor. VI, 18.)

3° Une homélie sur *Zachée*. (Luc XIX, 1-10.)

4° Quatre homélies sur Esaïe IX, 5, 6. *L'enfant nous est né, etc.*

5° Quatre discours ou homélies sur *l'homme fort en Dieu*. (Psaume LXXXIV, 6.)

6° Un discours sur la soumission du chrétien à l'égard du pouvoir civil. (Jude v. 8, 9.) (Inachevé.)

7° Neuf sermons sur l'*Oraison dominicale*, savoir : trois sur *Notre Père qui es aux cieux;* trois sur *Ton nom soit sanctifié;* trois sur *Ton règne vienne !* Continuée et amenée à son terme dans cette proportion, la série aurait été passablement longue.

Nous avons rencontré encore l'indication d'un sermon sur Nombres XXIII, 10. *Que je meure de la mort des justes, etc.*, que M. Calame possédait en manuscrit en 1797. La copie, paraît-il, ne s'en est pas retrouvée.

Ajoutons à cette énumération les titres de quelques travaux, plus ou moins achevés, sans toutefois que nous ayons la prétention d'être absolument complets. On possède, par exemple, encore :

Une paraphrase morale du Psaume XC.

Les devoirs des juges. (Psaume II, 10-12.)

De l'oraison perpétuelle. (I Thes. V, 17.)

Le règne de Dieu dans l'homme. (Rom. XIV, 17.)

La tiédeur. (Apoc. III, 16.)

La fausseté des vertus humaines.

Des traités sur l'idolâtrie spirituelle, sur le règne de

mille ans, sur la prière des enfants, sur la loi et la grâce, sur la Trinité, etc.

Plusieurs notes conservées parmi les papiers de M. Dutoit étaient destinées à faire partie d'un ouvrage de longue haleine dont il avait conçu le plan, savoir un *Dictionnaire mystique*, où devaient s'arranger par ordre alphabétique, toutes les expressions et toutes les matières relatives à la vie intérieure. Bon nombre de notes jointes au texte des trois tomes de la *Philosophie divine* peuvent donner l'idée de ce que devaient être les articles de ce dictionnaire, qui n'a pas été achevé.

On voit que les compositions oratoires et didactiques de M. Dutoit ont été nombreuses, et que toutes avaient pour but bien déterminé de glorifier le Seigneur, d'éclairer et d'édifier les âmes, selon la voie qui lui paraissait la seule sûre et efficace, cette voie du christianisme intérieur, dans laquelle il s'efforçait constamment de marcher.

CONCLUSION.

—

Parvenus au terme de notre travail, nous pourrions assurément nous dispenser de revenir en arrière pour jeter un coup-d'œil général sur l'homme qui a été l'objet de notre étude et sur ses enseignements. L'exposition de sa vie et du contenu de ses livres, présentée dans les pages précédentes, suffit sans doute pour le but que nous nous étions proposé de le faire connaître plutôt que de le juger. Nous nous permettrons toutefois de résumer en peu de mots l'impression générale sous laquelle nous demeurons en le quittant.

En parcourant la carrière de M. Dutoit et en pénétrant dans sa vie intime, comme ses propres écrits et ceux de ses amis nous ont permis de le faire, il est impossible de n'être pas frappé de la sincérité parfaite de sa foi et de la réalité de sa vie spirituelle, comme aussi de la profondeur de ses vues sur l'essence du christianisme et sur la communion accordée à l'âme fidèle par l'amour de son Dieu Sauveur. A ces divers égards il avait assurément peu d'égaux parmi ses contemporains, et l'on n'a pas trop lieu d'être surpris que ses amis, en donnant

cours à la publication de ses ouvrages, aient cru pouvoir
s'avancer jusqu'à le représenter comme ayant été non-
seulement « l'ornement du clergé, » mais « le plus grand
soutien de la religion dans notre chère patrie [1]. »

Ne sera-t-on pas conduit d'après cela à se demander
d'où vient qu'il n'ait pas exercé, au moins dans les lieux
où il a vécu, une influence plus étendue et plus durable ?
Quelques disciples isolés, parmi lesquels on put bientôt
voir se manifester des tendances assez diverses, les uns
se laissant dériver vers le catholicisme, d'autres se ral-
liant aux petits groupes moraves, malgré les avertissements destinés à les en détourner, d'autres embrassant
purement les doctrines du réveil, un fort petit nombre
persévérant dans la voie mystique, voilà tout ce qu'on
trouve après M. Dutoit, mais point d'école proprement
dite se réclamant de son nom.

Voici ce qu'écrivait vers 1820 l'homme qui lui était
demeuré le plus sincèrement et le plus entièrement dévoué : « L'époque actuelle est malheureusement si indif-
férente pour admettre les grandes vérités de l'Evangile
dans leur pureté primitive, qu'on se voit dans une sorte
d'impossibilité de déterminer l'époque où l'on pourra
reprendre la continuation de l'impression des sermons
de M. Dutoit. Ceci paraît contradictoire avec l'espèce de
réveil religieux qui s'est manifesté depuis quelques années en Suisse ; mais, qu'on ne s'y trompe pas, ce réveil
n'a pas tous les caractères qu'il devrait avoir, et malgré
les oppositions violentes qu'il éprouve, on est étonné

[1] *Philosophie chrétienne,* tome I, page 107.

que les dogmes qu'il cherche à répandre et les vérités
morales qu'on s'efforce d'enseigner, soient au total si
mélangés d'erreurs, si faibles et si peu conformes au
véritable esprit et aux pures maximes de l'Evangile
éternel que Jésus-Christ est venu apporter aux hommes.
On prêche l'Evangile, il est vrai ; on enseigne que Jésus-
Christ est mort pour nous, mais on perd de vue que le
disciple de Christ doit mourir à toutes choses et porter
en réalité les états de son divin Maître, pour être rendu
conforme à ce saint modèle. Aussi la plupart des personnes pieuses de l'époque présente, en qui s'est manifesté cette espèce de *réveil* ne goûtent nullement une
doctrine inculquant avec tant de force le règne de Jésus-
Christ en nous, pour y détruire et anéantir tout ce qui
s'oppose à l'établissement effectif de la vie du Verbe divin dans le cœur de l'homme ; elles trouvent cette doctrine trop sévère, ou, selon leur expression, *trop légale,*
et elles la rejettent sans appel. »

Ces réflexions, en révélant chez les partisans de M.
Dutoit le désappointement que leur fit éprouver la tendance si promptement manifestée par le réveil à s'écarter
de l'esprit mystique, peuvent nous aider à comprendre
pourquoi il en a été ainsi, et par conséquent pourquoi
l'influence des enseignements de notre docteur ne s'est
pas fait sentir davantage dans un mouvement religieux
qui aurait pu sembler destiné à répondre à ses désirs
les plus chers. Faire succéder une foi vivante à l'indifférence et au formalisme, remettre en honneur la croix
de Christ, n'était-ce pas là en réalité ce que M. Dutoit
s'était constamment proposé ? Si donc la manière dont

il a cherché à atteindre ce but de toute âme pieuse, n'a pas répondu pleinement aux besoins de la génération nouvelle réveillée par l'Esprit de Dieu ; si celle-ci n'est pas entrée avec bonheur dans la voie que ses enseignements avaient tracée, n'est-ce pas apparemment, parce qu'il se trouvait dans ces doctrines quelque imperfection sérieuse, quelque lacune ou quelque superfétation propre à en atténuer la portée et à en amoindrir l'efficace ?

Le réveil a eu besoin d'autre chose que de ce que lui offrait la doctrine de la vie intérieure, aussi est-il promptement entré dans une voie différente. Il lui fallait au préalable une base qui ne pouvait être omise sans péril, un christianisme plus objectif que celui des auteurs mystiques. On a senti la nécessité de mettre plus en saillie les doctrines propres du salut. On a saisi autrement le système de la grâce. Et en cela l'on a eu raison. Une direction réellement plus saine a été imprimée aux esprits atteints par le mouvement religieux.

On a pu se convaincre par notre exposition des faits et par le résumé que nous avons donné de ses doctrines que la vie chrétienne de M. Dutoit, vraiment intérieure et d'une réalité incontestable, n'était pas sans donner lieu à quelques observations critiques. Nous avons mentionné comme digne d'une attention sérieuse cette absence quasi habituelle de paix foncière, qu'il signalait lui-même comme une épreuve douloureuse, tout en y voyant d'autre part un témoignage consolant de la salubrité de son état spirituel. On a dû être frappé de certaines expressions bizarres, mal sonnantes, se rattachant à des vues hasardées, dangereuses dans leurs tendances.

Nous avons relevé l'importance extrême qu'il attribuait
à des recherches théosophiques d'une grande témérité,
sa vénération plus que profonde pour Mme Guyon, et ses
opinions quant à la personne de la Vierge Marie, au rôle
qu'il lui assignait dans le ciel et sur la terre, et à cette
immaculée conception, érigée naguère en dogme romain.
L'on pourrait signaler bien d'autres choses encore prê-
tant le flanc à des critiques sérieuses. Mais nous devons
rappeler toutefois à combien d'égards il a été gardé par
son attachement protestant à la Bible. Son respect pour
la Parole écrite l'a préservé de bien des erreurs dans
lesquelles, sans ce précieux secours, il fût infailliblement
tombé sous la direction de ses guides catholiques. Ce
même respect a modifié en lui certaines vues mystiques
sur l'anéantissement, sur la foi nue et obscure, sur le
devoir d'espérer contre espérance, et autres points encore, de manière à leur donner une couleur plus scripturaire, un sens plus évangélique, une saveur plus vivi-
fiante, que ces vues ne l'ont généralement chez les
mystiques. Les expressions qui s'y rapportent n'ont manifestement pas chez lui un sens identique à celui qu'elles
ont chez les auteurs auxquels il les a empruntées. C'est
ce que nos citations de ses écrits ont pu déjà faire sentir.
Aussi l'apparence est-elle plus souvent contre lui, quant
à certains points de doctrine, que ne le serait la réalité
bien étudiée et bien comprise. C'est ce qu'il est juste de
ne pas oublier, au moment où l'on fait le compte des
erreurs dans lesquelles il a pu être entraîné. L'attrait
qu'avait pour lui tout ce qui se présentait comme propre
à amener l'âme du fidèle à la communion divine, suffit

à expliquer plusieurs des tendances auxquelles il s'est laissé aller, sans en avoir probablement apprécié d'avance la véritable portée.

Mais tout en tenant compte de ces points sur lesquels une saine critique doit s'exercer, et sans chercher à les voiler ou à en dissimuler la gravité, nous nous demandons s'il n'y aurait pas, à côté de cela, chez notre docteur mystique lausannois, quelque chose qu'il serait bon de prendre. Malgré les défauts qu'on peut signaler dans son système religieux et théologique, cet esprit profondément chrétien a saisi d'une manière vivante un côté essentiel du christianisme. Si ses théories n'ont pas été exactement pondérées, si le point de vue subjectif a eu chez lui une prédominance trop marquée, il n'en est pas moins vrai que ce point de vue a droit à réclamer dans tout système religieux bien ordonné, sa place légitime, à laquelle il ne défaudra pas sans péril pour les âmes.

L'union intime et réelle de Christ avec le croyant, sa naissance dans le cœur qu'il daigne éclairer de sa céleste lumière, naissance telle qu'il est lui-même cet *homme nouveau* devant croître et se développer *jusqu'à sa stature parfaite* sur les ruines du vieil Adam, la part que le chrétien doit prendre personnellement dans son corps et dans son âme, aux souffrances et aux angoisses endurées par Jésus sur la croix, le renoncement absolu à toute idée et à tout sentiment d'une justice personnelle, le dépouillement entier de toute volonté propre, une soumission complète et constante aux dispensations de la sagesse souveraine, un abandon total au vouloir divin,

le sacrifice de soi-même, une aspiration de toute heure
à l'union réelle et personnelle avec le Seigneur, le besoin
constant de la présence de Dieu, le recours permanent
à son amour par la prière, voilà tout autant de choses
dont on ne saurait méconnaître l'excellence, le caractère
pratique et sanctifiant, la couleur scripturaire, car chacune d'elles pourrait aisément être exprimée par un passage formel de la Parole de Dieu.

Prises non pas d'une façon à peu près exclusive, selon
la tendance trop générale des mystiques, mais conjointe-
ment avec les doctrines spéciales du salut ; unies dans
une pondération légitime, comme éléments essentiels de
la vérité, au dogme de la justification par la foi, au côté
objectif de la rédemption par le sang de Christ, toutes
ces choses sont du domaine du salut, elles entrent comme
partie intégrante et nécessaire dans l'œuvre de la *récon-*
ciliation que Jésus est venu apporter de la part du Père.
Elles sont voulues par Celui qui s'offre à nous comme
notre *Sanctification*, aussi bien que comme notre *Rédemp-*
tion. A cet égard nous ne rencontrerons théoriquement
aucune opposition. Mais en est-il bien de même dans la
pratique ? N'entend-on pas souvent exprimer le regret
que le mouvement théologique né du réveil n'ait pas accordé une part un peu plus large, un peu plus positive
qu'il ne l'a fait en général à l'élément subjectif ? Et
n'est-ce pas au défaut de cet élément dans une proportion convenable, que doit être attribué en grande partie
le succès de certaines théories qui, sous couleur d'une
revendication légitime de ce que réclame à cet égard

l'âme chrétienne, tendent maintenant à saper les bases
de la doctrine évangélique, en ne donnant qu'une place
entièrement subordonnée à la partie positive de la révélation écrite? Dépassant, selon l'usage ordinaire de
toutes les réactions, la mesure équitable, pour se jeter
dans l'extrême opposé à celui contre lequel elle s'est crue
appelée à lutter, cette réaction tend à mettre l'homme à
la place de Dieu et à nier tout surnaturel. On sait hélas !
jusques à quels degrés et dans combien d'esprits elle a
déjà fait sentir sa funeste influence.

Si le système religieux et théologique dominant dans
le protestantisme de nos jours n'eût pas prêté le flanc à
l'accusation de laisser un peu trop dans l'ombre l'élément
mystique, les théories nouvelles n'auraient vraisemblablement pas eu les chances qui les ont favorisées. Et ce
que l'on combat aujourd'hui comme un littéralisme ex-
cessif n'eût pas paru aussi attaquable, s'il n'eût pas été
trop séparé de l'élément spirituel, en faveur duquel on
réclame avec une apparence de fondement.

Cherchons donc la vérité, la vérité entière, en faisant
à chaque élément évangélique sa part légitime. En maintenant fermement les doctrines scripturaires sur l'œuvre
rédemptrice du Sauveur, empruntons aux mystiques ce
qu'ils ont raison de mettre en saillie, en rappelant l'influence que la doctrine chrétienne doit exercer sur le
cœur de l'homme, et la part que celui-ci doit prendre à
l'œuvre de Dieu. A Christ *pour nous*, seule base assurée
de notre espérance, seul fondement inébranlable du salut,
sachons joindre Christ *en nous*, source unique de sain-

teté et de vie. Et mettons fidèlement en pratique le précepte qui nous invite à *éprouver toutes choses*, pour *retenir ce qui est bon.*

TABLE DES MATIÈRES

SECONDE PARTIE. CARACTÈRE ET DOCTRINES.

CPSIA information can be obtained
at www.ICGtesting.com
Printed in the USA
BVHW091001280219
541429BV00021B/782/P